종이냐
자유인이냐

종이냐 자유인이냐

발행일	2021년 4월 27일		

지은이	김광수		
펴낸이	손형국		
펴낸곳	(주)북랩		
편집인	선일영	편집	정두철, 윤성아, 배진용, 김현아
디자인	이현수, 김민하, 한수희, 김윤주, 허지혜	제작	박기성, 황동현, 구성우, 권태련
마케팅	김회란, 박진관		
출판등록	2004. 12. 1(제2012-000051호)		
주소	서울특별시 금천구 가산디지털 1로 168, 우림라이온스밸리 B동 B113~114호, C동 B101호		
홈페이지	www.book.co.kr		
전화번호	(02)2026-5777	팩스	(02)2026-5747

ISBN	979-11-6539-738-8 03230 (종이책)	979-11-6539-739-5 05230 (전자책)

코로나19 시대,
진정 하나님이
원하시는 것은
무엇인가

종이냐
자유인이냐

김광수 지음

코로나19 시대를 맞아 과연 역사의 주관자이신 하나님께선
오늘의 교회와 우리에게 무엇을 요구하고 계신지,
이 마지막 시대 우리가 정녕 해야 할 일은 무엇인지
그 대답을 고민해 본다.

북랩 book Lab

저는 부족해도 한참 부족한 사람입니다. 청년의 곤고한 때 예수 그리스도를 만나 많은 위로를 받았음에도 크게 변화되지 못한 채 어쭙잖은 인생을 살아왔습니다. 그래도 주님은 참고 기다리시며 한시도 저의 손을 놓은 적이 없으셨습니다. 바로 그런 주님의 기다리심과 풍성하심을 경험했기에 비록 현학적 지식은 없지만 그 은혜와 소회를 공유하고 싶었습니다.

주님은 눌린 자와 소외된 자, 비천한 자와 없는 자에 대하여 큰 관심을 갖고 계십니다. 그분은 스스로를 낮추시어 가난한 자를 진토에서 일으키시며 궁핍한 자를 거름 무더기에서 드시는 분입니다 (시113:7). 그런 주님이 우리 곁에 찾아오셔서 각자 한 분 한 분에게 '나의 주님'으로 남으시길 원하십니다. 그분을 받아들이기만 하면 그분은 기꺼이 나의 인생의 중보자가 되어주실 것입니다.

코로나19로 인해 기존의 예배 방식은 큰 변화를 맞이하게 되었습니다. 평범한 삶의 중요성과 일상생활 속에서 삶으로 드리는 예배의 필요성이 절실하게 대두되었습니다. 우리가 말하는 성전(聖殿)은 창세 이래 변천을 거듭했고 우린 이미 이천 년 전 오순절에 주어진 내 몸 안의 성령시대에 살고 있음에도 불구하고 그간 교회당에만 매달려 사는 것에 대한 성찰의 기회도 갖게 되었습니다.

사람이 무섭다고 합니다. 진펄에 빠진 듯 지치고 힘들다고 합니다. 예수님께서는 우시기도 하셨고 행로에 곤하여 우물가에 그대로 주저앉기도 하셨습니다. 그분은 우리의 노곤함을 너무도 잘 아시는 분입니다. 쉽지 않은 세상이요, 기댈 곳 없는 세상에 성경은 여호와께 피하라고 말씀합니다. 여호와께 피하는 것이 사람을 신뢰하는 것보다 낫다고 했으니(시118:8) 그저 두 손을 내밀어보고 싶습니다.

우리 인생은 죽는다고 다 끝나는 것이 아닙니다. 하나님을 믿든, 믿지 않든 모든 사람은 다 부활하여 심판을 받습니다. '이를 기이히 여기지 말라 무덤 속에 있는 자가 다 그의 음성을 들을 때가 오나니 선한 일을 행한 자는 생명의 부활로, 악한 일을 행한 자는 심판의 부활로 나오리라(요5:28~29)' 하셨습니다. 일단은 영면(永眠)에 들어간 후 때가 이르면 모두가 부활의 몸을 입고 심판을 받게 됩니다. 그게 정직한 성경의 가르침이니 한번 새겨볼 필요가 있지 않을까요.

이 책은 하나님을 믿는 분들과 믿지 않으시는 분들, 특히 성경책이 두꺼워 읽을 엄두를 못 내시는 분들과 대학생과 젊은이들에게 하나님은 도대체 어떤 분이시며 왜 믿어야만 하는지 그리고 교회는 왜 지탄을 받게 되었으며 현재의 코로나19 상황에서 주님은 우리에게 뭘 원하시는지를 친구와 이야기하듯 어렵지 않게 말씀드리고 싶어 쓰게 되었습니다.

저는 공직자로서 평생을 보냈습니다. 신학자도 목회자도 아닌 제가 에세이 형식의 성경 이야기를 쓴 이유는, 그간의 신앙 경험과 성경을 통해 얻은 낱알만한 지혜들을 진솔하게 이야기한다면 이 시대를 함께 살아가는 분들과 인생의 향로(向路)를 고민함에 있어 뭔가 유익한 공감을 나눌 수 있을 거라는 기대에서입니다.

악이 만연한 시대입니다. 이 마지막 시대 우린 '종이냐 자유인이냐'를 결정해야 할 단계에 와 있습니다. 지쳐버린 우리의 영혼과 삶이 진정한 자유인으로 살 수 있는 길을 찾아야 합니다. 자유의 이름으로 세상을 따라 죄의 종이 될 것인가 아니면 하늘의 것에 스스로 종이 되어 영원한 자유인이 될 것인가를 선택해야 합니다. 하나님을 인정하시면 지혜가 우리의 선택과 인생을 도울 것입니다.

많은 분들이 인생을 돌이켜보면서 너무 가진 것과 누린 것 별로 없이 남들보다 뒤처지는 인생을 살았다고 아쉬워합니다. 특히 자녀를 돌아보곤 미안해하시는 분들도 적지 않습니다. 아닙니다. 아직도 인생은 늦지 않았으며 얼마든지 소망이 있는 새로운 삶을 시작할 수 있다는 성경의 가르침을 전해드리고 싶습니다. 성경은 '내가 반드시 너를 복주고 복주며 너를 번성케 하고 번성케 하리라(히6:14)' 말씀합니다.

잘못 태어난 건 내 잘못이 아니지만 잘못 죽는 건 내 잘못이라는 말이 있습니다. 노후는 혹 준비하지 못했어도 사후는 준비해야 하며 가장 좋은 걸 유산으로 남기셔야 합니다. 인생은 풀과 같고 잠깐 보이다 없어지는 안개와 같다고 했습니다. 잠시 동안의 인생을 살면서 주 예수님을 보다 친근히 만나시면 어떨까요. 삶이 송두리째 바뀌게 될 것입니다.

혼돈의 이 시대, 천학비재(淺學非才)한 몸이 푸르른 예수의 계절을 소망하며 속죄의 심정으로 썼습니다. 글을 쓰며 성령님의 인도하심을 여러 번 느꼈습니다만 워낙 영성(靈性)이 미흡하다보니 부족한 게 넘칠 것입니다. 저 스스로 이를 경계하며 말씀에 준거하여 말씀 밖으로 나가지 않으려고 애를 썼습니다. 혹 말씀을 오해한 부분이 있다면 독자님들이 읽는 순간 성령님께서 잊게 해 주시리라 믿습니다.

퇴고를 거듭하다보니 부스러기 같은 글이 되었습니다. 다만 한창 파릇파릇해지는 수목들의 잎새와 산하를 수놓는 이름 모를 들꽃들의 진한 향기가 이 부끄러움을 날려주기만 바랄 뿐입니다. 봄이 무르익었습니다. 사랑하는 아내에게 고마움을 전하며 독자님들의 따

종이냐 자유인이냐

뜻한 질책을 미리 받습니다. 예수 그리스도께 찬양과 영광을 올립니다.

니다.

2021년 봄
우헌(雨軒) 김광수

차 례

제1부

미려(美麗)한
문학적 말씀들

1.
선하신 문학청년

문학청년(文學靑年)이란 말이 있습니다. 사전을 찾아보면 '문학을 좋아하고 문학 작품의 창작에 뜻이 있는 청년 또는 문학적 분위기를 좋아하는 낭만적인 청년'이라고 나와 있습니다. 문학청년 하면 언뜻 떠오르는 단어가 '순수, 순결, 지조, 맑음, 깨끗함, 섬세함, 푸름, 드높음, 눈물, 여림, 서정, 감성, 젊음, 열정, 지성, 이상…' 뭐 이런 단어일 것입니다. 이야기꽃을 가슴으로 쓰고 때론 몸살도 앓는, 그런 순수한 청년 같은 거 말입니다.

그런데 이 '문학청년'을 '선한 문학청년'으로 다시 새기면 또 다른 이미지가 전해 옵니다. 선하다, 착하다는 건 순수함에서 한발 더 나아가 '가슴 따뜻하고 부드럽고 여리고 눈물 많다'는 진한 감성으로 다가옵니다. 이 선한 소년이 더욱 자라면 인애하고 자상하고 너그러운 어른으로 변모할 것입니다.

하나님에 대한 글을 쓰며 웬 선한 문학청년이냐고 물으실 수도 있겠습니다만 성경을 읽으며 거듭 느꼈던 건 많은 은혜 중에서도 '아,

하나님은 너무도 멋지고 선하신 문학청년이시다!'라는 생각이었습니다. 물론 청년이란 표현은 참 송구한 단어입니다만 다른 적절한 표현이 떠오르지 않아서 그냥 썼습니다.

그분께선 어떤 상황을 말씀하시면서도 준엄하고 이지적이고 찬바람 나는 냉철한 언사는 아끼시고 그 대신 매끄러우면서도 은은하며 부드러운 숨결 같으면서도 가슴 적시는 호소력을 갖춘, 그러면서도 생명과 사랑이 배여 있는 아름다운 운율(韻律) 조의 말씀을 내셨습니다. 그래서 박목월 선생님은 하나님을 그리는 시집을 내면서 '크고 부드러운 손'이라고 하셨는지 모르겠습니다.

하나님을 선하시다고 말하면 가벼운 말투라고 할런지도 모르겠습니다. 그러나 예수님도 '네가 어찌하여 나를 선하다 일컫느냐 하나님 한 분 외에는 선한 이가 없느니라(막10:18)' 하셨습니다. 예수님 자신도 선하다는 칭함을 받기를 거부하셨을 만큼 선하다 하는 말은 귀하고 진지한 단어입니다. '빛의 열매는 모든 착함과 의로움과 진실함에 있느니라(엡5:9)'라는 말씀도 있습니다. 이처럼 착하다는 건 그리스도인 모두가 추구할 아름다운 것이니 성경의 미려한 말씀들을 지으신 하나님을 두고 '선하신 문학청년'이라고 말해도 그리 큰 실수는 아닐 것입니다.

2.
선물로 주신 생명의 말씀

따지고 보면 우리가 짓는 아름다운 글들은 그분을 흉내 내는 것에 불과합니다. 우리는 태생부터 거짓의 아비인 마귀의 자식들입니다(요8:44). 속은 부패하고 후패하였으며 마음의 생각은 항상 악할 뿐이어서(창6:5), 아름다운 것이 나올 수 없는 존재들입니다. 우리는 땅바닥에 피를 흘리며(창4:10, 마23:35) 온갖 오물을 떨어내고 짓밟고 파괴하느라 정신이 없는데 어떻게 선하고 아름다운 것이 우리 속에 깃들겠습니까. 심지어 성경은 버러지 같다고도 했습니다(사41:14).

오늘날의 이 패역하고 악한 세상은 우리가 만들어낸 것입니다. 우리 속에 선한 것이 전혀 없으니(롬7:18) 어찌 세상이 아름답겠습니까. 우리 속에 아름다운 게 없으니 어찌 선하고 아름다운 글을 만들어낼 수가 있겠습니까.

오직 하나님만이 생명 자체이시고 그 생명의 풍성함에서 태양의 따스함과 빛을 펼치시고 비를 내리시어 봄이 되면 산하의 산천초목에 생명의 봉오리를 트게 하시며 계절을 따라 좋은 것으로 둘러주시는 분입니다. 검붉고 퇴퇴한 흙 속에서 세월이야 어떻든 어김없이 지천에 아름답게 피어오는 수많은 꽃들을 보노라면 생명에의 경외감으로 우리는 하나님께 손을 듭니다. 글도 마찬가지입니다. 미려한 생명의 말씀들은 그분의 순수하심 자체이고 우리가 쓰는 글들은 본래 순수함이 없으니 그분의 순수하심을 베껴 쓰고 흉내 내는 것에 불과하다는 말입니다.

우리는 너무도 시원치 않습니다. 교만할 건더기도 없으며 아름다운 것이라곤 하나도 없습니다. 그러나 하나님은 기다리십니다. 이는 마치 앞뒤 못 가리는 자식이 집을 뛰쳐나갔지만 한없이 기다리는 부모의 심정과 같습니다. 철이 들면 그 자식은 부모의 마음을 헤아리고 돌아올 것임을 알기 때문입니다. 성경 속 탕자의 비유처럼 말입니다. 우리는 하나님의 자녀이지만 속 썩이는 자녀입니다. 하나님은 우리가 돌이키기를 기다리십니다(슥1:3).

주옥같이 귀한 말씀은 그런 차원에서 지어졌고 우리에게 선물로 주어졌습니다. 때가 이르면 너희들이 나의 그 깊은 심정을 이해하게 될 거라 믿고 계시는 것입니다.

너희가 지금은 이해하지 못하나 때가 이르면 알리라는 취지의 말씀을 성경에서 자주 접합니다(요13:7). 그러니 말씀이 우리 앞에 놓였다는 것만으로도 우리는 감격해야 합니다. 말씀이 곧 하나님이시고 이 말씀이 육신이 되신 분이 예수님이십니다(요1:1, 14). 말씀을 살

뜰히 살피고 읽어보며 소중히 간직하고 후대와 이웃에게 전하기를 하나님은 기대하고 계십니다.

종이냐 자유인이냐

3.
가슴으로 읽는 유려한 말씀

이 수려한 말씀들을 마음으로 대하다 보면 하나님의 선하심과 따스하심, 온유하심과 자상하심, 늘 가까이 오셔서 친근하게 지내시려는 지극하심을 누구라도 읽게 됩니다. 그러자면 마음의 문부터 여시면 좋습니다(계3:20). 마음의 문을 여는 데는 이론도, 학식도, 기술도, 전문지식도 필요 없습니다. 숨 쉬는 것처럼 편하게 그저 어린 아이 같은 심정으로(마18:3) 마음을 여시면 됩니다. 마음의 문을 열지 않고 성경을 그저 가벼이 읽어 나가거나 말씀을 들어도 흘려들으면 하나님을 건성으로 만나기 십상입니다.

그러나 마음을 열어 가슴으로 읽고 한 마디 한 마디를 심중으로 읽으면 새로운 의미로 다가옵니다. 영성(靈性)이 열리는 것이니 그게 성경의 비밀입니다. 그때 비로소 하나님을 만나게 되고 마음이 열리며 하나님의 품성이 찾아옵니다. 그리고 어느덧 그 온유하시고 따스하신 그 숨결에 젖어듭니다.

말씀에는 하나님의 '숨'이 있습니다. 하나님의 숨과 숨결은 하나님의 생명 자체입니다(창2:7). 하나님께서 우리에게 숨을 주시면 생명을 얻는 것이기에 우린 살고, 하나님께서 숨을 거두시면 우린 죽습니다(시104:29). 성령님은 직역하면 '하나님의 숨'입니다. 말씀을 통해 숨결을 느낀다는 건 성령님이 내 몸 안에 드신다는 신호입니다. 하나님의 숨결을 느낄 때에 생명이 폭발하며 감사의 눈물이 터져 나옵니다. 마치 갓난아기가 처음 세상에 태어날 때 큰 울음으로 생명을 선언함과 같은 이치입니다.

말씀을 가슴으로 읽으면 세상의 시류와 파고에 젖어 흐릿하고 가늘어졌던 내 영혼에 말씀 속에 감춰진 생명 풍성한 성령님의 숨결이 찾아옵니다. 실내 공기가 건조하면 가습기를 틀어 습도를 맞춰주어야 하듯이 영적으로 말라버린 우리도 그분의 숨결이 채워져야 영력(靈力)을 되찾을 수 있습니다. 그분 숨결이 우리 몸속으로 들어와야 하나님의 본래 생기로 충만하여 회복될 수 있습니다. 이는 마치 자전거 바퀴 바람이 다 빠지면 공기를 다시 채워 넣어야 하는 것과 같습니다.

성경을 계속 읽어도 '냉철하고 엄격한 이지적인 하나님'으로만 읽힌다면 그건 일부분만 읽는 것이니 성경을 대하는 내 마음의 문이 어떤가 한번은 점검해 보시면 어떨까요. 편벽된 마음으로는 제대로 알 수 없습니다. 그분은 완벽 무결하신 분입니다. 하나님의 모든 것을 제대로 다 알기를 사모해야 합니다. 우리에게도 '너는 내 앞에서 행하여 완전하라(창17:1)' 이르십니다.

하나님을 완전히 아는 좋은 방법 중의 하나는 미려한 문장으로 쓰신 말씀을 마음을 열고 즐거움으로 읽는 것입니다. 그래서 책의 첫머리를 '선하신 문학청년'의 하나님으로 자리매김했습니다. 필자가 어설픈 글로 백 마디를 한다 한들 성경에 쓰여 있는 수려하고 완벽한 하나님의 말씀 그대로를 소개하는 것보다 나을 것이 없다고 생각했기 때문입니다.

성령님의 감동을 받아 쓴 성경의 필자들은 그 은총도, 탄식도, 고난도, 인생에 대한 통찰도, 역사를 계획하시는 섭리도, 심지어는 원수에 대한 저주와 징벌과 심판도 모두 유려한 필치로 단아하게 서술하고 있습니다. 같은 상황이래도 어떻게 이렇게 그림같이 묘사할 수 있을까요. 하늘에 가득 펼쳐진 빛 고운 수채화를 보는 느낌입니다. 이건 온유와 사랑이 밑바탕에 배어 있지 않으면 쓸 수 없는 일입니다. 아니 하나님은 온유와 사랑 그 자체이시기에 표현이 이럴 수밖에 없을 것입니다.

이런 말씀만 잘 읽어도 하나님이 어떠한 분이신지 충분히 체득할 수 있습니다. 이런 말씀들이 성경 곳곳에 차고 넘치지만 지면의 한계상 극히 일부만 현출해 봤습니다. 이런 미려한 문장들은 성경 66권 중에서도 특히 욥기, 시편, 잠언, 전도서, 이사야, 예레미야, 예레미야애가 등에 많이 나와 있습니다. 다 내어놓지 못하는 아쉬움이 절절합니다. 필자의 이 보잘것없는 책은 중간에 덮으셔도 좋습니다. 그러나 이 미려한 천상(天上)의 주옥같은 말씀들은 꼭 한번 읽어보시길 권해드립니다.

4.
인생과 축복에 대한 말씀

- 모든 육체는 풀이요 그의 모든 아름다움은 들의 꽃과 같으니 풀은 마르고 꽃이 시듦은 여호와의 기운이 그 위에 붊이라 이 백성은 실로 풀이로다 풀은 마르고 꽃은 시드나 우리 하나님의 말씀은 영원히 서리라(사40:6~8)

- 우리의 년 수가 칠십이요 강건하면 팔십이라도 그 년 수의 자랑은 수고와 슬픔뿐이요 신속히 가니 우리가 날아가니이다(시90:10)

- 그들은 육체이며 가고 다시 돌아오지 못하는 바람임을 기억하셨음이라(시78:39)

- 여호와여 나의 종말과 연한의 어떠함을 알게 하사 나로 나의 연약함을 알게 하소서 주께서 나의 날을 손 넓이만큼 되게 하시매 나의 일생이 주의 앞에는 없는 것 같사오니 사람마다 그 든든히 선 때도 진실로 허사뿐이니이다 진실로 각 사람은 그림자같이 다니고 헛된 일에 분요하며 재물을 쌓으나 누가 취할는지 알지

못하나이다(시39:4~6)

- 저가 모태에서 벌거벗고 나왔은즉 그 나온 대로 돌아가고 수고
  하여 얻은 것을 아무것도 손에 가지고 가지 못하리니(전5:15)

- 여호와여 내가 알거니와 인생의 길이 자기에게 있지 아니하니
  걸음을 지도함이 걷는 자에게 있지 아니하니이다(렘10:23)

- 주께서 나의 앉고 일어섬을 아시며 멀리서도 나의 생각을 통촉
  하시오며 나의 길과 눕는 것을 감찰하시며 나의 모든 행위를 익
  히 아시오니 여호와여 내 혀의 말을 알지 못하시는 것이 하나도
  없으시니이다(시139:2~4)

- 이 하나님이 힘으로 내게 띠 띠우시며 내 길을 완전케 하시며
  나의 발로 암사슴 발 같게 하시며 나를 나의 높은 곳에 세우시
  며 내 손을 가르쳐 싸우게 하시니 내 팔이 놋 활을 당기도다(시
  18:32~34)

- 고명(高明)한 자는 고명한 일을 도모하나니 그는 항상 고명한 일
  에 서리라(사32:8)

- 여호와는 네게 복을 주시고 너를 지키시기를 원하며 여호와는
  그 얼굴로 네게 비취사 은혜 베푸시기를 원하며 여호와는 그 얼

굴을 네게로 향하여 드사 평강 주시기를 원하노라(민6:24~26)

- 성읍에서도 복을 받고 들에서도 복을 받을 것이며 네 몸의 소생
과 네 토지의 소산과 네 짐승의 새끼와 우양의 새끼가 복을 받
을 것이며 네 광주리와 떡 반죽 그릇이 복을 받을 것이며 네가
들어와도 복을 받고 나가도 복을 받을 것이니라(신28:3~6)

- 주께서 아침 되는 것과 저녁 되는 것을 즐거워하게 하시며 땅을
돌보사 물을 대어 심히 윤택하게 하시며 하나님의 강에 물이 가
득하게 하시고 이같이 땅을 예비하신 후에 그들에게 곡식을 주
시나이다 주께서 밭고랑에 물을 넉넉히 대사 그 이랑을 평평하
게 하시며 또 단비로 부드럽게 하시고 그 싹에 복을 주시나이다
주의 은택으로 한 해를 관 씌우시니 주의 길에는 기름방울이 떨
어지며 들의 초장에도 떨어지니 작은 산들이 기쁨으로 띠를 띠
었나이다 초장은 양 떼로 옷 입었고 골짜기는 곡식으로 덮였으
매 그들이 다 즐거이 외치고 또 노래하나이다(시65:8~13)

- 너희가 양 우리에 누울 때에는 그 날개를 은으로 입히고 그 깃
을 황금으로 입힌 비둘기 같도다(시68:13)

- 우리 아들들은 어리다가 장성한 나무 같으며 우리 딸들은 궁전
의 식양대로 아름답게 다듬은 모퉁잇돌과 같으며 우리의 곳간
에는 백곡(百穀)이 가득하며 우리의 양은 들에서 천천과 만만으

로 번성하며 우리 수소는 무겁게 실었으며 또 우리를 침로하는
일이나 우리가 나아가 막는 일이 없으며 우리 거리에는 슬피 부
르짖음이 없을진대 이러한 백성은 복이 있나니 여호와를 자기
하나님으로 삼는 백성은 복이 있도다(시144:12~15)

- 주의 제단에서 참새도 제 집을 얻고 제비도 새끼 둘 보금자리를
  얻었나이다 저희는 눈물 골짜기로 통행할 때에 그곳으로 많은
  샘의 곳이 되게 하며 이른 비도 은택을 입히나이다(시84:3, 6)

- 사람의 마음을 기쁘게 하는 포도주와 사람의 얼굴을 윤택하게
  하는 기름과 사람의 마음을 힘 있게 하는 양식을 주셨도다(시
  104:15)

- 여호와는 나의 목자시니 내가 부족함이 없으리로다 그가 나를
  푸른 초장에 누이시며 쉴만한 물가으로 인도하시는도다 내 영
  혼을 소생시키시고 자기 이름을 위하여 의의 길로 인도하시는도
  다 내가 사망의 음침한 골짜기로 다닐지라도 해를 두려워하지
  않을 것은 주께서 나와 함께 하심이라 주의 지팡이와 막대기가
  나를 안위하시나이다 주께서 내 원수의 목전에서 내게 상을 베
  푸시고 기름으로 내 머리에 바르셨으니 내 잔이 넘치나이다 나
  의 평생에 선하심과 인자하심이 정녕 나를 따르리니 내가 여호
  와의 집에 영원히 거하리로다(시23:1~6)

5.
사랑과 즐거움, 섭리의 말씀

- 사랑하는 자들아 우리가 서로 사랑하자 사랑은 하나님께 속한 것이니 사랑하는 자마다 하나님께로 나서 하나님을 알고 사랑하지 아니하는 자는 하나님을 알지 못하나니 이는 하나님은 사랑이심이라(요일4:7~8)

- 마음의 즐거움은 얼굴을 빛나게 하여도 마음의 근심은 심령을 상하게 하느니라 명철한 자의 마음은 지식을 요구하고 미련한 자의 입은 미련한 것을 즐기느니라 고난 받는 자는 그날이 다 험악하나 마음이 즐거운 자는 항상 잔치하느니라 가산이 적어도 여호와를 경외하는 것이 크게 부하고 번뇌하는 것 보다 나으니라 여간 채소를 먹으며 서로 사랑하는 것이 살진 소를 먹으며 서로 미워하는 것보다 나으니라(잠15:13~17)

- 사랑은 오래 참고 사랑은 온유하며 투기하는 자가 되지 아니하며 사랑은 자랑하지 아니하며 교만하지 아니하며 무례히 행치 아니하며 자기의 유익을 구치 아니하며 성내지 아니하며 악한

종이냐 자유인이냐

것을 생각지 아니하며 불의를 기뻐하지 아니하며 진리와 함께 기뻐하고 모든 것을 참으며 모든 것을 믿으며 모든 것을 바라며 모든 것을 견디느니라(고전13:4~7)

- 보라 그에게는 열방이 통의 한 방울 물과 같고 저울의 작은 티끌 같으며 섬들은 떠오르는 먼지 같으리니 레바논은 땔감에도 부족하겠고 그 짐승들은 번제에도 부족할 것이라 그의 앞에는 모든 열방이 아무것도 아니라 그는 그들을 없는 것 같이 빈 것 같이 여기시느니라(사40:15~17)

- 풍세(風勢)를 살펴보는 자는 파종하지 아니할 것이요 구름을 바라보는 자는 거두지 아니하리라 바람의 길이 어떠함과 아이 밴 자의 태에서 뼈가 어떻게 자라는 것을 네가 알지 못함같이 만사를 성취하시는 하나님의 일을 네가 알지 못하느니라 너는 아침에 씨를 뿌리고 저녁에도 손을 거두지 말라 이것이 잘될는지 저것이 잘될는지 혹 둘이 다 잘될는지 알지 못함이니라(전11:4~6)

6.
위로, 위안, 치유의 말씀

- 내 영혼아 네가 어찌하여 낙망하며 어찌하여 내 속에서 불안하여 하는고 너는 하나님을 바라라 나는 내 얼굴을 도우시는 내 하나님을 오히려 찬송하리로다(시43:5)

- 여호와께서 그 백성의 상처를 싸매시며 그들의 맞은 자리를 고치시는 날에는 달빛은 햇빛 같겠고 햇빛은 칠 배가 되어 일곱 날의 빛과 같으리라(사30:26)

- 하나님이여 사슴이 시냇물을 찾기에 갈급함같이 내 영혼이 주를 찾기에 갈급하니이다 내 영혼이 하나님 곧 생존하시는 하나님을 갈망하나니 내가 어느 때에 나아가서 하나님 앞에 뵈올꼬 사람들이 종일 나더러 하는 말이 네 하나님이 어디 있느뇨 하니 내 눈물이 주야로 내 음식이 되었도다 내가 전에 성일을 지키는 무리와 동행하여 기쁨과 찬송의 소리를 발하며 저희를 하나님의 집으로 인도하였더니 이제 이 일을 기억하고 내 마음이 상하는도다 내 영혼아 네가 어찌하여 낙망하며 어찌하여 내 속에서

불안하여 하는고 너는 하나님을 바라라 그 얼굴의 도우심을 인하여 내가 오히려 찬송하리로다(시42:1~5)

- 그의 노염은 잠깐이요 그의 은총은 평생이로다 저녁에는 울음이 깃들일지라도 아침에는 기쁨이 오리로다(시30:5)

- 주께서 나의 슬픔을 변하여 춤이 되게 하시며 나의 베옷을 벗기고 기쁨으로 띠 띠우셨나이다(시30:11)

- 내가 산을 향하여 눈을 들리라 나의 도움이 어디서 올꼬 나의 도움이 천지를 지으신 여호와에게서로다(시121:1~2)

7.
찬양과 슬픔에 대한 말씀

- 여호와를 찬송함이여 내 간구하는 소리를 들으심이로다 여호와는 나의 힘과 나의 방패시니 내 마음이 저를 의지하여 도움을 얻었도다 그러므로 내 마음이 크게 기뻐하며 내 노래로 저를 찬송하리로다 여호와는 저희의 힘이시요 그 기름부음 받은 자의 구원의 산성이시로다 주의 백성을 구원하시며 주의 산업에 복을 주시고 또 저희의 목자가 되사 영원토록 드십소서(시28:6~9)

- 슬프고 아프다 내 마음 속이 아프고 내 마음이 답답하여 잠잠할 수 없으니(렘4:19)

- 슬프다 나의 근심이여 어떻게 위로를 얻을 수 있을까 나의 중심이 번뇌하도다 어찌하면 내 머리는 물이 되고 내 눈은 눈물 근원이 될꼬 그렇게 되면 살육당한 딸 내 백성을 위하여 주야로 곡읍(哭泣)하리로다(렘8:18, 9:1)

- 처녀 유다를 술틀에 밟으셨도다 이를 인하여 내가 우니 내 눈

에 눈물이 물같이 흐름이여 나를 위로하여 내 영을 소성시킬 자가 멀리 떠났음이로다 원수들이 이기매 내 자녀들이 외롭도다(애1:15~16)

- 내 눈이 눈물에 상하며 내 창자가 끓으며 내 간이 땅에 쏟아졌으니 이는 처녀 내 백성이 패망하여 어린 자녀와 젖 먹는 아이들이 성읍 길거리에 혼미함이로다 저희가 성읍 길거리에서 상한 자처럼 혼미하여 그 어미의 품에서 혼이 떠날 때에 어미에게 이르기를 곡식과 포도주가 어디 있느뇨 하도다(애2:11~12)

8.
죄, 심판, 회복에 대한 말씀

- 네가 잿물로 스스로 씻으며 수다한 비누를 쓸지라도 네 죄악이 오히려 내 앞에 그저 있으리니(렘2:22)

- 대저 우리는 다 부정한 자 같아서 우리의 의는 다 더러운 옷 같으며 우리는 다 쇠패함이 잎사귀 같으므로 우리의 죄악이 바람 같이 우리를 몰아가나이다(사64:6)

- 젖먹이가 목말라서 혀가 입천장에 붙음이여 어린아이가 떡을 구하나 떼어 줄 사람이 없도다. 진수(珍羞)를 먹던 자가 거리에 외로움이여 전에는 붉은 옷을 입고 길리운 자가 이제는 거름더미를 안았도다(애4:4~5)

- 전에는 존귀한 자의 몸이 눈보다 깨끗하고 젖보다 희며 산호보다 붉어 그 윤택함이 마광한 청옥 같더니 이제는 그 얼굴이 숯보다 검고 그 가죽이 뼈에 붙어 막대기같이 말랐으니 거리에서 알 사람이 없도다(애4:7~8)

- 보라 기뻐하는 소리와 즐거워하는 소리와 신랑의 소리와 신부의 소리를 내가 네 목전 네 시대에 이곳에서 끊어지게 하리라(렘 16:9)

- 그때에 이리가 어린 양과 함께 거하며 표범이 어린 염소와 함께 누우며 송아지와 어린 사자와 살찐 짐승이 함께 있어 어린아이에게 끌리며 암소와 곰이 함께 먹으며 그것들의 새끼가 함께 엎드리며 사자가 소처럼 풀을 먹을 것이며 젖 먹는 아이가 독사의 구멍에서 장난하며 젖 뗀 어린아이가 독사의 굴에 손을 넣을 것이라(사11:6~8)

- 만군의 여호와께서 이 산에서 만민을 위하여 기름진 것과 오래 저장하였던 포도주로 연회를 베푸시리니 곧 골수가 가득한 기름진 것과 오래 저장하였던 맑은 포도주로 하실 것이며 사망을 영원히 멸하실 것이라 주 여호와께서 모든 얼굴에서 눈물을 씻기시며 그 백성의 수치를 온 천하에서 제하시리라 여호와께서 이같이 말씀하셨느니라(사25:6, 8)

제2부

좋으신 나의 하나님

1.
좋으신 하나님

하나님을 어떻게 표현하여야 정확한 표현이 될 수 있을까요. 어떻게 말씀드려야 하나님을 제대로 묘사할 수 있을까요. 하나님은 스스로 계신 분이요, 사랑과 영광 자체요, 빛이요, 존귀하고 영광스러운 위엄 가운데 계신 분입니다(시145:5). 시간 넘어 시간 밖의 3층천 하늘에 계신 분으로서 영원하시며 거룩하고 의로우시며, 전지전능하시고 무소부재하시며, 선하시고 변함이 없으신 분입니다. 홀로 하나이신 분입니다(슥14:9, 딤전6:15).

그분은 인간과 만물의 창조주이자 처음과 나중으로서 역사의 시창자요, 주관자요, 종결자이시며, 마지막 날엔 만물을 새롭게 하시는 분입니다. 그분은 약속을 소중히 여기시며 신실하시며 자비와 은혜, 긍휼과 질투, 진노와 심판의 하나님이십니다. 그런 분을 굳이 한마디 말씀으로 압축해 표현하자면 주관적 감정이 섞인 표현이랄수도 있지만 그냥 '좋으신 하나님' 어떨까요.

성경의 첫 말씀은 '태초에 하나님이 천지를 창조하시니라'이고, 마지막 말씀은 '주 예수의 은혜가 모든 자들에게 있을지어다. 아멘'입니다. 태초에 만물을 지으시고 그때마다 '하나님의 보시기에 좋았더라'를 거듭 말씀하시고, 마지막엔 예수님의 은혜를 모든 이에게 선포하셨으니 그야말로 한마디로 정의해야 한다면 '좋으신 하나님'이라고 해도 지나치진 않을 것입니다.

좋으신 하나님이 인류 역사를 시작하시고 주관하셨다는 게 얼마나 감사한 일일까요. 사탄이나 거대한 악신(惡神)이 시작하고 주관하고 마지막을 마무리한다고 상상해보면 너무도 끔찍한 일입니다. 해와 달, 흙과 공기와 산천의 수목들이 그냥 어느 날 생겼다고 생각하고 아무런 생각조차 해본 적 없어 좋으신 하나님이 시작하신 걸 고맙게 생각조차 안 해본 분들도 있을지 모르겠습니다.

인간사를 살펴보면 불행히도 완악한 부모님을 만나거나 아예 조실부모하여 힘든 세월을 보내는 분들이 많습니다. 그런데 비하면 좋으신 하나님이 친히 아버지가 되어 주신다는 건 너무도 큰 은혜입니다. 성경에 나와 있는 이방신들처럼 물질과 고행 등 이런저런 걸 요구하고 강압적으로 위세하며 거짓과 불의를 밥 먹듯 하고 심지어는 인신제사나 풍요의 명목으로 행음(行淫)을 요구하는 신도 있는 걸 생각하면 좋으신 하나님이 인류 역사를 시작하시고 주관하시며 아빠 아버지라고 부를 수 있도록 자녀로까지 삼아 주신 것은 다시 한번 깊이 새겨야 할 감사의 제목이라 하겠습니다.

2.
창조주 하나님

하나님은 천지를 창조하시고 사람과 만물을 지으신 분입니다. 처음과 마지막이시요, 알파와 오메가 되시며, 스스로 계신 분이며, 옛적부터 항상 계신 분입니다(단7:9). 하나님은 시간을 만드시고(창1:14) 이로 인해 시작된 인간역사를 비상하신 섭리로 주관하고 계획하고 행하고 계십니다.

> '과연 내 손이 땅의 기초를 정하였고 내 오른손이 하늘에 폈나니 내가 부르면 천지가 일제히 서느니라(사48:13).'

하나님은 북두성과 삼성과 묘성(昴星)과 남방의 밀실을 만드신 분이요(욥9:9, 38:31, 암5:8), 열두 궁성(宮星)을 만드신 분입니다(욥38:32). 자료를 찾아보면 북두성은 큰곰자리에 위치한 북두칠성이고 삼성은 오리온자리 중앙의 큰 세 별을 말하며 묘성은 황소자리의 일곱 별을 말하고 남방의 밀실은 남반구의 별자리들 즉, 남쪽하늘의 뭇별들을 말합니다. 남방 밀실에서는 광풍이 이른다는 말씀이 있습니다(욥37:9) 또한 열두 궁성은 태양 궤도상에 있는 12개의 주요 별자리를 말합니다.

국제천문연맹은 하늘의 별자리를 모두 88개로 나눴는데 얼마나 많은 별이 있는지 성경은 하늘의 만상은 헤아릴 수 없다고 말씀합니다(렘33:22). 혹자는 예수님 태어나실 때 춘분점의 별자리가 물고기자리여서 로마 박해 시절 물고기표시를 암호로 사용했다는 말도 합니다. 물론 예수 그리스도는 하나님의 아들 구세주라는 그리스어의 첫 글자를 모으면 물고기를 뜻하는 익투스가 되어 그걸 상징으로 썼다는 말도 있습니다.

특히 '네가 묘성을 매어 떨기 되게 하겠느냐 삼성의 띠를 풀겠느냐(욥38:31)'는 말씀이 있습니다. 마치 꽃 중의 수국(水菊)이 하나의 꽃처럼 보이지만 가까이 가 보면 여러 개의 꽃들이 모여 있는 것을 알 수 있는데 묘성은 그처럼 여러 개의 별들이 모여 있음에도 하나의 별처럼 보입니다. 이걸 떨기별이라고 하더군요. 하나님께서는 이처럼 내가 별들을 매어서 떨기별이 되게 했는데 네가 그럴 수 있느냐라고 욥에게 묻고 계신 것입니다.

또 겨울철 별자리 중 오리온자리가 있습니다. 그 오리온자리의 허리 부분에는 세 개의 별이 띠처럼 나란히 붙어 있는데 이게 삼성입니다. 삼태성이라고도 하지요. 그런데 나란히 붙어 있는 것처럼 보이는 이 삼성은 실제로는 뚝뚝 떨어져 띠가 풀려져 있음이 밝혀졌습니다. 하나님께서는 이처럼 내가 삼성의 띠를 풀어 놓았는데 네

가 그럴 수 있느냐라고 묻고 계신 것이지요. 현대 천문학으로 모든
게 확인되었으니 하나님의 창조 역사가 놀라울 뿐입니다.

그분은 창조주십니다. 천지를 만드실 때 저녁이 되며 아침이 되니
몇째 날이니라 하신 말씀은 유대 관습이라고도 하지만 어두움이
먼저 시작되어 죄악의 밤이 오고 아침이 밝아오면 어두움이 물러갈
것이라는, 다시 말하면 세상 마귀의 어두움을 빛 되신 예수 그리스
도께서 물리치시고 밝음을 주시겠다는 상징으로도 읽을 수 있는 대
목입니다. 하나님께선 창세 이전에 계획하신 대로 만물을 이루셨습
니다. 그분은 그 스스로 만드신 천지에 충만하신 분입니다(렘23:24).

> '나의 생각한 것이 반드시 되며 나의 경영한 것이 반드시 이루리라
> (사14:24).'
> '과연 태초로부터 나는 그니 내 손에서 능히 건질 자가 없도다 내
> 가 행하리니 누가 막으리요(사43:13).'

창조주 하나님의 크신 뜻은 무엇일까요. 그건 인류에 대한 사
랑과 구원의 대서사시(大敍事詩)를 통해 사람들로 하여금 만국의 영
광과 존귀를 갖고 하나님의 나라에 들어오게 하려는 것입니다(계
21:26). 예수 그리스도를 모든 것의 중심으로 하고 그분을 창시자와
종결자와 주재자로 세우신 후 지금 역사의 대 파노라마를 펼치고
계십니다.

이를 위해 말씀을 선언하시며 개인 속으로 들어오시며 품으시며 복 내리시며 기다리시며 분노하시며 사유하십니다. 이제 극(劇)이 거의 끝날 시각이 되었습니다. 값없이 생명수를 주는(계22:17) 시간도 멀지 않았으니 속히 참여하여 복락을 누리라는 것이 창조주의 선하신 뜻입니다.

인간도 그분의 피조물입니다. 성경엔 토기장이의 비유가 나옵니다. 토기장이가 흙을 갖고 무엇을 만들든지 그건 자기 마음이라는 것입니다. 좋은 그릇을 만들 수도 있고 부수어 버릴 수도 있습니다. 자기 권한이기 때문입니다. 사람은 원래 흙으로 빚어졌습니다. 성경은 여호와는 토기장이시오 우리는 진흙이라고 하였습니다(사64:8). 토기장이이신 그분의 마음에 흡족하시면 귀히 쓰실 것이요 영 못쓸 거라고 생각하시면 밭에 던져 버릴 것입니다.

하나님은 만물을 지으신 분입니다. 곰곰이 따져 보면 수백만 종류의 동물과 식물과 어류, 그리고 아담 이래 수백억 개의 얼굴과 지문(指紋)이 다 다르고 사람들의 눈동자 동공을 둘러싼 홍채(虹彩)도 다 다르게 만드신 건 실로 놀랍지 않을 수가 없습니다. 아마 수천조 개 하늘의 별도 모양이 각각일 겁니다. 그런 만물들을 통해 하나님은 찬양을 받고 계십니다. 새들의 노래 소리에서 또는 말없는 생명의 꽃봉오리에서 하나님의 찬양을 듣는다는 분도 계시고 어떤 분은 여행을 갔다가 밤하늘의 우레 속에서 하나님의 찬양을 들었다고도 합니다.

필자는 하염없이 내리는 빗소리에서 하나님의 찬양을 듣습니다. 빗소리는 하늘만이 만드실 수 있는 소리입니다. 세상의 시끄러운 소리와는 차원이 다릅니다. 밤에 잠이 잘 오지 않을 때 유튜브를 통하여 빗소리를 들으면 잠이 스스로 찾아오니 이는 하나님의 소리이기 때문입니다.

창조주 하나님은 그 만드신 만물로부터 찬양을 받고 계십니다. 그분은 찬송 중에 거하시는 분이시기 때문입니다(시22:3). 온 땅이 주를 노래하며(시98:4, 대상16:23), 삼림의 나무들도 찬양하고(시96:12), 바다와 큰 물과 산악이 외치고 박수치고 즐거이 노래하며(시98:7~8), 해와 달과 광명한 별들과 하늘의 하늘도 찬양하며, 하늘 위에 있는 물들도 찬양하고 있습니다(시148:3~4).

이 모두가 하나님이 만물의 창조주이심을 입증하는 증거들입니다. 여호와께서 물고기에 명하사 요나를 토해내게 하신 일이나(욘2:10), 예수님이 바람과 파도를 꾸짖어 잠잠케 하신 일이나(막4:39), 나귀가 선지자 발람과 말을 주고받은 일을 보면(민22:28, 30) 모든 피조물들이 찬양한다는 게 전혀 이상한 일이 아님을 알 수 있습니다.

3.
참고 기다리시는 하나님

믿지 않는 분들은 쉽게 마음을 열어주지 않습니다. 그분들을 위해 하나님은 오래 참고 기다리시며 돌아오기를 기다리십니다. 인류 초기 노아의 대홍수 때 하나님께선 죄악의 인간들을 멸할 방주를 짓게 하시면서도 무려 120년을 기다리셨고(창6:3, 벧전3:20), 노아 600세 되던 해 비를 쏟아붓기 직전에도 다시 칠 일간의 시간을 주시며 더 기다리셨습니다(창7:4). 하나님은 이처럼 참고 기다리시는 분입니다. 하나님께 속이 있으셨다면 시커멓게 벌써 다 타셨을 것입니다. 그래서 우리들은 죄인입니다.

기왕의 믿는 분들 역시 숱한 시행착오를 겪습니다. 구원은 일회성으로 단번에 얻지만 성화(聖化)는 시간을 두고 평생 이루어져야 하기 때문입니다. 성장하고 자라가야 한다고 성경은 거듭 말씀하고 있습니다(골1:10, 엡4:15, 살후1:3, 벧후3:18) 평생을 닦고 또 닦아야 합니다. 그래서 인내가 필요하다고 강조합니다(눅8:15, 히10:36).

예수님께서 베드로의 발을 씻기시며 '이미 목욕한 자는 발밖에 씻을 필요가 없느니라(요13:10)' 말씀하신 건 이를 가리킨 말씀입니다. 다시 말하면 목욕을 해서 구원을 얻었으니 다신 목욕은 할 필요가 없고 나날이 지은 죄에 대해서만 발을 씻듯 용서를 구하라고 하신 것이지요. 택하시고 부르시고 의롭다고 칭의(稱義) 하시어 중생(重生)케 하신 것으로 그치지 않고 이젠 성화에 들어가 마침내 영화롭게 되기까지(롬8:29~30) 그분은 기다리십니다.

그 과정에서 많은 죄와 허물이 반복될 수 있는 게 인간이지만 그때에도 인내하시며 기다리십니다. 마치 갓난아이가 제대로 서려면 수천 번, 수만 번 넘어지길 반복하지만 부모가 끝내 기다려주는 것과 같습니다. 기다려주면 결국 일어선다는 걸 알기 때문입니다. 하나님의 기다리심에는 인간에 대한 깊은 사랑이 깊이 배여 있습니다.

이스라엘 백성들이 끊임없이 하나님을 배역하는 길로 나아가자 하나님께서도 끊임없이 그들을 부르셨습니다. B.C. 850년경부터 선지자들을 본격적으로 보내시기 시작하여 B.C. 430년경까지 사백여 년 이상 보내시면서 돌이키라고 말씀하셨습니다. 예언서를 쓰신 선지자들을 시대 순으로 기술하면 오바댜, 요엘, 요나, 아모스, 호세아, 이사야, 미가, 나훔, 스바냐, 예레미야, 하박국, 다니엘, 에스겔, 학개, 스가랴, 말라기까지 열여섯 분이 그분들입니다. 물론 이분들 외에 갓과 나단, 엘리야, 엘리사 선지자들은 비문서로 사역하셨습니다. 오랜 세월 많은 선지자들을 보내 회개하게 하실 만큼 하나님은 참고 기다리셨습니다.

종이냐 자유인이냐

'우리 주의 오래 참으심이 구원이 될 줄로 여기라(벧후3:15).'

'주의 약속은 어떤 이의 더디다고 생각하는 것같이 더딘 것이 아니라 오직 너희를 대하여 오래 참으사 아무도 멸망하지 않고 다 회개하기에 이르기를 원하시느니라(벧후3:9).'

그런데도 미동도 하지 않는 이들에게 심지어는 '내가 여기 있노라 내가 여기 있노라 하였노라 내가 종일 손을 펴서 자기 생각을 좇아 불선(不善)한 길을 행하는 패역한 백성들을 불렀나니(사65:1~2)'라고까지 호소하셨습니다. 아니, 망극하게도 '땅이여 땅이여 땅이여 여호와의 말을 들을지니라(렘22:29)'라고 부르짖고 계십니다.

우주만물의 창조주시며 우릴 지으신 분이 종일토록 손을 벌리고 기다리시다니요. 호소하시며 부르짖고 계시다니요. 아무리 인간을 사랑하신다 한들 도대체 어떤 신이 이러실 수 있을까요. 하나님의 인내와 참고 기다리심에 이젠 우리가 대답할 차례입니다.

또한 참고 기다리신다는 건 느긋하시다는 말과도 다르지 않습니다. 하나님은 서두르지 않으십니다. 우리도 하나님의 본성을 닮아 서두르지 않아야 길고 오래갈 수 있습니다. 신앙은 장거리 마라톤입니다. 늘 한결같고 늘 평온함을 유지하며 믿음 생활을 하자면 이러한 참고 기다리시는 하나님의 성품을 닮아가야 합니다. 산을 잘 타는 사람이 급하게 산을 타다 산에서 쓰러졌다는 뉴스를 가끔 듣습니다. 팔십 넘어서까지 산을 타려면 서둘러서는 아니된다는 교훈입니다. 참고 기다리시는 하나님의 성품을 본받으시면 신앙의 롱런 (long-run)에 유익할 것입니다.

4.
사랑의 하나님

하나님은 사랑이십니다(요일4:16). 하나님이 누구를 사랑하신다는 걸 넘어서 하나님이 사랑 그 자체라는 말씀입니다. 그런 사랑으로 우리 인생들 모두에게 무한한 일반적인 은혜를 주셨으니 햇볕과 비, 공기와 자연, 자유의지와 시간 같은 것이 바로 그것입니다. '이는 하나님이 그 해를 악인과 선인에게 비취게 하시며 비를 의로운 자와 불의한 자에게 내리우심이니라(마5:45)' 하시는 말씀이 대표적입니다. 하나님은 모든 사람이 구원받으시길 원하지만 특별히 그 가운데서도 자기 백성, 자기 자녀에 대한 사랑은 남다르십니다.

'여인이 어찌 그 젖 먹는 자식을 잊겠으며 자기 태에서 난 아들을 긍휼히 여기지 않겠느냐 그들은 혹시 잊을지라도 나는 너를 잊지 아니할 것이라(사49:15).'

그분의 사랑과 인자하심은 이토록 지극하십니다. 하나님은 본체가 사랑이신데 자신의 형상을 따라 인간을 만드셨으므로 인간에게도 사랑이란 인자(因子)를 나눠주신 셈입니다. 그래서 하나님과 인간

사이에 사랑이 흐르고 인간과 인간 사이에 사랑이 흐르는 건 다 하나님의 사랑 인자(㒰子)로 인한 사랑의 흐름의 법칙 때문입니다. 그래서 성경은 사랑을 거듭 강조합니다.

'사랑하는 자들아 우리가 서로 사랑하자 사랑은 하나님께 속한 것이니 사랑하는 자마다 하나님께로 나서 하나님을 알고 사랑하지 아니하는 자는 하나님을 알지 못하나니 이는 하나님은 사랑이심이라(요일4:7~8).'

성경의 주제가 사랑인 것도 하나님이 사랑이시기 때문입니다. 그래서 바울은 산을 옮길 만한 믿음과 자기 몸을 불사르게 내어 줄지라도 사랑이 없으면 아무것도 아니라고 했습니다(고전13:2~3). 성경은 사랑의 대서사시라고 하겠습니다. 수직적 하나님에 대한 사랑과 수평적 이웃에 대한 사랑이 십자가에서 하나 되어 교차하는 것이 하나님의 끝없는 사랑의 방정식이니 사랑이란 정언명령(定言命令)에 우리 인생들은 항상 놓여있다 하겠습니다.

그분은 인자와 긍휼이 넘치시는 헤세드의 하나님입니다. 그분은 세상을 이처럼 사랑하사 독생자를 주셨습니다(요3:16). 그러므로 그분은 우리 가운데 계셔 구원을 베푸실 전능자이십니다. 우리로 인해 기쁨을 이기지 못하시며 잠잠히 사랑하시며 우리를 위하여 즐거이 부르며 기뻐하시는 분입니다(습3:17).

5.
무변광대하신 하나님

하나님은 너무나 넓고 크시며 광대하신 분입니다(시48:1). 우주 물리학의 천체를 생각해보시면 간단한 일입니다. 상상초월입니다. 그만큼 크시고 무한하시며 시간과 공간을 초월하시는 분입니다. 그분은 예나 지금이나 시간 밖에 계신 분입니다. 그러나 우리를 만드시려 태초에 시간 안으로 들어오셨습니다.

시간을 초월하신 그분께 시간은 아무 구속거리가 안 되므로 그분께는 하루가 천 년 같고 천 년이 하루 같으며(벧후3:8) 천 년이 지나간 어제 같으며 밤의 한순간 같을 뿐입니다(시90:4). 예수 그리스도는 어제나 오늘이나 영원토록 동일하다는 말씀도 그런 연유입니다(히13:8). 시간(時間)은 인간에게만 한정된, 인간에게 주신 하나님의 선물입니다. 그래서 시간을 아끼라고 말씀하셨습니다(엡5:16). 시간 너머에 계신 분, 그분이 하나님입니다.

하나님은 공간 밖에서 공간 안으로 들어오셨습니다. 그러니 공간(空間)도 인간에게만 한정된 곳입니다. 하나님은 물론 천사나 마귀 같은 영계의 존재들은 공간에 구애받지 않습니다. 하나님께선 셋째 하늘인 삼층천(고후12:2)에서 우주라는 제한된 공간 안으로 들어오셨습니다. 8명의 인류를 구조했던 삼층 구조의 노아 방주(창6:16)나 하나님을 만나는 삼층 구조의 성전(왕상6:6)은 이를 상징해줍니다.

공간을 뛰어넘어 전혀 막힘없이 오고 가시는 하나님입니다. 그러기에 하나님의 능력의 결과로 나타난 엘리야의 축지법(왕상18:46), 에스겔의 공중 이동(겔8:3), 하늘로 들림받은 에녹과 엘리야(창5:24, 왕하2:11), 빌립 집사의 순간이동(행8:27), 바울과 실라와 베드로의 감옥이란 공간에서의 풀림(행16:26, 12:10), 마지막 때 성도들의 하늘로의 들림 휴거(携擧)도 전혀 이상하지 않습니다(살전4:17).

공간의 제약이 전혀 없으신 분, 그분이 하나님이십니다. 우리도 육체로 있을 때는 시간과 공간의 제약을 받지만 영면(永眠)에 들어가면 시간과 공간의 막힘에서 풀려 하나님의 영역 아래 들어가게 됩니다. 거기엔 딱 두 가지 영생(永生)이냐 영벌(永罰)이냐만 있는 곳입니다.

해와 달과 같은 천체의 움직임도, 중력을 받는 만유인력의 법칙도 직접 만드셨으니 이를 언제든지 마음대로 바꾸실 수 있는 분이 하나님입니다. 만물을 말씀 하나로 지으셨으니 하늘의 태양과 달의 운동을 변동시키시거나 만나를 내리시거나 반석에서 물을 내는 것도 전혀 이상할 게 없습니다.

여호수아가 아모리 족속과 싸울 때 '태양아 너는 기브온 위에 머무르라 달아 너도 아얄론 골짜기에서 그리할지어다(수10:12)'라고 기도하니 태양의 운행이 23시간 20분 동안 멈추기도 해 이런 일은 전에도 없었고 후에도 없었다고 기록되어 있습니다(수10:14). 사실을 확인할 길은 없으나 이 23시간 20분과 유다 왕 히스기야가 울면서 기도하여 일영표상의 해 그림자를 십도 물러가게(왕하20:11) 해서 멈춘 시간 20분을 합친 24시간 하루를 역사상 검증하기 위해 미국 NASA가 나섰었다는 이야기가 돌은 바도 있었습니다. 또 출애굽한 이스라엘 백성은 홍해를 육지처럼 건너기도 했으니 물질계의 법칙을 만드신 하나님께서 그 법칙을 초월하시는 건 당연한 일입니다.

하나님은 무변광대(無邊廣大)하신 분입니다. 맑은 밤, 하늘에 떠 있는 수많은 별들을 바라보면 황홀하기도 하지만 그 무한함에 입이 벌어집니다. 필자는 가끔 유튜브 채널에서 천문(天文)에 대해 시청합니다. 어떤 천문학 마니아가 우주가 얼마나 광대한가를 실제로 체감케 해준다며 실험에 나섰습니다. 지구에서 가장 가까운 별은 다 아시다시피 태양입니다. 지구와 태양 간의 거리는 약 1억 5,000만㎞입니다. 1AU로 표시하는데 이는 지구에서 비행기로 쉬지 않고 날아가도 대략 17년 정도 걸리는 먼 거리입니다.

그런데 태양 다음으로 지구에서 가장 가까운 별이 프록시마 라는 별인데 지구로부터 4.22광년 떨어져 있다고 합니다. 1광년은 빛의 속도로 1년간 달려가는 거리입니다. 그 별까지의 거리가 빛의 속도로 4.22광년 간다지만 그게 얼마나 먼지는 별로 실감할 수가 없습니다. 그러니까 이 마니아가 실제로 체감케 해준다며 승용차를 몰고 나섰습니다. 그래서 지구와 태양간의 거리를 21㎝로 잡았다고 가정하고 지구에서 프록시마 별까지의 거리만큼 달려가는데 무려 58㎞를 운전해 가더군요. 정말 충격 그 자체였습니다. 이토록 우주가 광대한 것이었던가요.

그런데 북두칠성까지의 거리는 63~200광년, 북극성(北極星)까지의 거리는 450광년이라 하며 관측 가능한 우주는 태양계를 중심으로 직경 930억 광년이라고 합니다. 은하계 1개에도 수천억 개의 별이 있고 우주에는 또 그런 은하계가 수천억 개 있으며 거기에다 우주는 지금도 팽창해서 커지고 있고 그것도 가만히 있는 게 아니라 일정한 법칙에 따라 전부 움직이고 있다는 것입니다. 그마나 인간이 관측 가능한 건 우주의 5%에 불과할 뿐이라고 하니 도대체 천체가 얼마나 큰지는 상상조차 할 수 없는 일입니다. 참으로 무변광대하신 하나님입니다.

하나님의 생각과 지혜와 판단은 이런 우주의 무변광대하심만큼이나 넓어 인간이 이루 측량할 수가 없습니다. 여호와께서는 내 생각은 너희 생각과 다르며 내 길은 너희 길과 달라서 하늘이 땅보다 높음같이 내 길은 너희 길보다 높으며 내 생각은 너희 생각보다 높다고 하셨고(사55:8~9), 또 하나님의 지혜와 지식의 부요함은 너무 깊어 그의 판단은 측량치 못할 것이며 그의 길은 찾지 못할 것이라고 말씀하고 있습니다(롬11:33).

　또 하나님의 하시는 일의 시종을 사람으로 측량할 수 없게 하셨다고 했으며(전3:11) 시편 기자는 '나를 지으심이 신묘막측(神妙莫測)하심이라 주의 행사가 기이함을 내 영혼이 잘 아나이다 하나님이여 주의 생각이 내게 어찌 그리 보배로우신지요 그 수가 어찌 그리 많은지요 내가 세려고 할지라도 그 수가 모래보다 많소이다(시139:14, 17~18)'라고 고백했습니다. 하나님의 끝없는 광활하심을 다 표현한다는 건 온 세상의 언어를 다 동원해도 부족합니다. 그렇게 크신 하나님이 우리 아버지십니다.

6.
나의 하나님

우린 하나님을 알고 있습니다. 그러나 많이 아는 것만으로는 아니되고 '나의 하나님'으로 모시는 게 중요합니다. 친소관계(親疎關係)에 있어 그저 적당한 거리를 두는 불가근(不可近) 불가원(不可遠)의 하나님이 아니라 바짝 다가가 하나를 이루는 '나의 하나님'으로 받아들이는 게 필요하다는 말씀입니다. '나의 하나님'은 기존에는 나와 하나님 간에 멀리 떨어져 별 상관이 없었지만 이제는 새로운 친밀관계가 형성된 사이임을 말합니다.

태초에 만물을 지으시고 아담과 하와를 지으신 후 먼저 말씀을 걸어오신 분은 하나님이셨습니다. '그들에게 복을 주시며 이르시되(창1:28)'라고 말씀을 거신 겁니다. 이건 하나님이 인간과 관계를 맺자고 첫 제의를 하신 것이니 그만큼 하나님은 우리에게 깊은 관심을 가지시고 복과 사랑과 약속의 신뢰관계를 나누고 싶어 하십니다. 그러니 하나님을 '나의 하나님'으로 받아들여 관계를 설정하는 건 그분과 '사랑과 약속의 신뢰관계'를 시작하는 것임을 말씀드리고 싶습니다.

달리 말하면 하나님을 '다른 사람의 하나님'으로 아는 건 아무 소용이 없다는 것입니다. 나와는 상관없이 그저 하나님을 성경책에나 있는 하나님이나 남들이 이야기하니까 그저 흘려듣는 하나님과 같이 피상적인 하나님으로만 인식하는 건 불행한 일입니다. 믿지 않는 사람들과 심지어 귀신들도 하나님에 대하여 알고 있으니(막5:7) 믿는다고 하면서도 하나님과 어정쩡하니 이격(離隔)을 두는 것은 '나의 하나님'으로 모셨다고 볼 수 없습니다.

도마는 예수님을 삼 년이나 따라다녔으면서도 주께서 어디로 가시는지 알지 못한다고 한 제자였으나(요14:5) 부활하신 주님의 옆구리를 만져보고 나서야 그때서야 비로소 '나의 주시며 나의 하나님이시니이다'라고 고백하였습니다(요20:28). 중요한 건 도마처럼 그분을 '나의 하나님'으로 모시는 일입니다. 아무리 하나님을 지식과 지성(知性)으로 안다고 해도 영적으로 가슴을 열고 신령과 진정으로 만나지 못한다면(요4:24) 결단코 '나의 하나님'으로 만났다고 할 수가 없습니다. 한 발 떨어진 방관자의 자세나 건성으로는 하나님을 절대 만날 수 없고 마음을 다해 찾으셔야 합니다.

'너희가 전심으로 나를 찾고 찾으면 나를 만나리라(렘29:13).'

다만, 나의 하나님이라고 해서 나만의 하나님이라는 뜻은 아닙니다. 저 멀리 피상적으로 있었던 하나님을 마음으로 영접하여 이젠 나의 하나님으로 모신다는 뜻이지 자기만의 독점물로서 두라는 말은 아닙니다. 그건 믿음이 아닌 독선과 이기심일 뿐입니다. 나의 하나님으로 만나되, 거기서 머물 게 아니라 내가 그분의 양이 되었으니 그분이 목자 되신 양 떼 속으로 들어가 나도 나의 하나님으로 모시고 옆에 계신 분도 나의 하나님으로 모시어 함께 아름다운 신앙 공동체를 이뤄가야 한다는 말씀입니다.

하나님은 모든 인간을 지으셨지만 모든 인간의 아버지가 아니십니다. 오직 그분을 받아들이는 자들에게만 영적인 아버지가 되시는 분입니다(롬8:14). 이게 중요합니다. '너희가 아들인 고로 하나님이 그 아들의 영을 우리 마음 가운데 보내사 아바 아버지라 부르게 하셨느니라(갈4:6)' 하셨으니 정말 중요한 건 신령과 진정을 다해 '나의 하나님'으로 영접하는 일이라 하겠습니다.

다윗은 소싯적엔 불우한 가정환경에서 자라 의지할 데가 없었던 것 같습니다. 다윗의 시를 보면 '내 부모는 나를 버렸으나 여호와는 나를 영접하시리이다(시27:10)' 했고, '내가 나의 형제에게는 객이 되고 나의 어머니의 자녀에게는 낯선 사람이 되었나이다(시69:8)'라고 탄식했습니다. 다윗의 큰 형 엘리압은 아버지 심부름에 따라 싸움터로 볶은 곡식과 떡을 가져온 소년 다윗에게 먼 길에 수고했다는 말은 커녕 비난만 퍼부었습니다(삼상17:28).

다윗은 그런 가정에서 자랐습니다. 얼마나 외로웠을까요. 그런 곤고함이 있었기에 하나님께 매달려 하나님을 '나의 하나님'으로 받아들이고 평생을 의지했으며 급기야 '하나님 마음에 합한 사람'이란 칭호를 들었습니다(행13:22). 가정이 불우한 분은 낙망할 게 아니라 나도 다윗과 같이 하나님께 합한 사람이 될 환경을 가졌다고 생각해도 좋을 것입니다. 나의 하나님으로 만나는 데는 다윗과 같은 절실함이 있어야 하기 때문입니다.

7.
품 안에 품으시는 하나님

우리가 '나의 하나님'으로 영접하면 하나님께선 우리를 품 안에 품으십니다. 얼마나 큰 광영이요 기쁨일까요. 원래 그분은 사랑하는 자녀를 품 안에 품으시길 좋아하시는 분 같습니다. 태초에 그분은 예수 그리스도를 품 안에 품으셨습니다. '본래 하나님을 본 사람이 없으되 아버지 품속에 있는 독생하신 하나님이 나타내셨느니라(요 1:18)' 하셨습니다.

품 안에 품으시길 좋아하시는 하나님을 우리는 성경에서 또 만나게 됩니다. 원래부터 이스라엘 백성들은 자기들만 선택받았다는 선민의식이 강하지만 그 근본은 우리랑 다를 게 하나도 없는 사람들이었습니다. 오로지 하나님께서 은혜로 택하신 것이지 뭐 대단하다고 해서 택하신 게 아닙니다(신7:6~7). 그러나 하나님은 그 시원치 않은 존재들을 품으셨습니다. 약속하셨기 때문입니다(출19:5~6). 에스겔서 말씀에 그들을 얼마나 사랑하셨는지 알 수 있는 구절이 있습니다.

'너를 긍휼히 여긴 자가 없었으므로 네가 나던 날에 네 몸이 꺼린

바 되어 네가 들에 버리웠었느니라 내가 네 곁으로 지나갈 때에 네가 피투성이가 되어 발짓하는 것을 보고 네게 이르기를 너는 피투성이라도 살라 다시 이르기를 너는 피투성이라도 살라 하고 내 옷으로 너를 덮어 벌거벗은 것을 가리우고…(겔16:5, 6, 8)'

하나님께선 그 자녀를 이토록 애절한 마음으로 품으시는 분이십니다. 그런 하나님께선 우리 이방인(異邦人)들도 자녀로 부르셨습니다. 우리가 그분을 대할 때 창조주께 예배하는 거라면 피조물의 자격인 것이요, 주님께 예배하는 거라면 종의 입장인 것이요, 아버지께 예배하는 거라면 아들의 지위에 있는 것입니다. 피조물의 입장이나 종의 입장보다는 아들의 입장이 훨씬 좋지 않겠습니까.

하나님은 하늘에 계신 우리 아버지이십니다(마6:9). 그 하나님께선 자녀인 우리를 품기 원하시고 우리는 그분의 품 안에 안겨야 평안을 얻습니다. 그분을 '나의 하나님'으로 받아들이고도 그 품속으로 들어가려 하지 않는다면 그건 친근하지 않다는 표시입니다.

나의 하나님으로만 그치지 말고 기왕이면 그 품 안에 들어가는 게 훨씬 낫습니다. 사도 요한은 열두 제자 중에서도 예수님의 품 안에 있기를 즐겨했던 사람입니다(요13:23). 요한은 열두 제자 중에서도 베드로와 야고보와 함께 예수님의 각별한 사랑을 받았습니다. 그런 요한은 예수님 십자가형 이후 예수님 당부에 따라 예수님의 어머니 마리아를 에베소에서 모시기도 했고, 사랑의 사도라는 칭호를 받았으며, 요한복음과 요한1·2·3서, 요한계시록을 썼고 순교당하지 않고 94세까지 살았다고 전해지고 있습니다.

우리 어릴 적도 항상 어머니 품 안이 제일 좋았지 않았던가요. 품 안은 항상 따뜻하고 아늑한 법입니다. 천 길이나 되는 낭떠러지를 천인단애(千仞斷崖)라고 합니다. 천인단애와 같은 험하고 두려운 세상을 살면서 그분의 품 안에 든다면 마음이 안정되지 않을까요. 성경에 제일 많이 나오는 말씀이 '두려워하지 말라'라는 말씀이라는데 그분의 품 안에 들면 모든 두려움이 없어지는 게 아닐까요.

8.
많은 속성의 하나님

믿음 생활을 하다 보면 하나님의 많은 속성 가운데서도 어떤 특정한 속성이 자기에게 특별히 와닿아 역사하는 은혜를 체험하게 됩니다. 필자의 경우 위로의 하나님을 만나 뵈었지만 신앙생활을 하시는 한 분 한 분 모두 자신의 처지에 맞는 하나님의 속성을 만나게 됩니다. 워낙 넓고 정이 많으신 하나님이라 어느 누구의 어떤 상태에도 그에 맞는 속성으로 맞아 주시니 이것 또한 은혜입니다.

곧 따뜻하고 선하신 위로의 하나님, 지혜의 하나님, 인애하신 하나님, 진리이신 하나님, 평온하시며 늘 한결같으신 하나님, 치유하시는 하나님, 화목케 하시는 하나님, 모든 걸 가지신 만유의 주재로서 물질의 복을 주시는 하나님, 경영하시는 하나님, 사유(赦宥)하시는 하나님, 능력 주시는 하나님, 풍성하신 하나님, 분노하시는 하나님을 각각 경험하게 될 것입니다.

그분은 은혜 베풀 자에게 은혜를 베풀고 긍휼히 여길 자에게 긍휼을 베푸시는 분입니다(출33:19). 그분은 사유(赦宥)하시는 하나님이

시라 은혜로우시며 긍휼히 여기시며 더디 노하시며 인자가 풍부하시므로 우리를 버리지 아니하시는 분입니다(느9:17). 또 '수고하고 무거운 짐 진 자들아 다 내게로 오라 내가 너희를 쉬게 하리라(마11:28)' 하셨습니다. 그분은 다양하신 속성으로 우리가 어떤 환경과 처지에 있다 하더라도 즉시 정확하게 응대하시어 모든 걸 해결해주시는 하나님이십니다.

제3부

예수 그리스도

1.
하나님의 아들

　예수 그리스도는 완전한 하나님이자 완전한 인간이십니다. 예수님은 근본 하나님으로서 우리와 함께 하시기 위하여 친히 육신의 옷을 입고 내려오셨습니다. 이를 성육신(成肉身), 인카네이션(Incarnation)이라고 합니다. 구약시대 하나님께서는 종종 사람의 형태로 나타나셨는데(창3:9), 이를 하나님의 현현(顯現)이라고 하며 성육신은 이런 현현의 절정을 이루는 사건이라 하겠습니다. 성경은 예수님의 오심을 두고 임마누엘(Immanuel)이라고 하셨는데(사7:14, 마1:23), 이는 '하나님이 우리와 함께 계시다'라는 뜻임을 기독교인이면 누구나 다 알고 있습니다.

　말씀이 육신이 되어 우리 가운데 거하신 분, 바로 그분이 예수님입니다(요1:14). 여기서의 말씀은 '태초부터 있는 생명의 말씀(요일1:1)', '하나님의 말씀(계19:13)', '여호와의 말씀(시33:6)'을 가리킵니다. 철학적, 신학적 용어로는 로고스(Logos)라고 표현하지요. 그는 '하나님의 지혜(고전1:24)'시요 '하나님의 능력(고전1:24)'이시며, '근본 하나님의 본체(빌2:6)'이십니다. 예수님께서도 친히 '나와 아버지는 하나이니라(요10:30)'

말씀하셨습니다.

예수님은 우주만상이 지어지기 전 태초부터 계신 분으로(요1:1) 신성(神聖), 곧 하나님의 신성하신 능력과 본성과 속성의 모든 충만이 그분 안에 거하십니다(골1:19, 2:9). 그래서 예수님께선 내가 아버지 안에 있고 아버지께서 내 안에 계심을 믿으라고 하셨습니다(요14:11). 사람의 인생과 인류 역사의 한가운데에는 처음부터 마지막까지 예수 그리스도가 계시니 그분이 중심이요 주인공이십니다.

그분은 창세 이전에 하나님의 창조의 동역자로 세움을 입었고(잠8:23) 만물이 예수 그리스도로 말미암았으며 우리도 그분으로 말미암아 지어졌습니다(고전8:6, 롬11:36). 만물이 그를 위하여 창조되었고 그 안에 서 있습니다(골1:16~17). 그분은 만물을 붙드시며(히1:3) 모든 통치자와 권세의 머리이시고(골2:10) 만유의 후사(後嗣), 곧 상속자로 세워지셨습니다(히1:2).

예수님의 공생애 행적과 교훈을 기록한 책이 사대복음서입니다. 그러나 요한복음을 제외한 마태, 마가, 누가복음만을 공관복음(共觀福音)이라고 하니 이는 같은 관점에서 기록했기 때문입니다. 그래서 그 세 복음서는 표현과 내용에서 유사점이 많지만 요한복음은 그 복음들과는 사역의 무대나 초점, 교훈의 방법과 주된 메시지가 다릅니다. 이로 인해 서로 보완 설명해주는 관계가 되어 복음에 대한 이해를 높이고 있다고 보시면 되겠습니다.

예수님만이 하나님과 우리를 연결해주시는 통로입니다. 그래서 우리의 기도도 오직 주 예수 그리스도의 이름으로만 기도해야 상달될 수 있습니다. 예수님을 인식함에 있어 믿으면 구원받는다는 '개인의 구원'이라는 좁은 시야에서만 머물 게 아닙니다. 인류 역사의 모든 것은 하늘에 있는 것이나 땅에 있는 것이나 종국에는 모두 다 그리스도 예수 안으로 모아지고 예수 안에서 통일된다는(엡1:10) 폭넓은 시야도 가져야 합니다.

그런 귀하신 분이 우리의 죄를 대속해주시기 위하여 어린 양으로 오셨습니다. 성경은 이를 이렇게 표현합니다. '이튿날 요한이 예수께서 자기에게 나아오심을 보고 이르되 보라 세상 죄를 지고 가는 하나님의 어린 양이로다(요1:29)' 시인 박목월 선생님은 어느 날 그 어린 양을 연상하며 목가풍의 마음 여린 시를 지었습니다.

양을 몰고/ 개울을 건널 일을 생각한다/
그 순하고 어질고/ 어린 것을 몰고/
맑은 냇물을 건너는/
그것이 나의 생애가 될 순 없지만/

평화로운 풍경이여/
악착같은 삶에의 집착과 성의/
손마디마다 구둣살이 박히고/
발바닥에는 티눈/

짓이겨가며 사는 생활의 길에서/

나는 양을 몰고/ 개울을 건널 일을 생각한다/
풀빛이 싱싱한 초원으로/ 나의 기도는 나부끼고/
자줏빛 산줄기에/ 잔잔한 소망이 타오르는/
그/ 어느 호젓한 오솔길로/
양을 몰고/ 개울을 건너는 꿈을 꾼다/

_ 박목월의 시, 「양을 몰고」 중에서

　예수님은 첫 아담이 지은 모든 인류의 죄악을 단번에 씻기 위하여 마지막 아담으로 오셨고(고전15:45), 이 세상을 밝히려 빛으로 오셨으니 그분을 따르면 어두움에 다니지 아니하고 생명의 빛을 얻습니다(요8:12). 그분은 길이요 진리요 생명이신 분입니다(요14:6). 그분은 십자가 고난으로 인류의 죄를 속하신 후 부활하시어 하늘 보좌 우편에 앉으시고 장차 구름을 타고 심판하러 오실 분입니다(시110:1, 계1:7).

　여기서 하나 짚을 게 있습니다. 예수란 '구원자'란 뜻인 것은 모든 분이 아는 사실입니다. 즉, 예수(Jesus)는 '여호와는 구원이시다'라는 의미의 히브리어 예호슈아의 헬라어 표현이고, 그리스도(Christ)는 '기름부음을 받은 자'란 의미의 히브리어 메시아의 헬라어 표현입니다. 메시아는 구약에서 선지자(왕상19:16), 제사장(레4:5), 왕(삼상24:6)을 가리키는 말인데 이는 그들이 전부 기름부음을 받았기 때문입니다. 기름부음은 하나님이 맡기신 일을 위해서 구별되었음을 상징합니다. 예수님은 메시아 곧 그리스도이십니다(요1:41). 예수님 스스로도 자신이 그리스도임을 밝히시기도 했습니다(요4:25~26).

그런데 어떤 분은 그리스도라고 하면 곧 예수님을 가리킨다고 생각하여 기도할 때에도 예수님 이름은 생략하고 '그리스도의 이름으로 기도드립니다'라고 하는 경우가 있습니다. 필자도 경험한 바 있었습니다. 그러나 이 지구상에 자칭 메시아 자칭 그리스도가 수천 명입니다. 적그리스도도 있습니다. 오직 예수님만이 그리스도이시므로 우린 정확히 '예수 그리스도의 이름으로' 기도하셔야 합니다. '우리 구주 예수 그리스도의 이름으로'라고 하시면 더 좋겠습니다.

2.
첫 언약과 율법의 완성

하나님은 모세를 통하여 율법을 주셨습니다. 그게 첫 언약이요, 옛 언약이요, 구약(舊約)입니다. 그러나 율법의 한쪽 당사자인 이스라엘 백성이 하나님을 끊임없이 거역하고 배신하므로 일방적으로 파기되었고 결국 무효가 되었습니다. 성경의 '저 첫 언약이 무흠(無欠)하였더라면 둘째 것(더 좋은 언약, 새 언약)을 요구할 일이 없었으려니와'라는 말씀이 이를 설명합니다(히8:7). 구약의 옛 약속 가운데 거하시는 하나님께선 그토록 노력했음에도 불구하고 결국 약속이 깨어지자(렘31:32) 고심을 거듭하셨습니다.

그리고 내리신 결론은 다시는 노하지 않고 다시는 책망하지 않겠노라 하시면서(사54:9), 새 일을 결심하셨으니 이사야 42:9, 43:19, 48:6에 기록된 말씀이 바로 그것입니다. 즉, 새 일이란 과거의 동물 제사로 하는 속죄방식이 아닌, 예수 그리스도를 통한 속죄와 구원이라는 새 언약을 세우는 일을 말합니다.

첫 언약이 이스라엘 백성의 끊임없는 범죄로 인하여 일방적으로 파기된 일에 대해선 그분 스스로의 이름을 위하여 또 그 스스로의 영예를 위하여 그리고 자신이 지으신 인생들이 곤비할까 측은히 여겨 그 노(怒)를 그냥 거두시기로 했던 것입니다(사48:9~11, 57:16). 여기서 우린 하나님의 놀라우신 사유(赦宥)하심을 보게 됩니다.

다만 하나님께서 이스라엘 백성들의 불성실함과 완악함과 우상숭배와 귀머거리 됨과 패역함을 모두 다 거론하시면서도(사48:1~8), 그저 보응 없이 노(怒)를 거두신다고는 하셨으나 너무 속이 상하시어 마음에 감당이 잘 안 되셨는지 스스로를 위로하시며 '내가 나를 위하며 내가 나를 위하여 이를 이룰 것이라 어찌 내 이름을 욕되게 하리요(사48:11)'라고 거듭 거듭 말씀하시는 걸 봅니다. 그 이스라엘 백성들의 행위는 그야말로 자식을 아끼는 부모 가슴에 비수(匕首)를 꽂은 것이나 마찬가지라 하겠습니다.

하나님께선 '새 언약'을 세우셨습니다. 분노를 스스로 억제하시며 다시 새 약속을 세우셨으니 그게 바로 독생자 예수를 보낼 터이니 이제는 예수를 믿기만 하면 구원을 받게 된다는 '새 언약'이었던 것입니다. 곧 신약(新約)입니다. 그렇게 해서 예수님은 이 땅에 오시게 되었습니다.

예수님의 오심으로 말미암아 그간의 숱한 동물 제사와 율법으로 꾸며졌던 모세의 첫 장막은 예수님 자신으로 직접 지어진 더 크고 온전한 둘째 장막으로 대치되었습니다(히9:1~12). 이에 대한 말씀은

종이냐 자유인이냐

이렇습니다. '그리스도께서 장래 좋은 일의 대제사장으로 오사 손으로 짓지 아니한 곧 이 창조에 속하지 아니한 더 크고 온전한 장막으로 말미암아 염소와 송아지의 피로 아니하고 오직 자기 피로 영원한 속죄를 이루사 단번에 성소에 들어가셨느니라(히9:11~12).'

구약의 그간의 모습들은 모형과 그림자에 불과했습니다(히8:5). 첫 장막은 동물 희생 제사로서 예수님의 대속(代贖)을 상징하는 모형과 그림자였으나 예수님의 대속이 실행됨으로써 모든 게 다 훤히 드러나며 자연히 사라지게 되었습니다. 십자가상에서 운명하신 날 첫 장막의 성소 휘장이 다 찢기었으니(마27:51), 이는 그 휘장이 예수님의 육체이셨기 때문입니다(히10:20).

이로써 첫 장막은 없어지고 예수님 스스로 둘째 장막으로서 단번에 자기 몸으로 제사를 드리심으로 대속의 대역사는 완성되었던 것입니다. 그래서 이젠 율법을 통해서가 아닌, 몸소 찢기심으로 대속해주신 그분을 통해 하나님께 곧바로 나아갈 수 있게 되었습니다(히6:19).

옛날 아이들은 밤에 호롱불 밑에서 방문 창호지에 대고 손가락으로 그림자놀이를 했었지만 환한 전기불이 들어오고 나서는 더 이상 할 수 없게 된 것과 마찬가지입니다. 너무도 환해졌기 때문입니다. 그분이 오신 후 과거의 거울로 보듯 희미한 것은 다 드러나게 되었습니다(고전13:12). 이제 예수님이 오심으로 그간 그림자와 예표로 보여주셨던 희미한 것은 사라지고 '단번의 영원한 대속'이 분명하게 드러나게 되었습니다.

예수님의 십자가 사건은 인류 역사에 엄청난 획을 긋는 대변혁의 사건입니다. 이건 제2의 창세기라 할 수 있는 사건입니다. 모든 인류가 지은 죄로 인한 저주를 한 몸에 짊어지시고 극심한 수치와 참혹한 고통 속에서 처절하게 수난을 당하시고 마침내 죽음을 이기고 부활하시어 죄의 문제를 해결하셨기 때문입니다.

하나님 자신이시면서도 순전한 인성(人性)의 인자(人子)의 몸으로 오셔서 너무도 가혹한 죄의 형벌을 감당하시고자 친히 십자가에 달리심은 구약시대에 대속의 죗값으로 바쳐지던 어린 양(羊)과 같으셨습니다. 그 피를 다 쏟으신 십자가 사건이 없었다면 사망이 계속 우리 위에 왕 노릇 하였을 것이고 부활도 없었을 것이며 따라서 죄 사함 받고 천국으로 가는 복음도 없었을 것입니다.

예수님은 십자가 위에서 남김없이 피를 다 쏟으셨습니다. 이 보혈로 말미암아 우리의 주홍 같은 죄는 도말(塗抹)되어 눈과 같이 희게 되었고(사1:18) 죄인의 신분을 벗어날 수 있게 되었습니다. 이 십자가 보혈이란 복음의 비결은 영세 전부터 감추어져 있다가 때가 차매 나타내신 바가 된 것으로 우리는 비로소 명분을 얻어 하나님 아버지의 자녀가 되어 아바 아버지라고 부를 수 있게 되었습니다(갈 4:4~6).

첫 사람 아담이나 구약의 이스라엘 백성들도 하나님을 '아바 아버지'라곤 부르지 못했습니다. 물론 구약의 이스라엘 백성에게도 하나님이 그들의 아버지라고 일컬어졌지만(신32:6, 사64:8, 렘3:19) 아바 아버지라곤 부르지 못했습니다. 왜냐하면 그들은 아들의 영이요 양자의 영이신 성령님을 받지 못했기 때문입니다. 그러니 십자가의 보혈이 얼마나 감사한 일인지 알 수 있게 됩니다. 아버지와 아들의 관계는 한번 맺어지면 영원히 가는 관계입니다. 우리도 나중에 부활하여 천국에서 아버지 하나님과 영원히 함께 있게 된다는 논리는 거기서 나온 것입니다.

십자가 사건으로 말미암아 율법으로 표징되는 옛 언약, 옛 약속은 마침내 완성되었습니다. '율법과 선지자는 요한의 때까지요(눅16:16)', '율법은 약속하신 자손이 오시기까지 있을 것이라(갈3:19)', '그리스도는 모든 믿는 자에게 의를 이루기 위하여 율법의 마침이 되시니라(롬10:4)' 하신 말씀들이 다 이를 가리킵니다. 그렇다고 구약의 율법 모두가 폐기된 건 아닙니다. 아니 오히려 더 강화된 것도 있습니다. 폐기된 게 아니라 완전케 되었다는 말씀입니다.

예수님은 '내가 율법이나 선지자나 폐하러 온 줄로 생각지 말라 폐하러 온 것이 아니고 완전케 하려 함이로다(마5:17)' 하셨습니다. 이는 구약의 선지자들이 오래전부터 예언한 구속의 십자가를 기꺼이 짊어져 약속을 완전히 이행하겠다는 것이고 그 십자가로 율법의 모든 조항을 완성시킨다는 뜻이지 결코 율법 조항을 무시하거나 소홀히 하거나 파기하라거나 불순종하라는 뜻이 아닙니다.

예수님은 친히 구약의 요점을 '하나님을 사랑하고 이웃을 사랑하는 건 온 율법과 선지자의 강령이라'고 설파하셨습니다(마22:37~40). 이는 구약 신명기 6장 5절과 레위기19장 18절을 인용한 것인데, 예수님은 자신이 이를 다 이루었으니 율법과 선지자, 곧 구약 전체를 완전케 하였다고 말씀하신 것입니다.

다시 말하면 동물제사와 율법준수, 몸의 할례 등 구약의 특정 율법 조문만 폐하였지 율법이 추구하는 '하나님 경배와 이웃 사랑의 정신'은 그대로 살아 있습니다. 좀 더 자세히 말씀드리자면 안식일 규정이나 음식법, 정결법, 할례법, 동물 제사법, 유월절 같은 절기법, 의례법 같은 건 사라졌지만 우상숭배를 엄금한 조항 같은 것이나 십계명같이 도덕 기준의 잣대로서의 규범 같은 건 엄연히 그대로 살아 있다고 봐야 합니다.

어떤 청년 관원이 예수님께 내가 무슨 선한 일을 해야 영생을 얻겠냐고 묻자, 네가 생명에 들어가려면 계명들을 지키라 하시면서 구약의 계명들을 거론하신 적이 있고(마19:17) 또 여자를 보고 음욕을 품으면 이미 마음에 간음한 것이라고 말씀하심으로서 구약의 간음 율법보다 오히려 더 높은 도덕 수준을 요구하신 것을 봐도(마5:28) 일부 계명들은 살아있음을 알 수가 있습니다. 그러므로 예수만 믿으면 되지 옛날 십계명 같은 율법들은 다 폐지되어서 무슨 짓을 해도 상관없다는 식의 말을 한다면 이는 크게 잘못된 것입니다.

더군다나 구약의 '누구든지 여호와의 이름을 부르는 자는 구원을 얻으리니(욜2:32)' 하는 말씀은 신약의 로마서 10장 13절 말씀과 똑같습니다. 구약의 '의인은 그 믿음으로 말미암아 살리라(합2:4)'는 말씀은 신약의 로마서 1장 17절 및 갈라디아서 3장 11절에서 그대로 인용되었습니다. 그 말씀들은 구약에도 신약에도 다 적용되는, 신구약의 다리 역할을 하는 중요한 말씀들입니다. 그러니 구약의 말씀이라 해서 다 폐기되었다 할 수는 없는 일입니다. 구약은 완성되어서 우리 곁에 어엿이 존재한다 하겠습니다.

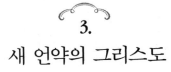

3.
새 언약의 그리스도

예수님은 하나님의 새 언약에 따라 그 새 언약을 이루기 위해서 오셨다고 말씀드렸습니다. 그 언약은 양의 큰 목자이신 예수님이 십자가에 달리사 대속해주신 그 영원한 언약의 피로 말미암아 세우신 것으로(히13:20) 이사야 선지자를 통하여 예고하였던 바였습니다.

'내가 그들과 세운 나의 언약이 이러하니 곧 네 위에 있는 나의 신과 네 입에 둔 나의 말이 이제부터 영영토록 네 입에서와 네 후손의 입에서와 네 후손의 후손의 입에서 떠나지 아니하리라(사59:21).'

이 말씀 가운데는 놀라운 비밀이 있으니 이는 과거 제사장과 성전(聖殿)으로 대변되는 구약의 시대를 접고, 이제는 예수님을 통해 구원토록 하는 신약의 시대를 열겠다는 것입니다. 이젠 성령님을 너희들 모두 위에 있게 하고 말씀인 예수님을 항상 너희 입에 있게 하여 영영토록 떠나지 아니하시겠다는 언약이었습니다. 다시 말하면 우리 마음 위에 성령님을 두시고 우리의 입에 예수님을 두시어 입으로 예수를 구주로 시인하는 자마다 구원을 베푸시겠다는 약속을 하셨던 것입니다.

　물론 인류 전부를 구속하실 계획은 원시복음이라고 하는 에덴동산에서의 동물 희생을 통한 가죽 옷을 지어 입히실 때 예표하셨지만 구체적으론 이사야서의 새 언약을 통해서 드러내신 것입니다. 이 언약 후 700년쯤 지나 예수님이 오시고 성령님도 우리 속에 내주하시어 새 언약은 약속대로 이뤄졌습니다.

　이사야서를 보면 이 언약을 세워 독생자를 세상에 보내시는 일이 하나님으로선 얼마나 가슴 아프고도 절절한 일이신지 무려 네 번이나 '종의 노래'로 이를 표현하셨습니다. 이사야 42장 1절~9절, 49장 1절~6절, 50장 4절~9절, 52장 13절~53장 12절이 그렇습니다. 모두 메시야의 고난과 순종, 사역과 영광을 노래한 말씀들입니다. 그리고 예수님은 종으로서의 사역을 치열하게 순종하셨으니 그 수난과 순종은 영원히 기억될 것입니다.

　예수 그리스도께서는 십자가의 고난으로 초림(初臨)의 사역을 온전히 이루셨습니다. 십자가에서 운명하실 때 성소와 지성소를 가르는 휘장이 찢어져 이제는 누구라도 그분을 통해 하나님께 곧바로 나아갈 수 있게 되었습니다(히6:19). 즉, 그분만 믿으면 하나님께 나아갈 수 있도록 하신 것 그게 바로 새 약속, 새 언약입니다(사53:5, 렘 31:31~34, 눅22:20, 히7:22, 8:6, 8, 9:15, 고전11:25).

예수 그리스도를 믿으면 구원을 받습니다. 이 말씀 한마디 하시기 위하여 성경 그 두꺼운 책이 쓰인 것이라 해도 과언이 아닙니다. '하나님이 세상을 이처럼 사랑하사 독생자를 주셨으니 이는 저를 믿는 자마다 멸망치 않고 영생을 얻게 하려 하심이니라(요3:16)'라는 말씀이나 '주 예수를 믿으라 그리하면 너와 네 집이 구원을 얻으리라(행16:31)'라는 말씀과 '누구든지 주의 이름을 부르는 자는 구원을 얻으리라(롬10:13)'는 말씀은 다 들어보신 말씀들입니다.

예수 그리스도만 믿으면 원죄의 저주인 사망에서 풀려나 구원을 얻습니다. '그리스도 예수 안에 있는 자에게는 결코 정죄함이 없나니 이는 그리스도 예수 안에 있는 생명의 성령의 법이 죄와 사망의 법에서 너를 해방하였음이라(롬8:1~2)', '그들의 죄와 그들의 불법을 내가 다시 기억하지 아니하리라(히10:17)' 하셨습니다. 주님의 은혜는 실로 하해(河海)보다 넓으십니다.

제4부

성령님

1.
제3위의 하나님

성령님은 성부 하나님 성자 예수님과 함께 삼위일체의 한 위를 가지신 하나님입니다(마28:19, 고후13:13). 물론 삼위일체는 절대 신비에 속하는 부분이고 성경에 직접 표현된 단어가 아니기에 수많은 학설과 논문이 제기되었지만 분명한 건 삼위일체(三位一體)는 많은 성경 말씀 가운데서 인정되는 것으로 전혀 사변적(思辨的)이거나 상징적이거나 형이상학적 교리가 아닌, 그 완전성과 전체성, 실재성이 갖춰진 영원 불변의 진리라는 것입니다(눅3:22, 요15:26). 삼위일체 교리는 A.D. 200년경 초대 교부 테르툴리아누스에 의하여 제기되었고 A.D. 325년 니케아 종교회의에서 공인되었습니다. 삼위일체를 정의하면, '하나님은 세 위격(位格) 안에서 한 본질(本質)이시다'라는 것입니다.

성령님은 직역하면 '하나님의 숨'으로서 모든 생명의 근원을 가리킵니다(창2:7, 시33:6). 그래서 예수님도 '하나님의 숨' 성령으로 잉태되었습니다(마1:20). 성령 하나님은 창세기 맨 앞부분에 등장합니다. '땅이 혼돈하고 공허하며 흑암이 깊음 위에 있고 하나님의 영은 수면 위에 운행하시니라(창1:2)' 바로 그 부분입니다.

성령 하나님은 아버지 하나님과 아들 하나님과 동등하시며 동일한 본질을 갖추셨습니다. 성령님은 주의 영(고후3:17), 주의 성령, 여호와의 신, 대언의 영으로도 불리고, 보혜사(요14:16), 진리의 영(요14:17), 지혜와 총명의 영, 모략과 재능의 영, 지식과 여호와를 경외하는 영(사11:2), 아버지의 영(마10:20), 아들의 영(갈4:6)으로도 불립니다. 또 비둘기 같은 분(마3:16), 급하고 강한 바람, 불의 혀(행2:2~3)로 표현되기도 했습니다.

그분은 신성한 인격체시며(사48:16) 지성과 감정, 의지와 영원성을 가지셨고 진리이시며(요일5:7) 전지전능하시며 무소부재한 분입니다. 그분은 초자연적이고 주권적으로 중생(重生)을 일으키시며 창조 이래 성부 하나님 성자 하나님과 협력하여 사역하신 것처럼 우리로 하여금 서로 연합하여 하나되게 하는 일을 하고 계십니다(엡4:3~6).

2.
보혜사 하나님

성령님이 우리에게 본격적으로 오신 건 오순절 때의 일입니다. 그러나 이미 아주 오래 전 하나님께선 요엘 선지자(B.C. 835~796 사역)를 통하여 성령님을 보내주실 것을 약속하셨습니다. '그 후에 내가 내 영을 만민에게 부어 주리니'로 시작되는 말씀(욜2:28-32)이 이를 증거합니다. 그래서 이 부분을 구약의 성령전이라고 말하기도 합니다. 사도행전을 신약의 성령전이라고 부르는 것과 대비되지요. 그러니까 오순절 되기 팔백여 년 전에 성령님을 부어주신다는 약속을 해주신 것입니다.

그리고 다시 수십여 년 후 이사야 선지자(B.C. 739~680 사역)를 통하여 성령님을 우리 위에 두신다고 확인의 말씀을 해주셨고(사59:21) 그후 다시 예레미야 선지자(B.C. 627~570 사역)를 통하여 우리의 속에 성령님을 두신다고 하심으로서 거듭 이를 확인하셨습니다(렘24:7, 31:33). 성령님은 그렇게 약속에 따라 우리에게 오셨습니다.

성령 하나님은 성도의 구원을 이루고 완성하실 보혜사(保惠師) 하나님입니다. 보혜사란 은혜를 베푸시는 분이란 뜻인데 성도를 강하게 하고 진리 가운데로 인도하는 분이란 말입니다. 위로자, 옹호자, 상담자, 중보자, 대언자, 돕는 자로도 불리지요. 보혜사 성령님은 성도 가운데 늘 함께 계신 분입니다.

물론 예수님도 보혜사이십니다. 예전이나 지금이나 변함없는 보혜사이십니다. '그는 하나님 우편에 계신 자요 우리를 위하여 간구하시는 자시니라(롬8:34)', '그가 항상 살아서 저희를 위하여 간구하심이니라(히7:25)'라고 말씀하셨습니다.

필자는 앳된 청년 시절 처음으로 기도할 때 교회당에 나가 실컷 기도하고 일어서면 사방엔 흰 벽만 보이고 아무도 없어 도대체 하나님이 기도를 들으시는 건지 어떤 건지 알 수가 없었습니다. 기도라곤 하고 있으나 그런 의문도 갖고 있었으니 필자가 성령님 받기 전이란 것은 분명한 사실이었습니다. 그런데 얼마 후 담임목사님의 추천에 따라 어떤 기도 많이 하시는 개척교회 사역의 할머님 전도사한테 기도를 받으러 갔는데 대뜸 하나님의 말씀을 대언하시며 하는 말씀이 '네가 나를 믿으려고 애를 쓰는 구나. 네 기도를 내가 다 듣고 있다'하시는 것이었습니다. 깜짝 놀랐지요. 그 할머님 전도사와는 생면부지의 사이였으니까 그건 할머님 전도사의 입을 통해 내리시는 백 퍼센트 하나님의 말씀이셨던 것입니다. 아직 성령님을 모시지 못한 상태였으니까 필자의 당시 기도를 보시고 필자를 이처럼 도우시는 분이 계셨으니 바로 예수님이셨던 겁니다. 이처럼 예수님께선 우리를 도우시는 보혜사이십니다.

그래서 예수님은 성령님을 가리켜 '또 다른 보혜사'라고 하셨던 것입니다. '내가 아버지께 구하겠으니 그가 또 다른 보혜사를 너희에게 주사 영원토록 너희와 함께 있게 하시리니(요14:16)' 하셨습니다. 그분은 예수님 부활 승천 후 오순절에 이르러 본격적으로 성도 가운데 임하시어 지금도 성도를 돕고 계십니다.

그분은 우리로 하여금 죄를 깨닫게 하시고(요16:8), 그리스도의 영으로 우릴 살리시며(롬8:11) 중생케 하시고(요3:6), 신자들에게 세례를 베푸시고(고전12:13), 진리로 인도하시고(요16:13), 거룩하게 하시며(살후2:13) 구속의 날까지 인치십니다(엡1:13). 그분은 교회에 지혜의 말씀, 지식의 말씀, 믿음, 치유 은사, 능력 행함, 예언, 영들을 분별함, 방언, 통역과 같은 각종 영적 은사를 베푸시기도 합니다(고전12:4~11).

그럼에도 성령님은 초기 교회 시절 어떤 지방에선 그 존재조차 모르는 사람들이 많았습니다. 에베소에 있는 바울의 제자들은 '우리는 성령이 있음도 듣지 못하였노라(행19:2)' 했습니다. 물론 무지에서 비롯된 말입니다. 예수님 부활 승천 후 성령님께서 본격 강림하시어 행하심으로 그때부터 지금까지를 성령시대라고 말합니다. 사도행전에 당시 성령님의 역사가 기록되었기에 사도행전을 성령행전이라고도 부릅니다. 그만큼 교회 초기에도 성령님께선 바쁘게 일하셨습니다.

종이냐 자유인이냐

성경은 우리에게 성령 충만을 당부합니다(엡5:18). 성령 충만이란 우리 안에 내주하시는 성령님이 우리를 완전히 주관, 지배하시어 우리 자신이 온전히 성령님께 감동된 상태를 말합니다. 보통은 예배 마지막 부분에 고린도후서 13장 13절을 인용하여 축도가 선포되는데 이때 많은 목사님들이 '성령의 감화 감동 인도 역사 충만하심을' 비는 모습을 자주 보게 됩니다.

하나님의 사역에 참여한 성경의 많은 인물들은 다 성령 충만하신 분들이었습니다. 성령 충만은 하나님의 충만이요 예수 그리스도의 충만입니다. '성경은 예수를 알게 하고, 성령은 예수를 경험하게 한다'는 말이 있습니다. 신학교 공부도 중요하지만 성령학교 공부는 더 중요하다는 말도 있습니다. 성령 충만을 받아야 하는 이유입니다.

특별히 믿음의 진행 과정에 성령님의 역사를 돕는 분이 있으니 천사들입니다. 천사는 하나님이 지으신 피조물로서 하늘에 거처를 둔 불멸의 영적 존재입니다. 예수님의 겟세마네 기도 때 천사가 돕기도 했습니다(눅22:43). 천사는 하나님을 모시고 섬기면서 때론 성도들에게 하나님의 특별한 메시지를 전달하고 그들을 보호, 인도, 위로하는 역할을 수행합니다.

어떤 이는 천사 숭배도 하고(골2:18) 수호천사에게 드리는 기도문 운운하기도 하나 다 잘못된 일입니다. 혹자는 마태복음 18장 10절, 사도행전 12장 15절 구절을 들어 개인별 수호천사가 있다는 식의 말을 하나 이는 오해에 불과합니다. 개인별 수호천사는 성경에 근거가 없습니다.

천사들은 피조물로서 숭배의 대상이 될 수 없습니다. 성경에 '모든 천사들은 부리는 영으로서 구원 얻을 후사들을 위하여 섬기라고 보내심이 아니뇨(히1:14)', '우리가 천사를 판단할 것을 너희가 알지 못하느냐(고전6:3)'라고 기록되어 있습니다. 천사들은 우리 성도들을 돕는 고마운 분들입니다. '저가 너를 위하여 그 사자들을 명하사 네 모든 길에 너를 지키게 하심이라(시91:11)', '여호와의 사자가 주를 경외하는 자를 둘러 진치고 저희를 건지시는도다(시34:7)' 말씀하셨습니다.

천사들은 신자의 안녕에 관심이 많으며 항상 하나님을 쳐다보면서 필요할 때 신자를 도우라는 명령을 기다리는 분으로 생각하면 좋습니다. 다만 하늘천사 중 일부가 사탄을 좇아 타락하여(사14:12) 속이는 천사, 광명을 가장한 천사(고후11:14)로 된 경우도 있으니 조심해야겠지요.

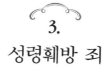

3.
성령훼방 죄

성경에 의하면 무슨 죄든 용서받아도 절대로 용서받을 수 없는 죄가 있으니 성령훼방 죄라고 하는 것입니다. 이에 대한 말씀은 이렇습니다. '내가 너희에게 이르노니 사람의 모든 죄와 훼방은 사하심을 얻되 성령을 훼방하는 것은 사하심을 얻지 못하겠고 또 누구든지 말로 인자를 거역하면 사하심을 얻되 누구든지 말로 성령을 거역하면 이 세상과 오는 세상에도 사하심을 얻지 못하리라(마 12:31~32)' 예수님이 직접 하신 말씀입니다.

그런 인물 가운데 하나가 디오드레베입니다. '저희 중에 으뜸 되기를 좋아하는 디오드레베가 우리를 접대하지 아니하니 저가 악한 말로 우리를 망령(妄靈)되이 폄론하고도(요삼1:9~10)'라고 말씀하고 있습니다. 사도 요한은 성령님의 온전한 일꾼이 되어 계시록까지 쓰신 분인데, 으뜸 되기를 좋아하는 마귀의 본성인 교만과 불순종으로 성령님의 사역을 악한 말로 폄론해 대적했다는 것입니다. 오죽했으면 성경에 그 이름이 올랐겠습니까.

성령님은 인격체로서 지성과 의지, 감정을 갖고 계신 분입니다. 그러므로 그분을 속이며 시험하고(행5:3), 거슬리고(행7:51), 근심하게 할 수 있는데(엡4:30) 특별히 훼방, 곧 모욕하는 범죄는 용서받을 수가 없습니다. '하나님 아들을 밟고 자기를 거룩하게 한 언약의 피를 부정한 것으로 여기고 은혜의 성령을 욕되게 하는 자의 당연히 받을 형벌이 얼마나 더 중하겠느냐 너희는 생각하라(히10:29)' 말씀하고 있습니다.

훼방(毁謗)이란 악의를 가지고 욕하고 비방하고 무시하고 방해하는 것을 말합니다. 능멸하고 저주하고 모독하는 것이지요(레24:11). 성령 구원의 역사를 폄훼하고 대적하고 부인하고 핍박하고, 성령을 사칭하여 자신의 개인 이익을 구하는 등의 것을 이르는 말이라 하겠습니다. 이는 구원의 은혜를 적극적으로 거부하는 악행으로 하나님의 인내의 한계점을 넘는 죄이기 때문에 용서받을 수 없는 일입니다. 신앙생활을 소홀히 하거나 여타의 죄와 허물을 짓는 것과는 전혀 다른 차원의 문제이니 진지하게 새겨야 할 말씀입니다.

제5부

하나님을 아는 지식

1.
순수 복음인가 탁류인가

오늘날의 교회와 신자들의 영향력은 쇠약해질대로 쇠약해졌습니다. 존경받지도 못하고 모범의 대상도 되질 못합니다. 아니 그 이상으로 손가락질을 당하고 비웃음과 수모를 당하며 여기저기서 지탄받는 지경에까지 이르렀습니다. 코로나19 팬데믹 현상을 겪으면서 더욱 심해졌습니다. 교회 밖의 많은 분들은 그 가장 큰 원인을 우선 지도자들의 모습과 신자들의 행태에서 찾고 비난의 말을 퍼붓습니다. 이해가 됩니다. 적지 않은 부분은 우리가 맺은 열매이니 누구를 탓할 수 있겠습니까. 그러나 보다 큰 원인은 사탄의 역사가 기승을 부리는 탓도 있을 것이며 또 성경에 무지하여 하나님의 참뜻을 잘 모르는 행위를 거듭하는 데서 기인한다고 할 수도 있습니다.

하나님을 아는 지식은 24시간 교회에서 살거나 설교를 수없이 듣거나 집회를 매일 따라다닌다고 해서 풀릴 문제가 아닙니다. 순전(純全)한 복음보다는 대중의 눈과 귀를 즐겁게 하는 치유와 물질 축복이 더 강조되고 있는 게 현실입니다. 하나님을 믿으면 나의 꿈과 계획들이 이뤄진다는 말이나 날마다 교회에 모이라는(행2:46) 말은 넘쳐나지만 정작 분쟁 없이 서로 돌보라는 가르침(고전12장)이나 개인의 영적 훈련의 필요성이나 성별(聖別)된 일상의 삶을 통해 예수님을 증거해야 한다는 가르침은 별로 많지 않은 세상입니다.

또 교리적으로도 지금 이 시대는 순수한 복음(福音)에 온갖 구정물이 뿌려져 있다고 해도 과언이 아닙니다. 하나님의 정수(精髓)가 되는 진리를 자유주의 신학이니 해방신학이니 민중신학이니 통합신학이니 신신학이니 다원주의신학이니 개방신학이니 전환시대의 신학이니 에큐메니칼 신학이니 포스트모더니즘 신학이니 뭐니 하면서 학문의 이름으로 시체해부하듯 하더니만 결국 함부로 해석하고 변개, 무시, 오해하는 일이 잦아졌습니다. 물론 개중에는 옳은 것도 있겠으나 오류도 적지 않을 것이기에 분별의 영이 필요한 부분들입니다.

신학계에선 신적 계시와 기독교의 기원은 현대 정신에 맞지 않으니 새로운 트렌드에 맞게 새롭게 해석하자며 뉴노멀(New Normal)이니 패러다임(Paradigm) 같은 익숙하지 않은 단어를 내세우며 암과 종기 번지듯 신앙의 기초가 되는 사실에조차 의문을 제기하는 일이 많다고 합니다. 성경의 기적들을 일러 허상을 봤다느니 하는 식입니다. 이단(異端)과 같이 아주 귀퉁이에 있는 말을 침소봉대하고 과장해석하여 자기만의 진리를 만들어내는 사람도 즐비합니다. 아시다시피 이단은 처음에는 같아 보이지만 끝은 다르다는 것입니다.

진실과 진리는 시대가 변한다고 변하지 않습니다. 만약 그렇다면 하나님은 시간과 공간을 뛰어넘지 못하는 분밖에 아니 됩니다. 복음이 시간과 장소와 상대에 따라 변하고 그래서 그때그때마다 상황에 맞게 달리 해석해도 되는 걸까요. 현재의 성경은 완전무결합니다. 더 이상 추가적인 보충 진리도 필요하지 않으며 성경 외의 더 이상의 계시도 필요하지 않습니다. 현학(玄學)함을 자칭하는 신학 부류의 오염원(汚染源)이 전 세계 기독교 학계에도 흘러들어 우스갯소리로 '열정의 신앙심을 가지고 신학교에 들어갔다가 무신론자가 되어 졸업한다'는 말도 들리고 있는 실정입니다. 옥과 같이 맑은 옥계청류(玉溪清流)에 탁하고 흐린 탁류(濁流)가 스멀스멀 흘러드는 셈입니다.

그것은 마치 '여호와의 말씀은 순결함이여 흙 도가니에 일곱 번 단련한 은 같도다'(시12:6) 하셨는데 불순물과 같은 찌끼로 다시 은 위에 색칠하려는 것과 같은 일입니다. 그래서 바울은 그리스도의 장성한 분량이 충만한 데까지 이르러 사람의 속임수와 간사한 유혹에 빠져 온갖 교훈의 풍조에 요동하지 말라고 했던 것입니다(엡4:13~14).

올바른 진리의 신학이 절실히 요구됩니다. 필자는 오래전 서울의 어떤 대형 교회의 신년 1월 1일 송구영신 공중예배에 참석했다가 정면 대형 스크린에 알록달록한 색동저고리를 입은 박수무당(남자무당)이 나와 사랑 운운하며 농지거리하는 걸 보고 경악한 적이 있었습니다. 무당은 진멸하라고 하셨습니다. '남자나 여자가 접신하거나 박수무당이 되거든 반드시 죽일지니 곧 돌로 그를 치라(레20:27)', '점쟁이나 길흉을 말하는 자나 요술하는 자나 무당이나 진언 자나 신

접자나 박수나 초혼 자를 너희 가운데에 용납하지 말라(신18:10~11).'

　그런데 어떻게 이런 일이 눈앞에서 벌어지다니 이런 기가 막힌 현실이 교회에서조차 우리에게 맞닥뜨려 있습니다. 그런 걸 예배라고 펼친 사람들이 교계의 지도자연 행세하는 시대가 되었습니다. 실로 정직한 가르침이 희귀한 세상입니다. 이 마지막 시대 길을 못 찾는 수많은 어린 양들을 생각하면 안타까움을 금할 수 없는 일입니다.

2.
거짓과 변질, 영혼 사냥꾼

거짓 복음과 변질된 가르침과 이단의 악한 집회가 난무하고 있습니다. 유명한 교회 이름난 목사님이 설교한다고, 수만 명 종교인이 함께 하는 거대한 세계적 집회라고, 인기 연예인 스포츠인도 오는 데라고, 뭘 선물로 준다고, 자유와 인권, 정의와 평화, 상생과 통합과 같은 집회 초청 문구가 마음에 든다고 마구 따라나설 일이 아닙니다. 신중히 검토해야 합니다. 영을 다 믿지 말고 오직 영들이 하나님께 속하였나 분별하라 했음에도(요일4:1) 신령하다느니 좋다니 하는 소문에 그냥 따라다니는 건 위험한 일입니다. 거짓 선지자가 곳곳에 도사리고 있으니 선포되는 메시지가 진정한 복음인지 확인한 후 참여해야 합니다.

꼭 확인해야 합니다. 민중의 토속적 신앙과 함께 하는 것도 필요하다며 찬양과 한풀이 진혼제 같은 게 섞여있진 않은지, 예배라곤 하나 그 형태와 진행이 시끄럽고 왁자지껄한 게 한바탕 신명나는 놀이마당 같진 않은지, 무슨 신인지는 몰라도 모두가 신들린 자처럼 손을 들고 괴성을 지르는 광란의 무대 같지는 않은지, 성령 춤이라며 비틀거리고 쓰러지진 않는지, 치유를 내세우고 있으나 자기도취 자기 최면은 아닌지, 예언이며 투시며 입신이며 금가루며 어떤 특정한 사람에게만 임하는 현상을 두고 과연 성신의 역사인지도 확인치 않고 이를 전부 일반화함으로서 모든 것을 품위 있게 하고 질서 있게 하라는 사도 바울의 당부를(고전14:40) 어기진 않는지 확인해야 합니다.

인기 좋은 신세대 맞춤형 젊은이 예배라며 거룩함과 거리가 먼 춤의 축제 같지는 않은지, CCM이라고는 하는데 도대체 찬양인지 뭔지 자신도 모르는 가사를 정신없이 따라 흥얼거리는 록 음악 콘서트는 아닌지, 성경에도 없는 외상 작정헌금을 하면 축복이 넝쿨째 들어온다고 하는 집회는 아닌지, 어린아이들도 일단 교회 오게 하는 게 중요하다며 마술을 곁들인 집회는 아닌지, 수많은 신종 교파 사교집단은 아닌지 잘 따져볼 일입니다. 실제로 그런 일들이 무슨 운동, 종교간 화합과 일치, 개방과 치유, 신비와 은사, 신사도의 이름으로 마구 벌어지고 있는 게 현실입니다. 그런데 맞들이면 자신은 뭔가 한 거 같지만 아무 유익이 없고, 영혼만 더럽힌 채 그들에게 얽매여 헤어나지 못하게 됩니다.

이런데 미혹되는 건 모두 하나님을 아는 지식이 무지해서 그렇습니다. 분별할 능력도 심각성에 대한 깨달음도 없는 것이지요. 무지의 부끄러움 정도가 아니라 대부분 영혼을 강탈당하는 비극을 맞게 됩니다. 비유하자면 자기가 갖고 있던 진귀한 보석을 그걸 탐내는 입담 좋고 상술 좋은 간교한 사기꾼에게 속아 그냥 빼앗기는 것과 같은 일입니다. 이들은 재산과 건강과 가족 모든 것을 빼앗되 특별히 영혼을 빼앗는 자들입니다. 여호와께서는 에스겔 선지자를 통해 이런 자들을 영혼의 사냥꾼이라며 크게 저주하셨습니다(겔13:18).

'그런 사람들은 거짓 사도요 속이는 일꾼이니 자기를 그리스도의 사도로 가장하는 자들이니라(고후11:13)' 말씀하셨습니다. 이 말씀들은 진리에 대한 무지가 가져올 미혹의 불행한 결과를 엄히 경계하신 말씀입니다. 하나님께선 거기에서 나와 그들의 죄에 참예하지 말고 그들의 받을 재앙들을 받지 말라고 말씀하셨습니다(계18:4).

3.
성경, 하나님께의 지름길

그러므로 하나님을 아는 올바른 지식이 필요합니다. 그래야 근원 문제부터 풀어갈 수 있습니다. '여호와께서 이같이 말씀하시되 너희는 길에 서서 보며 옛적 길 곧 선한 길이 어디인지 알아보고 그리로 행하라 너희 심령이 평강을 얻으리라(렘6:16)' 하셨습니다. 하나님을 아는 만큼 신앙과 삶의 지경이 확장되고 진리에 가까워져 믿음의 자유를 얻을 수 있을 것입니다.

> '내 백성이 지식이 없으므로 망하는도다(호4:6).'
> '저를 아는 지식에서 자라가라(벧후3:18).'

그러자면 성경을 읽어야 합니다. 사람이 못 먹으면 죽듯이 말씀을 먹어야만 영적 생명을 유지할 수 있습니다. 사람이 떡으로만 살 것이 아니요 하나님의 입으로 나오는 모든 말씀으로 살 것이라는 성경 말씀이 그래서 있습니다(마4:4). 혹자는 성경은 읽어야 하나 너무 방대하다고 합니다. 성경의 분량과 난이도가 어느 정도 부담스러운 것도 사실입니다. 그래서 성경 완독을 엄두도 내지 못하거나 기껏 시작했다가도 번번이 중도에 포기하기도 합니다. 필자도 초년에 그런 적이 여러 번 있었습니다. 그러나 그래도 읽다보면 깨우치게 되고 자신감도 붙습니다.

물론 듣는 것도 중요합니다. '저희가 듣지도 못한 이를 어찌 믿으리요(롬10:14)' 하셨기 때문입니다. 그러나 언제까지나 남이 가져다 준 밥만 먹을 수는 없습니다. 또 수백 번을 듣는다 해도 이 부분 저 부분을 조금씩 훑는 것에 불과해 일부만 알 뿐입니다. 또 그 내용이 진리인지 어떤지도 살펴봐야 합니다. 시장하다고 아무 것이나 먹을 수는 없는 노릇이니 까딱하면 불량 음식을 먹을 수도 있기 때문입니다. 성경을 많이 읽어 보고 상고(詳考)해 보신 분들은 이 점 이해하시리라 믿습니다.

그만큼 성경의 세계는 넓고도 깊고 무한합니다. 그러니 남의 설교를 듣기보다는 직접 성경을 정독하시기를 권해드리는 것입니다. 삼국지(三國志)가 재미있다지만 황건적의 난부터 한 세기에 걸쳐 수천 명이 등장하는 이야기를 전체를 읽어보지 않으면 남들한테서 들은 이야기만으로는 어찌 돌아가는지 잘 알 길이 없는 것과 마찬가지입니다. 더구나 성경은 같은 말씀 같은 구절이라도 그 읽는 분에 따라 성령님의 역사하심이 다릅니다. 각자 사정이 다 다르니 다르게 은혜를 베푸십니다. 그러니 듣기보다는 직접 읽으셔서 자신만의 값진 은혜를 받는 것이 좋다고 말씀 드리는 것입니다.

진리의 소중함은 직접 찾아야 진짜 가치를 느낍니다. 고생하고 번 돈이 값진 것과 같습니다. 성경 읽기가 그리 힘든 것만은 아닙니다. 한참 읽다 보면 어느 날엔가 '주의 말씀의 맛이 내게 어찌 그리 단지요 내 입에 꿀보다 더하니이다(시119:103)'라는 고백이 나올 때가 있고 그때부터는 진도가 척척 나아갑니다.

성경은 약 1,600년에 걸쳐 40여 명의 기록자들을 통해 성령의 감화 감동으로 쓰여진 글입니다. 우린 이를 영감으로 기록된 하나님의 말씀이라고 읽습니다. 성경은 성령님이 감독하여 기록자 각자의 인격적 특성과 서로 다른 문체로 오류 없이 쓰여졌습니다. 성경의 완전성과 하나님의 말씀임은 인간 어느 누구도 증명하기 어려운 것이므로 성경 스스로가 이를 증거합니다. '여호와여 주의 말씀이 영원히 하늘에 굳게 섰사오며(시119:89)'라는 말씀과 '주 여호와여 오직 주는 하나님이시며 말씀이 참되시니이다(삼하7:28)'라는 말씀이 그것입니다.

'모든 성경은 하나님의 감동으로 된 것으로 교훈과 책망과 바르게 함과 의로 교육하기에 유익하니 이는 하나님의 사람으로 온전케 하며 모든 선한 일을 행하기에 온전케 하려 함이니라(딤후3:16~17).'

성경 말씀은 감추어져서 잘 드러나지 않는 부분도 많고 비유도 많고 난해하기도 하고 해석하기 어렵고 모호한 부분도 많습니다. 시간을 건너뛰거나 앞당기거나 초월하기도 하며 상징적으로 기록되어 분별하기 어려운 대목도 적지 않습니다. 그런 까닭으로 수천 년에 걸쳐 수많은 신학자들과 수도사와 목회자와 성령 체험을 받은 분들이 주석과 해설을 내어놓으며 진정한 하나님의 뜻을 규명하려고 애를 써 왔습니다.

그러나 성경은 이런 많은 모호함 속에서도 각 말씀이 서로 조화를 이루며 일관되고 모순되지 않으며 통일된 메시지가 관철되어 있습니다. 이것이 성경에 절대적 신뢰성을 부여합니다. 필자처럼 조그만 경험과 바닷가 모래알 같은 지식에 힘입어 그 말씀의 짝들을 찾아보는 사람도 적지 않습니다. 그러나 이는 오만한 것이 아니라 성경에서 분부하신 내용입니다(사34:16).

아이러니컬하게도 바로 이 모호함과 신비함 때문에 수많은 사람들이 연구에 나서 말씀에의 관심을 갖게 되고 성령님의 지혜를 구하여 궁구(窮究)에 나서고 그로 인해 성경 해석학이 발전되고 있다는 사실입니다. 만약 누구든 쉽게, 그래서 두어 번 읽으면 더 이상 아무런 궁금할 것도 없고 재미도 없고 모든 게 백일하에 드러난 것처럼 분명해졌다면 의외로 성경 연구는 별로 없었을 것입니다. 단순한 책들은 두어 번 읽다 팽개치곤 다시 찾지 않습니다. 그러니 확실히 다 드러내신 것 같음 속에 확실히 감추어진 게 있는 성경이 신비롭습니다. 그래서 천국의 비밀은 감추어져 있다고 하셨을 것입니다 (마13:11, 골2:3).

그래서 성경은 '우리가 여호와를 알자 힘써 여호와를 알자 나는 번제보다 하나님을 아는 것을 원하노라'고 말씀하시고 있습니다(호 6:3, 6). 미국 교회의 설교 97%는 성경 메시지와는 상관없다는 통계를 본 적이 있습니다. 하나님께서 이를 다 보고 계시니 어떤 마음이실까요. 그래서 성경은 귀 있는 자는 들으라고 말씀하시며(마13:9) 너희는 내 목소리를 들으라(렘7:23)고 말씀하시는 것입니다.

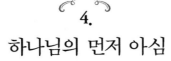

4.
하나님의 먼저 아심

우리가 하나님을 알기 전 하나님께선 이미 우리를 다 아시고 계십니다. 아셔도 다 아시고 완벽하게 아십니다. 그분은 우리의 체질과 형질(形質)인 DNA 유전자까지 아시며(시103:14, 139:16) 머리털까지 세신 분입니다(눅12:7). 나의 앉고 일어섬을 아시며 멀리서도 나의 생각을 통촉하시는 분입니다(시139:2). 그분은 내 혀의 말을 알지 못하는 것이 하나도 없는 분이시며(시139:4) 나의 장부(臟腑)도 지으신 분이시니(시139:13) 하나에서 열까지 아시는 건 당연한 일입니다.

그뿐일까요. 하나님은 모세에게 '내가 이름으로도 너를 앎이니라(출33:17)' 말씀하셨습니다. 선지자 예레미야를 처음 부르실 때는 '내가 너를 복중에 짓기 전에 너를 알았고(렘1:5)'라고 하셨고, 예수님은 '나는 선한 목자라 내가 내 양을 알고(요10:14)'라고 말씀하셨습니다.

사도 바울은 갈라디아 교인들에게 보낸 편지에서 너희가 하나님의 아신 바 되었다고 했습니다(갈4:9). 하나님이 아신다는 건 그분의 주권적인 은혜로서 선택과 부르심과 구속해주심과 견인(堅忍)에 온전하시다는 말씀입니다. 아버지가 자녀를 알듯 하나님께선 우리를 다 아시고 계십니다. 그러니 우리도 아버지에 대하여 잘 알아야 하는 건 당연지사입니다.

영생(永生)은 하나님을 아는 데서 비롯됩니다. 하나님을 잘 알지 못한다면 영생이 뭘 뜻하는지 어찌 알 수가 있겠습니까. 예수님께서는 수난을 앞둔 마지막 기도에서 '영생은 곧 유일하신 참 하나님과 그의 보내신 자 예수 그리스도를 아는 것'이라고 말씀하셨습니다. 예레미야는 명철하여 여호와를 아는 것을 여호와께서 기뻐하신다고 선언했습니다(렘9:24). 하나님을 아는 지식이 있어야 우리 자신을 지킵니다.

사탄은 하나님과 맞서 하와를 범죄로 유혹한 후 지금까지 두루 삼킬 자를 찾고 있으며 사람의 마음을 혼미케 하여 그리스도의 영광의 복음의 광채가 빛나지 못하게 할 극악의 술수를 쓰고 있습니다(고후4:4). 이것이 하나님을 아는 지식이 필요한 이유입니다. 이미 그분께선 우리의 모든 것을 아시니 성경을 정독하며 그분을 알려고 노력하면 그분께선 풍성하신 지혜로 우릴 가득 채워주실 것입니다. '영광의 아버지께서 지혜와 계시의 정신을 너희에게 주사 하나님을 알게 하시고…(엡1:17)'

제6부

성전(聖殿)의 변천

1.
글머리에

성전은 제사와 예배의 장소적, 위치적 개념입니다. 예배를 드리는 곳이 어디인가를 나타내는 것이지요. 성전은 예배를 통해 하나님을 만나는 곳이고 하나님이 필요 시 언제든지 임재(臨在)하시는 곳이지만 그렇다고 해서 하나님이 상주(常住)해서 머무시는 곳은 아닙니다. 다른 어떤 종교에선 그 신(神)이 자기 본전(本殿)에 자리 잡고 있지만 하나님께선 전혀 그러하지 않습니다.

성전은 곧 성소(聖所)입니다. 만인이 기도하는 집이니(사56:7, 마21:13) 그곳에 하나님이 임재하심은 당연한 일입니다. 다만 오순절 성령 강림 이후엔 신자들의 몸 안에 성령님이 계시므로 언제 어느 때 어느 장소에서라도 기도할 수 있습니다. 성령님이 내주하신 내가 곧 성전이기 때문입니다. 물론 교회당에 가서 기도해도 좋습니다.

성전은 창세 이래 계속 변천되어 왔고 앞으로도 변천할 것임을 성경은 말씀하고 있습니다. 지금의 성당과 교회당은 일부 사람들에 의해 성전으로도 불리며 지난 이천 년간 사실상 하나님이 계신 곳처럼 자리매김을 해 왔습니다. 우린 교회당을 두고 그냥 교회라고 흔히 부르지만 교회 곧 에클레시아는 '세상에서 하나님께 불러냄을 입은 사람들의 모임(회중)'을 의미하므로 정확히 말하면 예배드리는 곳은 집 당(堂) 자를 써서 '교회당(敎會堂)'이라고 불러야 함은 너무나 당연한 일입니다.

이런 교회당 건물이 아닌, 우리 몸이 바로 성전이라는 가르침은 별로 많지 않았습니다. 물론 귓가에 스치는 바람처럼 자주 들려오기도 했습니다만 귀담아듣는 분은 많진 않았고 실감도 나지 않았습니다. 오히려 건물로서의 교회당 짓는 일을 성전 건축이라며 헌금을 내는 일이 계속되어 왔습니다. 그러다 보니 성전은 하나님이 계신 곳이며 '교회당이 곧 성전'이라는 인식이 뇌리 속에 자리 잡혔고 그게 오늘날까지 이어져 오고 있는 게 현실입니다. 물론 그렇지 않다는 걸 아시는 분도 적지 않습니다.

하나님께서는 성전이나 교회라고 명명된 특정 장소에 머무시는 것이 아니라 장소이든 사람이든 어느 곳이든 필요하시면 언제든지 임재하시는 분입니다. 말씀으로 임하실 때도 있고 불로 임하실 수도 있고 천사를 시키실 때도 있고 직접 사람의 형태로 현현(顯現)하실 수도 있습니다. 에덴동산에도 임하셨고 아벨이 쌓은 제단에도 임하셨으며 노아와 아브라함과 모세에게도 임하셨습니다. 솔로몬의 성전에도 임하셨고 이스라엘 역대 왕에게도 임하셨으며 낮에도 밤에도 새벽에도 임하셨고 음부에도 하늘 끝에도 바다 끝에도 임하셨습니다(시139:8~9).

물론 그전에도 그리하셨지만 오순절 성령 강림 이후엔 더더욱 시간과 공간에 구애됨이 없이 임재하십니다. 왜냐하면 우리 몸 안에 아예 내주(內住)하셨기 때문입니다. 우리 안의 성령님은 훼방당하시지 않는 한 우릴 도우시는 보혜사로서 참고 인내하시고 기다리시며 늘 내주해 계십니다. 우린 늘 죄와 허물, 실수와 과오에 노출되어 있지만 그래도 떠나지 않으시고 중보하여 주십니다. '오직 성령이 말할 수 없는 탄식으로 우리를 위하여 친히 간구하시느니라(롬8:26).'

코로나19 팬데믹 현상이 찾아왔습니다. 기존의 일상적인 교회당 회합 중심의 예배 생활에는 엄청난 충격을 주었고 교회들은 우왕좌왕 어쩔 줄을 몰랐습니다. 코로나19는 적어도 교회에 있어서만큼은 후쿠시마 동일본 대지진보다도 더 큰 쓰나미로 다가왔습니다. 모이는 회합이 무서워졌고 비대면 온라인 예배가 일상화되었습니다.

그러나 보다 큰 변화는 모이는 게 능사가 아니요 전부가 아니며 예배도 온라인으로 드릴 수 있구나 하는 생각과 함께 차츰 건물로서의 교회당이 결코 하나님이 계시는 성전이 아님을 인식하는 계기가 되었다는 것입니다. 주일성수(主日聖守)는 교회당에 가서 하는 것으로 목숨 걸고 배웠는데 몇 달을 교회당 출석 안 해도 아무 것도 달라진 게 없음을 알게 되었기 때문입니다. 회중예배를 못 드리는 건 안타까운 일이지만 형식이 정형화된 의식으로서의 예배가 아닌,

종이냐 자유인이냐

일상생활 속에서 삶으로 드리는 예배도 똑같이 소중함을 인식해야 할 때가 온 것 같습니다.

교회당은 결코 성전이 아닙니다. 그냥 집합장소요 건물입니다. 동사무소 회의실이나 월드컵 경기장을 빌려 예배를 드린다면 거기가 곧 예배당입니다. 내가 홀로 골방에 처박혀 하나님을 찬송하고 기도하고 경외하는 마음으로 충만하다면 그곳이 바로 예배당입니다(마6:6, 단6:10). 하나님은 영이시므로 공간 안에 갇히시는 분이 아니요 인간들이 성전이라고 인식하는 교회당 안에만 갇히시는 분이 아니기 때문입니다.

'하나님이 참으로 땅에 거하시리이까 하늘과 하늘들의 하늘이라도 주를 용납지 못하겠거든 하물며 내가 건축한 이 전이오리이까(왕상8:27).'

하나님께서 짓도록 명령하신 그 화려한 솔로몬 성전도 그냥 하나님의 이름을 둔 곳입니다(왕상8:16, 9:3). 송구한 표현으로 말하자면 그냥 이름을 걸어놓은 곳입니다. 다만 하나님의 눈과 마음이 항상 거기 있으실 뿐이지(왕상9:3) 하나님이 거하시는 곳이 아니란 말씀입니다. 그곳을 하나님과 동일시한다면 그건 성전 자체를 우상화하는 일입니다. 아무리 화려하게 꾸며도 건물이 하나님이 될 수는 없는 일이기 때문입니다. 하나님이 계신 곳은 하늘입니다(왕상8:39, 히12:22).

성전은 시대에 따라 거듭 변천되어 왔습니다. 즉 예배드리는 곳은 시대순에 따라 족장시대의 돌 제단, 광야의 이동식 성막, 회막과 산당 및 시온성소, 솔로몬 성전, 스룹바벨 성전, 헤롯 성전, 회당, 지금의 성당과 교회당으로 변모해 왔습니다. 성막과 산당과 회막과 성전은 일정한 시간과 장소에서 하나님께서 성별하신 제사장 주도하에 예배가 이뤄졌습니다.

그러나 율법시대의 성전은 예수님이 오심으로 율법이 완성되어 더 이상 필요가 없어 사라지게 되었습니다. 그래서 예수님은 이 성전을 헐라 내가 삼일 만에 다시 세우리라 하셨던 것입니다(요2:19). 그리고 예수님 승천하신 후 성령님이 오시며 그야말로 시대(時代)의 급물살을 맞이하게 되었고 그 결과 새로운 성소(聖所)가 태어났으니 그게 바로 지금의 '내 몸 성전'시대입니다. 그렇게 내 몸이 성전이 된 시대도 벌써 이천 년 전의 일입니다.

그리고 향후엔 적그리스도가 그 후반부를 차지할 환난성전 시대와 에스겔의 천년왕국 성전 시대가 각각 이어지고 마지막엔 하나님이 친히 계신 영원한 성전 시대가 올 것입니다.

성전은 변천되어 왔고, 앞으로도 변천될 것입니다. 최근에는 환난성전을 지을 준비가 착착 진행되고 있다는 소리가 이스라엘로부터 들려옵니다. 보이지 않는 곳에서는 아마도 적그리스도는 태동하고 있을 것이니 그자가 그 후반부에 주인 행세하게 될 환난성전 시대가 가까이 왔을지도 모를 일입니다.

성전 변천에 대한 이런 전개는 별로 들어보지 못해 익숙하지 않은 내용일 수도 있습니다. 그러나 마지막이 가까이 온 건 사실이고 지금의 우리 신앙 행태가 하나님 보시기에 아름답지 않으니 믿음의 자세와 행태에 대전환을 요구하실 수도 있으며 그 계기가 코로나19가 아닌가 생각되기도 합니다. 과거의 신앙 행태와는 전혀 다른 코페르니쿠스적 전환을 요구하시는지도 모르겠습니다.

시대의 흐름을 읽어볼 필요가 있습니다. 한때 휴거의 나팔소리, 휴거와 환난, 내가 본 천국, 하늘 문이 닫힌다는 등의 많은 책자가 날개 돋친 듯이 팔리고 1992년에는 휴거와 대환난이 온다는 등 한바탕 소동이 일어 사회에 큰 물의를 일으킨 적이 있었습니다. 그 후로는 종말론과 말세론을 가르치는 일이 급격히 줄어들었습니다. 마지막 때를 기술한 성경 말씀이 난해하기도 하지만 무엇보다 말세론을 설교하면 양치기 소년의 거짓말처럼 잘 믿으려 하지 않으려는 풍조가 생겼기 때문입니다. 그러나 마지막 때를 강조하는 가르침은 계속되어야 합니다.

필자는 모든 사회 현상의 이면에는 하나님의 통섭적인 간섭이 존재하며 그분의 섭리에 따라 세상 일이 진행된다고 믿고 있습니다. 코로나19가 무섭지만 하나님이 하고자 하시면 하루아침에도 없어질 수 있는 일입니다. 출애굽기의 열 가지 기적이나 성경의 숱한 이적들을 보면 코로나19 바이러스를 사라지게 하는 건 일도 아닙니다.

그러나 엄연히 코로나19는 진행 중입니다. 도대체 모이질 못하니 찬양 중에 거하시는 하나님께서 신자들이나 찬양대의 집단 찬양까지 마다하시는 셈입니다. 코로나19를 하나님께서 모르지 않으실 터이니 여기엔 분명 하나님의 무슨 뜻이 계십니다. 모르시기는커녕 아주 오래 전에 알고 계셨을 것입니다. 2,500여 년 전에 다니엘을 통해 마지막 때엔 많은 사람이 빨리 왕래하며 지식이 더하리라고 예언하셨던 분입니다(단12:4). 코로나19 현실을 맞으면서 이 시대 하나님께선 뭘 말씀하시고 싶으시고 뭘 깨닫게 하시려는 건지 한 번쯤 살펴볼 필요가 있겠습니다.

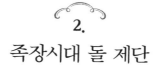

2.
족장시대 돌 제단

성경에 언급된 최초의 제단은 대홍수가 끝난 후 노아가 방주에서 나와 세운 것입니다(창8:20). 노아는 가족들과 함께 구원해주신 것에 대해 감사하며 단을 쌓고 번제를 드렸습니다. 그 후 족장시대인 B.C. 2091년 아브라함은 75세의 나이로 부르심을 받았고, 아브라함(창12:7, 8, 13:18, 22:9), 이삭(창26:25), 야곱(창35:7)이 연이어 제단을 쌓았습니다. 이 제단들에는 다듬은 돌은 사용할 수 없었고 자연석이나 흙으로 쌓았습니다(출20:24~25).

믿음의 조상 아브라함은 모든 걸 이끌고 처음으로 가나안 땅을 통과하여 세겜 땅 모레 상수리나무에 이르렀을 때 자기에게 나타나 '내가 이 땅을 네 자손에게 주리라'하신 말씀을 듣고 처음으로 단을 쌓았고, 다시 벧엘 동편 산으로 옮겨 장막을 치고는 다시 여호와를 위하여 단을 쌓고 여호와의 이름을 불렀습니다(창12:5~8).

돌 제단은 아주 소박하고 원시적이지만 믿음의 족장들이 헌신과 감사를 드린 귀한 예배 현장입니다. 놀라운 것은 돌 제단을 쌓은 아브라함, 이삭, 야곱은 모두 한결같이 '기운이 진하여' 영면하였다는 것입니다(창25:8, 창35:29, 창49:33). 평안히 천수를 다 누리고 하나님 앞으로 가는 복을 받았다는 것이니 보잘것없는 외형이어도 진정한 예배가 얼마나 중요한지 가르쳐줍니다.

종이냐 자유인이냐

3.
광야의 이동식 성막

  야곱의 가족으로 애굽에 이른 자는 칠십 명이었습니다(창46:27). 이들은 430년간의 종살이 끝에 거대한 민족을 이루고 모세의 지도 아래 B.C. 1446년 출애굽하여 40년간 광야에서 생활하게 됩니다. 이때 이들은 하나님의 지시에 따라(출25:8) 성막을 세우게 되는데 이는 이동 가능한 성전이었습니다. 성막이란 성스러운 장막이란 뜻인데 회막으로도 불리워졌습니다. '내가 거기서 이스라엘 자손을 만나리니 내 영광을 인하여 회막이 거룩하게 될지라(출29:43).'

  하나님은 일일이 식양(式樣)을 말씀하셨고 모세와 이스라엘 백성들은 이에 따라 장막을 지었습니다. 겉모습은 초라해 보였지만 하나님은 거기서 행할 규례와 법도를 준엄하게 가르치셨습니다(신12:1). 그리곤 장차 요단강을 건너 가나안 땅에 들어가 여호와 하나님이 자기 이름을 두시려고 택하실 그곳에 건물로서의 성전을 세울 것을 예고하십니다(신12:11, 14).

  성막에 대한 글이 출애굽기 25장에서부터 40장까지 연이어 세세하게 기술되어 있습니다. 뭐 이렇게까지 말씀하시나 할 정도로 아주 섬세하고 치밀하게 말씀하고 계십니다. 초신자들이 성경을 잘 읽어가다가 출애굽기 25장 8절부터 막히기 시작하여 제사 지내는 방법의 레위기에 접어들면 적잖이 힘들어합니다. 어쨌든 출애굽한지 제2년, B.C. 1445년 정월 초일일에 시내 산에서 성막이 건립됩니다 (출40:17).

성막이 세워진 직후 하나님 명령에 따라 칠 일간의 대제사장 아론의 위임식이 진행되었고 제8일에 아론은 첫 제사를 드리게 됩니다(레9:1). 성막에 나아가는 자는 반드시 동물의 피로서 속죄의 피 제사를 드려야 했습니다.

'육체의 생명은 피에 있음이라 내가 이 피를 너희에게 주어 단에 뿌려 너희의 생명을 위하여 속하게 하였나니 생명이 피에 있으므로 피가 죄를 속하느니라(레17:11)', '오직 크게 삼가서 그 피는 먹지 말라 피는 그 생명인즉 네가 그 생명을 고기와 아울러 먹지 못하리니 너는 피를 먹지 말라(신12:23, 25)'라고 하셨으니 이는 장차 피 흘리심으로 대속해주실 예수 그리스도의 희생과 속죄를 예표하는 것입니다.

성막은 그 짓는 위치와 이동법, 성소의 기구를 각 담당하여 옮길 자 등도 하나님이 일일이 간섭하셨습니다. 출애굽 시의 성막은 이동식 성전으로, 하나님은 항상 이스라엘 백성의 중앙에 위치하셨습니다. 성막 위에 구름이 덮이고 여호와의 영광이 성막에 충만하였으며 구름이 떠오를 때 이스라엘 자손이 발행하였고 떠오르지 않는 날은 발행하지 아니하였으며 낮에는 구름기둥이 밤에서 불기둥이 그 구름 가운데 있었습니다(출40:34~38).

한편 모세는 광야 생활 중 아말렉과의 싸움에서 이기고 제단을 쌓기도 했습니다(출17:15). 여호수아는 이스라엘 백성을 이끌고 요단을 건너가 에발 산에 제단을 쌓았습니다(수8:30). 이는 모두 감사의 특별한 표시일 것입니다. 가나안 정착 초기 개인이나 가문 중심으로 제단을 쌓는 일이 벌어져(삿6:24) 많은 지방 제단이 지어졌지만 예루살렘에 성소가 마련된 후 폐지토록 했습니다.

4.
회막과 산당 및 시온성소

회막(會幕)은 만나는 장소란 뜻입니다. 회막은 이스라엘 백성이 가나안 땅에 들어간 지 7년 만인 B.C. 1399년경 하나님의 종 여호수아가 예루살렘 북쪽 실로에 정식으로 세웠습니다(수18:1). 이스라엘 백성이 광야 생활을 마치고 가나안 땅에 들어갔으니 정착생활이 시작되었고 이때부터 정주(定住)된 회막의 시대가 열립니다. 백성들이 요단강을 건너 처음 길갈 진영(陣營)에 머물 때 회막도 잠시 동안은 그곳에 있기도 했는데(수5:2~12) 그 길갈에서 백성들의 집단 할례와 유월절이 지켜졌고 만나가 그쳤습니다. 회막은 솔로몬 성전이 세워지기 전까지 약 400년 가까이 하나님이 필요할 때 임재하시어 이스라엘 백성을 만나시는 거룩한 장소였습니다.

실로에 세운 회막은 하나님의 집으로 불리며 백성들의 영적 예배의 중심지가 되었는데(삿18:31, 삼상1:3) 엘리 제사장과 사무엘 선지자 시대에도 그대로 남아 있었습니다(삼상3:21, 4:3). 그러나 사울 왕 때에는 놉에도 회막이 있었고(삼상21:1), 다윗 왕 때는 기브온 산당에도 회막이 있었습니다(대상16:39). 솔로몬 성전이 완공되기까지 하나님께 예배하는 장소는 이런 회막들이었습니다.

회막 외에 제사 장소로 산당(山堂)이 있었습니다. 여기저기 산재한 산당들은 대부분 높은 산이나 언덕 등 주로 푸른 나무 아래 지어진 가나안 족속의 이방신 신전이었습니다. 주상과 목상이 있었고 많은 여사제들도 거기 있어 매춘행위가 자행되고 자녀 희생이 벌어지던 곳이었는데(민33:52, 왕상3:2) 여기서도 여호와께의 제사가 있었습니다.

원래 하나님께서는 가나안 땅에 들어가게 되면 그들 산당을 모두 다 헐어버리라 하시며 신전을 다 파멸시키고 그 제단을 헐며 돌기둥으로 된 바알 주상(柱像)을 깨뜨리며 나무로 된 아세라 목상(木像)을 불사르고 그 조각한 신상들을 찍어 멸하라고 하셨습니다. 그리고 아무 곳에서나 번제를 드리지 말고 여호와께서 자기 이름을 두시려고 택하실 그곳으로 가서 제사를 드리라고 여러 차례 당부하셨습니다(신12:2~3, 11, 13). 이는 하나님께서는 이스라엘 백성의 가나안 원주민에의 제사 관습에 동화될 것을 염려하여 그것들을 다 헐고 중앙 성소(聖所) 중심의 제사를 말씀하셨던 것입니다.

그럼에도 산당(山堂)들은 잘 없어지지 않았고 여기저기 흩어져 이스라엘 백성의 제사 장소가 되었습니다(왕상14:23, 왕하17:29, 겔6:3). 이스라엘은 원주민을 다 몰아내진 못하였고 결국 그들을 따라 이 산당에서 바알과 아스다롯을 섬기고(삿2:12) 다른 한편으론 여호와께 제사도 드리기도 하는 등 혼란스런 모습을 보여주었습니다.

이는 여호수아가 가나안 땅을 정복한 이후 세겜에서 백성과 더불어 언약을 세우고 율례와 법도를 베풀어(수24:25) 토지와 국민, 주권과 국법, 국왕(하나님)을 완성하는 사실상 나라의 초석을 갖추는 일을 하고도 110세의 나이로 세상을 뜨자 그 이후의 세대가 하나님을 기억하지 아니하고 배신한 것이 제일 큰 원인이라고 할 수 있고(삿2:10) 또한 여호와께서 택하실 그곳, 곧 중앙 성소가 될 수 있는 예루살렘에 아직 성전이 건축되지 않은 탓도 있겠습니다(왕상3:2).

어찌했든 산당은 제사를 드리는 중요한 곳이었습니다(대상16:39, 21:29). 특히 무슨 연유에서인지 기브온 산당에는 모세가 만든 광야의 회막과 놋 제단(번제단)이 있었습니다(대하1:3, 13). 좀 이해하기 힘든 일입니다. 그 기브온 산당의 회막에서 솔로몬은 그 유명한 일천 번제를 지내고 지혜와 지식, 부와 재물과 존영의 복을 약속받은 일은 잘 알려진 사실입니다(대하1:12).

솔로몬 성전이 지어진 후 산당 예배를 금했지만 역시 잘 지켜지진 않았으니 유다가 멸망하기 전까지 산당은 세워짐과 파괴됨을 반복하며 이방신도 섬기고 하나님도 섬기는 혼돈의 장소가 되었습니다. 제사 후 수백 명의 여사제들과의 성관계 때문인지 오래 이어져온 이방 전통의 풍습을 하루아침에 버리는 게 어려웠던 것인지는 알 수 없지만 하나님을 경외하는 마음이 부족한 게 가장 큰 이유일 것입니다. 지금으로 말하면 교회당에서 예배도 드리고 굿판도 벌리는 것이라 보면 되겠습니다.

그만큼 산당의 목숨은 끈질겼습니다. 하나님을 사랑하던 아사 왕, 여호사밧 왕, 히스기야 왕, 요시야 왕은 산당들을 훼파하였으나 여로보암 왕, 여호람 왕, 아하스 왕, 므낫세 왕같이 악한 왕들은 산당을 재건하고 우상을 숭배하게 했으니 결국 산당의 존재는 유다와 이스라엘이 멸망하게 된 큰 원인을 제공한 셈입니다.

다윗의 시온성소도 하나님을 섬기는 예배 장소였습니다. 시온은 예루살렘 성지 언덕의 해발 790미터의 산으로 '요새'라는 뜻입니다. 다윗은 여부스 족속의 시온 성을 빼앗고 다윗 성으로 이름을 바꿔 부르게 됩니다. 그리고는 B.C. 1003년 시온 성에 장막을 친 후 법궤를 모셔 들이고 번제와 화목제를 여호와 앞에 드리게 됩니다(삼하 6:17). 시온성의 장막을 시온성소라 부르는 연유는 여기서 시작되었고 그래서 다윗 하면 바로 시온성입니다.

시온성소에 법궤를 모신 기쁨을 노래한 다윗의 찬양시가 시편 132편입니다. 비록 보잘것없는 장막에 불과했지만 다윗은 고생 끝에 이제야 자신이 여호와를 모셨다는 영광스러움과 감사함에 날아갈 듯 기뻐했습니다. 다윗 왕의 춤추며 뛰노는 걸 보고 사울의 딸 미갈이 창으로 내다보곤 심중에 업신여겼을 만큼(대상15:29) 다윗은 넘치는 기쁨에 어린아이처럼 뛰며 즐거워했습니다.

성경은 이때 언약궤가 평안을 얻었다고 했습니다. 그는 그 시온성소에 많은 수의 찬양대원으로 성가대를 구성하고 그 반열대로 찬송을 부르게 했으니 오늘날 교회에서 운영되는 찬양대는 이때부터 시작된 것이라 하겠습니다.

'언약궤가 평안한 곳을 얻은 후에 다윗이 이 아래의 무리를 세워 여호와의 집에서 찬송하는 일을 맡게 하매 솔로몬이 예루살렘에서 여호와의 전을 세울 때까지 저희가 회막 앞에서 찬송하는 일을 행하되 그 반열대로 직무를 행하였더라(대상6:31~32).'

그러니까 믿음의 조상 아브라함을 부르신 이후 대규모 찬양대의 찬송이 시작되기까지는 무려 1,088년 정도 걸린 셈이며 그 첫 시발을 뗀 이는 다윗 왕이라 하겠습니다. 드디어 하나님께의 본격적인 찬송을 시작한 것이지요. 시편에서 종종 시온의 성소를 기뻐하는 구절이 많이 나오는 이유는 그 때문입니다.

이때 찬송의 무리를 이끈 세 분이 그 유명한 아삽과 헤만과 여두둔입니다. 아삽은 다윗시대 성전의 음악가로서 많은 노래를 작곡하여 그중 12편이 시편에 수록되어 있는 분이고 헤만은 사무엘의 손자로서 성가대장의 큰 지위에 있으면서도 겸손한 자세로 직무를 수행한 것으로 알려져 있는데 하나님의 말씀을 받드는 왕의 선견자라는 칭호를 받은 분이며(대상25:5) 여두둔은 에단과 동일인물로 여겨지는데 시편 89편을 지으신 것으로 추정되는 분입니다. 삼위일체의 하나님께서 세 분의 탁월한 음악가를 미리 준비해두신 것 같습니다.

역대상 25장에 찬양대의 구성 내역이 자세히 나옵니다. 찬송에 익숙한 자의 수효가 288명이나 된다고 했으니 다윗이 하나님 찬양에 얼마나 지극정성을 들였는지 알 수 있다고 하겠습니다. 악기로서 찬송하는 찬양대원의 총 숫자는 삼십 세 이상의 레위지파 사람으로서 4,000명에 이른다고 기록되어 있습니다(대상23:3, 5). 실로 어마어마한 숫자라 아니할 수 없습니다.

이렇게 다윗과 솔로몬 왕 때부터 제사 때에 찬양대가 조직적으로 운용되었고 이는 헤롯 성전이 파괴될 때까지 이어졌으며 초대교회는 로마의 탄압으로 성가대를 운영할 수 없었으나 A.D. 313 밀라노 칙령으로 교회가 공인되자 각 교회는 활발하게 성가대를 운영하였습니다. 또 중세 교회 때는 16세 이하의 소년들로 성가대를 운영하였고 종교개혁 후에는 일반 신자도 찬송을 부르게 하였으니 성가대의 역사는 무려 삼천 년이나 된다고 하겠습니다.

나중에 솔로몬은 시온 성 장막이 있던 자리에 화려한 성전을 완공합니다. 하나님의 도성으로도 불린 이 시온은 세상 마지막 날 세워질 새 예루살렘, 곧 천국을 상징합니다. 그만큼 시온은 예루살렘을 상징하고 이스라엘 백성을 상징하고 구원받은 모든 이들이 선망하는 꿈의 도성으로 자리잡습니다. 이사야서를 보면 마지막 때 시온의 의가 빛같이, 예루살렘의 구원이 횃불같이 나타나도록 시온을 위하여 잠잠하지 아니한다고 했으니(사62:1) 시온의 영광을 노래한 찬송가의 의미를 이해할 수 있다 하겠습니다.

5.
솔로몬 성전

성전은 하나님의 지상 임재 처소요 거룩한 통치의 핵심으로 이스라엘 백성들이 제사드리는 공식적인 장소입니다. 솔로몬 성전은 B.C. 959 솔로몬 왕 때 완공한 하나님의 성전입니다. 이스라엘 자손이 애굽 땅에서 나온 지 480년 만에 그리고 솔로몬이 왕위에 나아간 지 사 년 만에 건축하기 시작하여(왕상6:2) 약 7년 6개월에 걸쳐 공사한 끝에 제 십일 년에 완공한 화려한 성전입니다(왕상6:38).

솔로몬 성전의 건물 바닥 면적만을 알기 쉽게 요즘 치수로 따지면 73.6평 정도 됩니다. 광야의 성막이 18.4평 정도였음을 감안하면 훨씬 큰 것임을 알게 됩니다. 그중 내소(지성소)는 전체 성전의 33% 정도 되는 약 24.5평 규모인데, 지성소 안에 있는 언약궤를 덮은 속죄소는 하나님이 친히 임재하시는 그 거룩함의 절정인 곳입니다(출25:22). 그곳에서 백성의 죄를 사하시는 은혜를 베푸신다는 뜻에서 시은좌(施恩座)라고도 불렸습니다. 성전 건축을 위한 제반 준비는 다윗이 했으며 광야 시대 성막을 기본 구조로 건설하였습니다. 이 성전은 B.C. 586 바벨론에 의해 무너지기까지(왕하25:13~17) 370여 년간 이스라엘 백성의 삶과 신앙의 중심지로서 역할을 하게 됩니다.

솔로몬 성전이 위치한 곳은 예루살렘 모리아 산입니다. 솔로몬 성전이 훼파되고 이어 지어진 스룹바벨 성전, 헤롯 성전도 모두 이 모리아 산에 지어졌습니다. 이 모리아 산은 아시다시피 아브라함이 그 아들 이삭을 번제물로 바치려던 곳입니다(창22:2, 14).

그런데, 성경은 말씀하기를 그곳은 예전에 여호와께서 다윗에게 나타나신 곳이요 여부스 사람 오르난의 타작마당으로서, 하나님이 다윗을 시켜 정하게 한 곳이라 했습니다(대하3:1). 다윗이 임의로 정한 것이 아니라 하나님께서 정하셨다고 말하는 이유는 그 장소를 여호와께서 직접 지정하셨을 뿐 아니라(대상21:18), 하나님께서 내가 내 이름을 두려고 택한 곳이라고 말씀하셨기 때문입니다(신12:11, 14).

다윗은 그 오르난의 타작마당에서 제사를 드렸습니다. 그러니까 후일 솔로몬 성전이 건축되는 바로 그 타작마당에서 먼저 다윗이 번제와 화목제를 드렸고 하나님은 불로 응답하셨습니다(대상21:26). 다윗은 그렇게 제사드린 후에는 다시는 옛 장막과 번제단이 있는 기브온 산당의 회막에 가서 제사를 드리지 못했으니 여호와의 사자가 칼로 막았기 때문입니다(대상21:30). 이는 다윗으로 하여금 이제부터는 이곳 모리아 산에 짓는 성전만이 신앙의 중심지요 단일한 예배처소니 다른 곳에선 제사 지내지 말라고 엄명하신 것이나 다름없습니다.

그러나 그 화려한 솔로몬 성전도 이스라엘 백성의 죄악으로 인해 마침내 유다가 멸망하면서 함께 파괴됩니다. 이스라엘 백성들은 바벨론 제국의 포로로 끌려가 모진 고난의 세월을 보내게 됩니다. 바벨론 포로 유수는 B.C. 606년, 597년, 586년 세 차례에 걸쳐 이뤄졌는데 설에 의하면 당시 유다인구 25만 명 중 유력인사 수만 명이 끌려갔다고 합니다. 물론 성경에도 끌려간 내용이 나와 있습니다.

그 포로 기간 중의 애환을 그린 노래가 저 유명한 '바벨론 강가에서(Rivers of Babylon)'입니다. 포로로 끌려와 바벨론 강가에 주저앉아 고향 예루살렘을 그리워하며 통한의 눈물을 흘리는 정경을 묘사한 노래인데 시편 137편의 내용이 담겨져 있습니다. 또 연극으로 만들어낸 것이 주지하다시피 '히브리노예들의 합창'이 들어가 있는 저 유명한 베르디의 오페라 '나부코'입니다. 나부코는 바벨론 왕 느부갓네살의 이태리어식 표기입니다. 찾아보니 그 오페라는 1842년에 초연이 되었고 극 중의 '히브리노예들의 합창'은 이태리 국민들의 전폭적인 사랑을 받아 제2의 국가처럼 애창된다고 하는군요.

이것은 그 당시 오스트리아 합스부르크 왕가의 지배를 받는 자기들의 현실이 옛 유대백성들의 처지와 비슷한 심정이었기 때문일 것입니다. 그래서 그런지 나치의 동맹인 파시스트 무솔리니도 반유대인 정서는 별로 없었다고 하니 2,500년 세월을 넘나드는 오페라의 배경 이야기가 주마등처럼 낯설지 않아 보입니다. 통곡을 해도 시원치 않을 정경을 묘사한 두 노래가 지금은 많은 사람들의 사랑을 받고 있는 것은 아이러니컬한 일입니다.

솔로몬 성전의 낙성식을 치룰 때 여호와의 영광이 전에 가득하여 여호와께서 기뻐 받으셨음을 알 수 있습니다(왕상8:11). 그러나 그 성전을 지을 때 하나님은 잘 짓고 있으니 기특하다는 말씀은 하시질 않고 그보다는 오히려 법도와 율례와 계명을 지켜 행할 것을 주문하셨는데(왕상6:12) 아니나다를까 그 후 오랜 세월에 걸쳐 이스라엘 백성들이 수많은 죄를 짓기 시작했습니다. 그러면서도 제사를 드린다고 계속 성전을 드나들자 하나님께선 예레미야 선지자를 통하여 '너희는 이것이 여호와의 전이라 여호와의 전이라 여호와의 전이라 하는 거짓말을 믿지 말라' 하시며 백성들이 무슨 잘못을 했는지 하나하나 크게 질책하신 후 너희 백성들은 시체가 되고 그 땅은 황폐하게 되리라 선언하셨습니다. 예레미야 7장 전부가 바로 그 내용입니다.

아무리 화려한 성전을 짓고 제사를 드린다고 번잡하게 수선을 떤다 한들 여호와께서는 전혀 이를 반기지 않으시며 오직 공의와 인자를 실천하는 것만이 너희들이 할 일이라는 것을 분명히 가르쳐 주고 계시는 것입니다(미6:8).

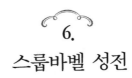

6.
스룹바벨 성전

이스라엘 백성들이 자신들의 죄악으로 나라가 멸망당한 후 바벨론의 포로가 되어 끌려가 칠십 년 동안 바벨론 왕을 섬기고 그들은 마침내 하나님의 약속대로 본토로 돌아오게 됩니다(렘29:10, 단9:2). 이 칠십 년의 기간에 대하여 학설이 나눠지니 혹자는 B.C. 586 솔로몬 성전 파괴 이후 B.C. 516 스룹바벨 성전 완공 때까지의 기간을 말한다고 하고 혹자는 B.C. 605 제1차 바벨론 포로 유수 때부터 B.C. 536 스룹바벨 성전 재건 시작까지의 기간이라고 말하기도 합니다.

바벨론에 포로로 끌려갈 때 세 차례에 걸쳐 끌려갔듯 포로에서의 귀환도 B.C. 537~515, 458, 444~425 세 차례에 걸쳐 이뤄졌습니다. 각각 스룹바벨, 에스라, 느헤미야의 인도 아래 이뤄졌는데, 그 제1차 귀환의 인도자 스룹바벨이 성전 재건에 착수하고 완공하였다 하여 스룹바벨 성전이라고 부르고 솔로몬 성전에 이어 두 번째로 지었다 하여 제2성전이라고도 부릅니다.

그러나 예전의 솔로몬 성전과 비교해 보면 초라하기 짝이 없었습니다. 설에 의하면 지성소에 언약궤도 속죄소도 없었고 현관에 야긴과 보아스도 없다고 전해집니다. 그렇지만 이 성전으로도 귀환한 이스라엘 백성의 신앙심을 불러일으키기에는 충분하였고, 특히 바벨론 점령을 당하면서 전 세계에 흩어진 디아스포라 유대인들에게 큰 정신적 구심점이 되었습니다.

그러나 이 성전도 B.C. 169년 그 땅을 지배 중인 수리아의 안티오쿠스 에피파네스에 의해 더럽혀졌고 낡고 수리가 잘 안 되다가 중간에 마카비 가문이 한때 정화에 나서기도 했지만 결국 B.C. 63년 로마의 폼페이우스 장군에 의해 파괴되고 맙니다.

7.
헤롯 성전

제2성전이 파훼되자 B.C. 20년 헤롯 대왕이 나서서 성전 공사를 시작합니다. 그는 에서의 후손인 에돔 사람들의 땅 이두매 사람이었으므로 원래는 유대 왕이 될 수 없었지만 로마 권력층에 힘입어 왕이 되었습니다. 유대인들은 타국인을 왕으로 세우지 말라는 모세 율법 신명기 17장 15절을 들어 그를 왕으로 인정하지 않았고 그러자 헤롯은 통치 필요상 유대인의 환심을 사기 위해 당시의 아주 초라한 스룹바벨 성전 대신 크고 화려한 성전을 지어주겠다고 약속을 하고 달랬던 것입니다. 그는 무자비하고 교활하였으며 건축광(狂)이자 권력의 화신이었다고 전해집니다.

80년이 넘는 공사 끝에 A.D. 64년 성전을 완공하였습니다. 외형은 9년 만에 지어졌는데 내부 공사가 시간이 많이 걸린 것이지요. 그러나 일설에 의하면 완전히 완공시키진 못했다 하며 예수님이 공생애 당시 보신 것도 내부 공사 진행 중인 건물이었습니다. 헤롯 대왕이 짓기 시작했다 해서 헤롯 성전이라고도 합니다.

매우 큰 규모에 황금과 거대한 바위로 웅장하고 화려하게 지어서 이 성전을 본 자들은 누구나 감탄하였고 예수님께도 어떠하니이까 하고 묻기도 했습니다(막13:1). 그러나 이 역시도 A.D. 70년 로마의 티투스 장군에 의해 6개월 포위 끝에 예루살렘이 함락되면서 돌 하나도 돌 위에 남지 않고 무너집니다(마24:2).

　당시 성전 건물 벽을 거대한 나무 비계로 싸고 거기에 나무와 함께 가연성 물질을 쌓아놓고 불을 붙였는데 열기가 너무 강해 돌들이 무너졌고 체로 쳐서 금을 회수하였다고도 하고 혹자는 불을 질러 성전 안의 금 장식물들이 녹아내리게 한 후 이 금을 채취하기 위하여 군사들이 돌들을 파헤쳤다고도 합니다. 어찌했든 예수님이 부활 승천하신 후 성령님의 강림으로 새로운 성령시대가 개막되었으므로 시대에 맞지 않는 헤롯 성전이 사라지는 건 당연한 일이라 하겠습니다.

8.
회당(會堂)

회당(Synagogue)은 유대인들이 안식일과 절기에 모여 모세율법 등 구약성경을 낭독하고 기도하고 암송하며 설교하고 축도하는 식의 예배를 드린 집회 장소였습니다. 거기서 자녀교육도 했고 재판도 열렸는데 그 구조와 기능 예배형식 등이 오늘날 교회당 예배의 효시가 되었다고 볼 수 있습니다. 회당은 헤롯 성전이 지어졌을 때도 병행 존재하였으니 신구약 중간기의 예배당이라고 봐야 하겠습니다.

회당은 신약시대 초기 팔레스타인 주변의 이방 지역뿐 아니라 이스라엘 각 성과 촌에도 존재했으며 특히 사람이 많이 거주하는 예루살렘에는 더욱 많은 회당이 존재했는데 그 숫자가 480곳 정도에 이르렀다는 설이 있습니다. 예수님도 이곳에서 자주 말씀을 가르치시며 병을 고쳐주셨고(눅4:16~21, 요18:20, 마12:9) 바울을 비롯한 사도들도 복음 전파의 장소로 이용하였습니다(행13:5, 18:19).

회당의 시원(始原)은 분명하지 않지만 바벨론 포로 때 하나님을 믿는 가정에서 출발해 발전한 것으로 보입니다. 하나님을 외면한 자신들의 어리석음으로 머나먼 이국 땅에 끌려와 포로 생활을 하면서 망국의 슬픔에 짓눌렸을 것입니다. 추락할 대로 추락해버리고 이젠 하나님이 자신들을 다 버렸다는 회한 속에서 다시금 하나님에의 신앙을 찾으려는 몸부림이 있었을 것이고 자연히 그들끼리 모였을 것입니다. 바벨론에 포로로 끌려왔던 예언자 에스겔이 아직 예루살렘이 완전히 멸망하기 직전이던 B.C. 592년경 집에서 유다의 장로들과 회합을 가진 두 번의 기록이 이를 증거해주고 있습니다(겔8:1, 20:1~3).

로마의 유대인 추방령 등 팔레스타인의 유대인들은 디아스포라의 유대인이 되어 지중해 연안을 비롯한 전 세계 곳곳으로 흩어졌고 예루살렘 성전도 완전히 파훼된 현실에서 유대인들이 자기들이 거주하는 곳곳에 예배와 사회생활의 공동체 모임 장소로 회당을 세우고 운영한 것은 자연스러운 일입니다.

A.D. 1세기경 로마 인구는 7,000만 가량이었다고 하는데 그중 10%인 700만여 명이 유대인이었고, 유대 땅에는 70만여 명이 살았으며 그 외 시리아와 유브라데 강 유역 등 다른 곳에 400만여 명의 유대인이 있었다고 합니다. 그 많은 유대인들이 각지에 공동체 집합소를 만들어 예배를 드리고 또 성전 파훼로 동물 희생 제사를 드릴 여건이 안 되는 만큼 토라를 낭독하고 기도하는 등으로 제사의 형식을 바꿔 하나님을 찾고자 한 건 충분히 이해가 가는 일입니다.

지금 이스라엘 국민의 75%는 유대교, 18%는 이슬람교를 신봉하고 기독교는 2%에 불과합니다. 유대인들은 아직도 자신들만이 하나님이 택하신 백성이요 이방인은 이에 해당되지 않는다는 선민의식에 뿌리 깊게 젖어 있으며 지금도 예수 그리스도의 구원 사역을 인정하지 않고 자기 자신들은 물론 이방인에게의 복음 전도도 거부하고 있으니 꽉 막힌 회당에 머물러 있는 유대교의 현 모습은 안타깝기 그지없는 일입니다.

그러나 그들은 하나님께서 그 조상 아브라함을 부르실 때부터 하나님의 '미리 아신 자기 백성'으로서 원 돌감람나무임을 인정받은 족속입니다(롬11:2, 24). 신약성경 첫머리도 예수님의 계보를 밝히면서 '아브라함과 다윗의 자손 예수 그리스도의 계보라(마1:1)'로 시작됩니다. 그들 중 얼마인지는 몰라도 그 족속은 구원받습니다. 반드시 장차 하나님께선 어떤 역사적 사건을 계기로 해서 이스라엘 백성을 크게 회개시키시고 구원시키실 것입니다. 지금으로부터 2,700여 년 전 이사야 선지자를 통해 예언하셨기 때문입니다(사27:12~13). 그리고 보면 그들의 선민 자부심도 분명 근거는 있는 일입니다.

과거로부터 숱한 선지자들의 피를 흘리고(눅11:50~51) 자기들을 구원하러 오신 예수님을 십자가에 못 박고 예루살렘 성전마저 불에 타 없어지고 600만 유대인 학살을 겪으면서도 아직도 예수님을 부인하고 신약을 부정하고 오직 자기들 사상에 갇혀 유대 회당에만 머물러 있는 그들을 보면 참으로 목이 곧아도 한참 곧은 백성이라는 말이 실감납니다(출32:9, 신9:13).

종이냐 자유인이냐

9.
성당과 교회당

　예배를 드리는 곳으로 천주교 성당과 동방 정교회 성당, 그리고 영국 성공회 성당과 개신 교회당이 있습니다. 천주교 성당은 생략하고 동방 정교회가 나온 과정부터 잠시 살펴봅니다. 다만 루터의 종교개혁 이전 중세시대에는 성경을 구하기도 어려웠고 함부로 접근할 수 없는 금서(禁書)였기에 극소수의 신부와 학자를 빼놓고는 하나님을 잘 알기가 무척 어려웠음을 염두에 두는 것이 좋겠습니다. 중세 유럽 마녀사냥이 휩쓸었던 것도 극소수 종교 권력자들의 악행에 우매한 민중들이 뇌동했기 때문인데 이는 모두 하나님을 잘 모르는 데서 빚어진 일이었습니다.

　교회의 성립은 사도들의 역사로부터 비롯됩니다. 예수님의 12제자를 '사도(使徒)'라고 부르는데 이는 '신의 보냄을 받은 자'라는 뜻입니다. 예수님께서는 부활하시고 40일 동안 열두 제자와 오백여 형제 등 많은 이들에게 보이시며(고전15:3~8) 하늘나라의 일을 말씀하신 후 서기 30년 5월 19일경 하늘로 승천하셨습니다. 그 후 열두 사도들과 120문도로부터 시작된 그리스도교는 성령님을 힘입어 폭발적인 증가세를 보이게 되는데 한번에 3,000명, 5,000명씩 믿게 되는 놀라운 일이 벌어집니다(행2:41, 4:4).

당시 바대와 리비아 등 각국으로부터 오순절을 지키기 위해 예루살렘에 왔던 숱한 경건한 유대인들이 성령 받은 수많은 이들의 방언 터짐을 보고 크게 놀란 것을 시작으로(행2:12) 열두 제자 외의 바울과 바나바, 누가와 실라, 디모데와 디도, 스데반과 빌립 집사, 뵈뵈와 에배네도, 아굴라와 브리스길라 부부 등 숱한 일꾼들에 의하여 복음은 로마를 비롯한 전 세계 각지에 급속도로 퍼졌습니다. 로마서 16장에만 해도 사도 바울을 도운 인물이 37명에 이를 정도입니다.

우여곡절 끝에 드디어 서기 313년 로마의 콘스탄티누스 대제는 밀라노칙령으로 기독교를 공인하였고, 325년 니케아 종교회의에서는 삼위일체를 인정하게 됩니다. 니케아는 콘스탄티노플 동남쪽 지금의 터키 이즈니크를 말하는데 그 회의에서 예수 그리스도의 신성을 부정하는 아리우스파를 이단으로 규정하고 아타나시우스파를 정통으로 인정합니다.

서기 392년엔 테오도시우스 대제가 기독교를 로마의 국교로 인정하였고, 395년엔 동로마제국과 서로마제국으로 분열됩니다. 이는 고등학교 역사시간에 배운 것들입니다. 혹자는 기독교의 로마 국교화가 기독교 타락의 시발점을 가져오게 했다고도 하지만 당시 시끄러

종이냐 자유인이냐

왔던 삼위일체론을 정리한 것과 로마가 유럽의 거대한 용광로로서 문명의 큰 줄기인 헬레니즘과 헤브라이즘을 녹여내며 전 세계 기독교 전파에 지대한 영향을 끼쳤다고 아니할 수 없습니다. 이는 로마만이 할 수 있는 일이었습니다.

서기 1054년 교회는 로마 가톨릭 교회와 동방정교회로 분리됩니다. 그 이유는 로마교황의 권한 문제, 성상 숭배 문제, 교리상 차이, 언어와 전례 문제, 교황권과 세속 군주와의 관계 등 수많은 이유로 빚어진 갈등의 결과였습니다. 여기서 동방정교회의 동방이란 정교회의 중심인 콘스탄티노플(이스탄불)이 서방 로마교회의 동편에 있다고 해서 붙여졌기도 하고, 부활의 빛 그리스도를 상징하는 태양이 동방에서 떠오른다하여 붙여졌다고도 합니다. 동방정교회는 그만큼 부활을 중시하고 있습니다.

정교회의 정은 '바를 정(正)'자를 써서 바른 교리, 바른 믿음, 바른 예배를 행한다고 주장합니다. 가톨릭이 가톨릭(Catholic), 곧 '보편적인'이란 말을 쓰지만 사실은 자기들 정교회야말로 초대교회의 전통을 가장 잘 지키며 정통이고 보편적이며 사도적이라는 자부심이 강합니다.

동방정교회는 십자가상의 모습이 개신교와 다르며 가톨릭처럼 성호를 긋습니다. 성경으로 신약은 가톨릭 및 개신교와 같이 27권을 쓰나 구약은 49권을 사용합니다. 가톨릭은 46권, 개신교는 39권을 사용합니다. 콘스탄티노플, 알렉산드리아, 안디옥, 예루살렘 그리고 러시아 및 발칸반도의 국가들, 그리스와 지중해 연안국 등 전 세계에 퍼져 있고 2억 7천여 만 명이 믿고 있다고 하며 우리나라엔 1900년에 들어왔습니다.

서기 1517년엔 마르틴 루터에 의해 종교개혁이 단행되어 로마 가톨릭으로부터 분리된 개신교(改新敎)가 시작됩니다. 이들을 프로테스탄트(Protestant)라고 하는데 이는 로마 가톨릭 세력의 억압에 항거한다는 뜻의 프로테스트(protest)에서 비롯된 것임은 다 아는 사실입니다. 마르틴 루터는 오직 믿음으로만 인간은 의롭게 된다는 이신득의론(以信得義論)를 주장하며 부패한 가톨릭에 대항해 파란을 일으켰습니다. 가톨릭은 교황을 정점으로 서열화된 신분체계와 조직을 기반으로 미사를 통한 구원을 강조했지만 개신교는 성서를 중심으로 한 개인 신앙에 중점을 두어 오직 믿음, 오직 성경, 오직 은혜를 내걸었습니다.

루터가 독일 비텐베르크성의 궁성교회 정문에 면죄부 판매 등 가톨릭의 부패상을 담은 95개조의 반박문을 붙이면서 시작된 개신교는 쯔빙글리, 존 칼빈 등의 노력에 힘입어 독일과 스위스, 북유럽 등 유럽 전역에 확장되고 1620년 이민자들에 의해 북미로 전파됩니다.

다행히 종교개혁이 일어나기 60~70여 년 전인 서기 1450년경 독일의 구텐베르크가 서양 최초의 금속활자를 발명하면서 성경 보급에 크나큰 도움을 주었습니다. 그 금속활자 발명은 성경 보급이라는 절대 과제를 이루기 위한 하나님의 크신 계획 속에 예정되어 있었다고 생각해도 좋을 것입니다. 금속활자의 발명이 없었다면 루터의 종교 개혁도 크게 빛을 발휘하지 못하였을 것이기에 그렇습니다.

또 훗날 발간된 막스 베버의 '프로테스탄티즘의 윤리와 자본주의 정신'은 루터의 직업 소명관을 기술하는 등 초창기의 개신교 이해와 관련해 지금도 읽어볼 만한 책자로 추천되기도 합니다. 특히 '기독교사회주의 부활' 운운하는 소리가 나오는 요즘에 신앙인이라면 한 번 접해 봐도 좋을 듯합니다.

서기 1534년엔 영국 성공회(영국 국교회)가 로마 가톨릭 교회로부터 분리되어 독립합니다. 그 이유는 주지하시다시피 영국 왕 헨리 8세와 왕비 캐더린 사이의 이혼 문제를 계기로 불거진 로마 교황과의 정치적, 종교적 갈등 때문이었으며 결국 헨리 8세는 수장령(首長令)을 반포, 가톨릭 교회의 지배에서 벗어나 독립된 교회를 만든 후 자신이 직접 그 수장으로 취임합니다. 한때 로마교황청으로부터 가톨릭 신앙의 수호자라는 칭호를 받았던 헨리8세는 결국 영국교회를 분립시키고 만 것입니다. 성공회는 개신교와 같이 성경 66권을 쓰나 외경 14권도 준(準) 정경으로 인정하고 있으며 영연방 국가를 중심으로 160여 국에 걸쳐 약 1억 명 가까운 신도가 있다고 합니다.

개신 교회당은 스스로의 몸이 성전이 된 신자들이 예배 등을 위해 모이는 장소입니다. 어떤 장소라는 특정 공간이 찬양, 합심기도, 훈련, 교육, 나눔, 구제 등에 유용하므로 그 역할은 결코 작지 않습니다. 그러나 전대미문의 코로나19 사태로 인해 대규모 집회는 물론 작은 모임도 어려워진 만큼 그 역할이 제대로 발휘되기 쉽지 않아 보이고 따라서 예전 구약시대 때의 성전 비슷한 권위도 갖기 어려워 큰 변화가 불가피하게 될 것입니다.

사실 코로나19는 하나님을 경외하면 겁을 낼 일도 아닙니다. '이는 저가 너를 새 사냥꾼의 올무에서와 극한 염병에서 건지실 것임이로다 혹암 중에 행하는 염병과 백주에 황폐케 하는 파멸을 두려워 아니하리로다(시91:3, 6)' 하셨기 때문입니다. 어찌했든 코로나19 환경은 장소로서의 막중한 교회당 역할을 축소시키는 기제로 작용하게 될 것이고 반면 성도 개개인의 제사장 사역은 그 중요성이 확대될 것입니다. 우리 모두 선견자(先見者)로서의 지혜가 필요할 것 같습니다.

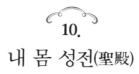

10.
내 몸 성전(聖殿)

내 몸이 성전인 시대는 시작된 지 벌써 2,000년이 지났습니다. 예수님이 오심으로서 그 이전 수천 년간 이어온 외형적 성전의 시대는 끝났습니다. 예수님이 부활 승천하시면서 성령님을 보내주셨고 그 성령님은 우리에게 찾아오셨습니다. 이제 그 성령님을 받아들인 신자들은 모두 몸 안에 성전을 갖게 되었습니다.

'저는 진리의 영이라 저는 너희와 함께 거하심이요 또 너희 속에 계시겠음이라(요14:17).'

창세 이래 성령님은 수시로 하나님의 사역을 도우시고 함께하시며 특별한 사역이 있을 때 특정인에게 찾아오셨지만 이젠 아예 내 몸속으로 들어오셨던 것입니다. 왜냐하면 '예수님만 믿으면 구원받는다'는 새 언약, 새 약속의 시대를 열어감에 있어 성령님이 내 몸속에 내주하시는 건 필수불가결한 부분이었기 때문입니다. 내 몸이 성전인 시대는 그렇게 시작되었습니다.

'너희 몸은 너희가 하나님께로부터 받은바 너희 가운데 계신 성령님의 전인 줄을 알지 못하느냐 너희는 너희의 것이 아니라(고전 6:19).'

파천황(破天荒)이란 말이 있습니다. 천황은 천지가 아직 열리지 않은 때의 혼돈한 상태인데 이걸 깨뜨리고 새로운 세상을 만든다는 말이 파천황입니다. 오순절 성령 강림 후 믿는 사람마다 성령님께서 내주하신 사건은 그런 파천황 같은 사건이라 해도 지나칠 게 없습니다. 인간 생명과 구원 과정에 일대 혁신을 가져온 사건이기 때문입니다. 오순절 성령 강림 사건은 하나님은 더 이상 외형적 성전에 계시지 않고 자기 백성들 가운데 직접 들어가 임재하시겠음을 알려주는 사건이었습니다.

내 몸이 성전이라는 놀라운 시대가 열렸습니다. 이건 전대미문(前代未聞)의 일입니다. '누구든지 예수를 하나님의 아들이라 시인하면 하나님이 저 안에 거하시고 저도 하나님 안에 거하느니라(요일4:15)'라는 말씀도 이를 증거하고 있습니다. 이스라엘 백성들이 광야 생활 40년간 성막과 함께 다녔듯 우리 몸도 광야 같은 세상을 살며 내주하신 성령님과 함께 살아가야 하는 것입니다.

그러나 이런 말씀들이 잘 받아들여지지 않았습니다. 머리론 이해해도 심정적으론 아직도 그렇습니다. 우리는 그간 몸도 마음도 교회당 생활에 젖어 왔고 24시간 교회당 생활을 당연시해서 교회당이 성전인 것으로 생각해 왔으며 특히 세상살이에 이런저런 실수와 죄를 짓는 경우도 있어 내 몸이 성전이란 말을 양심상 수용하기 어려웠습니다.

그러나 의식의 대전환이 이뤄져야 합니다. 외형적 건물의 성전 시대는 2,000년 전에 끝난 일인데 아직도 거기에 매인다는 건 성령님을 걱정케 하는 일입니다. 심지어 어떤 분은 교회당 건물을 가리켜 '예수의 몸 된 성전'이라 지칭하는 걸 봤습니다. 끝이 난 건물성전에 미련을 두는 건 안타까운 일입니다.

물론 교회당에도 공중예배를 드리기 위해 계속 가야 할 필요성이 있습니다. 교회당은 신자들에게 훈련소 같은 곳입니다. 신병들은 난생처음으로 제식훈련과 총검술을 익혀야 합니다. 훈련소는 군인을 만들어내며 기간병(基幹兵)들도 실탄사격 훈련을 가끔 받아야 합니다. 교회당이 없다면 예배훈련, 기도훈련을 어디서 받겠습니까. 영적으로 곤비할 때 도움을 줄 수 있는 곳이기도 합니다. 뭉쳐 회집하면 힘이 생기기도 하니까요. 성령님은 지역 교회를 창설하셨고 지금도 돌보고 계시기 때문입니다.

다만 '자기 몸 성전'은 의식하지 않은 채 만날 교회당에만 가면 모든 게 해결된다는 식의 사고는 변화되어야 한다는 말씀입니다. 그건 성경적이 아니며 영적 성장에 도움이 안 되기 때문입니다. 전 세계에 그렇게 숱한 교회당이 있고 신도가 있고 행사가 많고 예배행위가 많아도 사회로부터 공감을 받지 못하고 있는 것은 이런 의식이 2,000년간 바뀌지 않은 탓도 적지 않습니다.

예배는 장소의 문제가 아닙니다. 장소의 문제에 매이면 믿음 생활은 헛것이 됩니다. 장소의 문제는 이천 년 전 예수님이 정리해주셨습니다. 수가 성(세겜 성)에 있는 야곱의 우물가에서 만난 사마리아 여인이 '우리 조상들은 이 산(그리심 산)에서 예배하였는데 당신들의 말은 예배할 곳이 예루살렘에 있다 하더이다'라고 묻자, 예수님께서 대답해주셨습니다. '여자여 내 말을 믿으라. 이 산에서도 말고 예루살렘에서도 말고 너희가 아버지께 예배할 때가 이르리라. 아버지께 참으로 예배하는 자들은 신령과 진정으로 예배할 때가 오나니 곧 이때라 아버지께서는 이렇게 자기에게 예배하는 자들을 찾으시느니라. 하나님은 영이시니 예배하는 자가 신령과 진정으로 예배할지니라(요4:21, 23~24).'

예배 장소에 대하여 묻는데 예배 태도와 자세를 말씀하시니 동문서답하신 것처럼 들립니다. 예수님은 '예배는 장소의 문제가 아니라 정신이 중요하다. 장소는 상관없고 어디서든지 신령과 진정으로 드리면 된다'라는 말씀을 하고 계신 것이지요. 우리 몸은 예수 그리스도께서 재림하실 때까지의 주님의 유일한 성전이니 장소에 상관없이 내 몸으로 예배를 잘 드리면 됩니다.

'우리는 살아계신 하나님의 성전이라(고후6:16).'

우리 몸 성전이 되신 신자 분들이 꼭 새길 일이 하나 있습니다. 죄 짓지 않고 살기 어렵습니다만 어떤 경우에도 내 몸 안에 짓는 음행과 같은 성적(性的) 범죄는 절대 아니 된다는 것입니다. 자해(自害), 문신(文身), 피학(被虐), 자살(自殺) 같은 것도 마찬가지입니다. 그건 성령님이 내주하시는 내 몸 안에 짓는 것이기 때문입니다. 말씀을 옮겨 보겠습니다.

'너희 몸이 그리스도의 지체인 줄을 알지 못하느냐 내가 그리스도의 지체를 가지고 창기의 지체를 만들겠느냐 결코 그럴 수 없느니라 창기와 합하는 자는 저와 한 몸인 줄을 알지 못하느냐 일렀으되 둘이 한 육체가 된다 하셨나니 주와 합하는 자는 한 영이니라 음행을 피하라 사람이 범하는 죄마다 몸 밖에 있거니와 음행하는 자는 자기 몸에게 죄를 범하느니라 너희 몸은 너희가 하나님께로부터 받은바 너희 가운데 계신 성령의 전인 줄을 알지 못하느냐 너희는 너희의 것이 아니라(고전6:15~19).'

그러시면서 '누구든지 하나님의 성전을 더럽히면 하나님이 그 사람을 멸하시리라. 하나님의 성전은 거룩하니 너희도 그러하니라(고전3:17)' 경고하셨습니다. 말씀이 구체적이어서 군더더기 부연설명이 필요 없어 보입니다.

한편으로 과연 우리가 성전이 될 자격이 있을까 생각하기 쉽습니다. 그렇습니다. 우린 아무 자격이 없습니다. 그러나 우리는 아무 공로도 없이 구원(救援)을 은혜로 받았고 선물로 받았음을 기억해야 합니다(엡2:8). 이제 다시 성령의 인치심을 받은 우리가 하나님의 절대 주권으로 내 몸 성전이 되는 은혜가 주어졌습니다. 이는 미국행 비자와 여권을 주신 분이 비행기 티켓까지 선물해주신 것과 같습니다. 미국 도착의 목표를 완전히 이루라는 것이지요.

다시 말하면 이는 우리가 택함과 중생, 칭의(稱義)를 통해 구원의 관문은 통과하고 등록 이름표를 받았지만 성화(聖化)를 거쳐 영화(榮華)에까지 이르러야 하기 때문에(롬8:29~30) 이를 도우시려고 우리 안에 성령님을 내주케 하셨다는 말입니다.

모든 것이 은혜로 주어졌으니 성전이 될 자격에 대해 의심치 않아도 됩니다. 시편에 이르기를 우리들을 신(神)이라 하였습니다. '내가 말하기를 너희는 신들이며 다 지존자의 아들들이라 하였으니(시82:6)' 하셨고 예수님께서 공생애 기간 중 이를 친히 언급하시면서 성경은 폐하지 못하나니 하나님의 말씀을 받은 사람들은 신이라고 확언해주셨습니다(요10:34~35). 그러니 은혜에 힘입어 직접 성신을 모신 것을 전혀 이상하게 여길 일이 아닙니다.

11.
환난성전(제3성전)

환난성전(患難聖殿)을 언급하기에 앞서 잠깐 이를 언급한 요한계시록을 살펴봅니다. 요한계시록은 사도 요한이 A.D. 95년경 밧모 섬에서 천사를 통해서 본 마지막 시대에 도래할 환상을 쓴 말씀입니다. 말씀의 대부분이 상징적이고 난해하여 쉽게 이해하기 어려움은 주지의 사실입니다. 수많은 신학자 설교자와 예언자들이 이를 설명하지만 누가 옳고 누가 그른지 잘 알 수 없습니다. 하나님이 감춰 놓으신 것은 때가 되면 자연히 드러날 것입니다. 너무 서두르고 급하게 가려는 것도 성경적이 아닌 것 같다는 생각입니다.

특히 많은 이단들이 계시록을 자기 멋대로 해석하여 관심을 모으고 모인 사람들을 통해 세력을 불리고 재물을 거두려 하는 것은 경계해야 할 일입니다. 물론 예언의 말씀을 함부로 더하거나 제하면 큰 재앙이 내려질 것을 선언하고 계십니다(계22:18~19).

환난성전은 성경의 칠 년 대환난이 시작되기 전에 이미 예루살렘에 세워질 성전인데 이를 두고 제3성전이란 말도 합니다. 헤롯 성전은 이방 출신 헤롯 왕이 지은 것이라 제쳐두고 솔로몬 성전과 스룹바벨 성전에 이어 짓는 세 번째 성전이라는 것입니다. 그러나 환난성전, 제3성전이란 단어는 성경에 표기되어 있진 않습니다. 언제 누가 주축이 되어 정확히 어느 곳에 지어질지는 아무도 모르나 예루살렘에 지을 것으로 추측되고 있습니다.

다만 그 환난성전이 지어지고 난 후 7년 대환난이 시작되며 그 후 반 3년 반(1,260일) 동안에 적그리스도가 나타나 이 성전을 차지하고 그리스도 행세를 한다는 것입니다. 이 성전이 있을 때 대환난이 지나간다고 하여 환난성전이라 부르며 적그리스도는 수많은 사람들로부터 하나님이라 영접받고 숭배함을 받는다고 기록되어 있습니다. 이와 관련된 말씀은 이렇습니다.

'성전 밖 마당은 척량하지 말고 그냥 두라 이것을 이방인에게 주었은즉 저희가 거룩한 성을 마흔두 달 동안 짓밟으리라(계11:2).'
'저는 대적하는 자라 범사에 일컫는 하나님이나 숭배함을 받는 자 위에 뛰어나 자존하여 하나님 성전에 앉아 자기를 보여 하나님이라 하느니라(살후2:4).'

이와 관련된 말씀이 다니엘서 7:25, 9:27, 12:7, 그리고 계시록 12:6,14, 13:5, 6장, 8장, 16장 등지에도 있으나 난해하여 이해하기 어렵습니다. 다만, 예수님께서도 '나는 내 아버지 이름으로 왔으매 너희가 영접하지 아니하나 만일 다른 사람이 자기 이름으로 오면 영접하리라(요5:43)' 말씀하여 마지막 시대 적그리스도가 와서 환영받을 것을 예고하신 바 있습니다.

들리는 말로는 이스라엘에서 이 성전을 지을 준비가 착착 진행되어가고 있고 비용과 설계도와 모형도는 물론 피 검사까지 해서 성전을 담당할 진짜 레위지파 사람들도 확보하였다고 합니다만 잘 알 수는 없는 일입니다.

하나님께서 봉해 놓으신 일입니다(단12:4). 지금 내가 쉽게 마땅히 할 수 있는 일은 소홀히 하면서 예수님도 모르는 '그때가 언제인지'를 궁금해 하고, 또 봉해 놓은 내용이 무엇일까 알고 싶어 하며 신유와 기적 예언 등 신비한 체험에 지나치게 관심을 갖는 건 좋은 모습이 아닙니다. '오묘한 일은 우리 하나님 여호와께 속하였거니와(신29:29)'라고 하셨습니다. 때를 분별하고 깨어 있어 예비하는 자세를 가지면 족할 것입니다(마24:42~44).

12.
천년왕국 성전

천년왕국 성전은 선지자 에스겔이 환상으로 받은 환상 속의 성전으로 에스겔 성전으로도 불립니다. 7년 대환난이 지나고 그리스도가 이 땅에 오셔서 다윗의 보좌를 차지하고 지상에 천 년 동안 메시아 왕국을 세울 때 사용하실 새로 짓는 새 성전입니다. '인자가 자기 영광으로 모든 천사와 함께 올 때에 자기 영광의 보좌에 앉으리니(마25:31)'란 말씀과 '그리스도로 더불어 천 년 동안 왕 노릇하니(계20:4)'가 이를 증거하고 있습니다.

'내 처소가 그들의 가운데 있을 것이며 나는 그들의 하나님이 되고 그들은 내 백성이 되리라(겔37:27)', '너희로 내 나라에 있어 내 상에서 먹고 마시며 또는 보좌에 앉아 이스라엘 열두 지파를 다스리게 하려 하노라(눅22:30)'라고 언급함으로써 마지막 때 성전이 세워지게 될 것임을 밝히고 있습니다.

하나님은 환상을 통해 에스겔 선지자에게 천년왕국 성전의 식양과 모델과 치수를 구체적으로 가르쳐 주셨습니다(겔40:2). 에스겔 성

종이냐 자유인이냐

전은 이전의 성전과는 달리 언약궤, 진설병상, 등잔대, 분향 단, 휘장이 없습니다. 예수 그리스도께서 직접 거하시기 때문입니다. 에스겔 성전이 위치한 이 성읍의 이름은 '여호와 삼마(여호와께서 거기 계시다)'입니다(겔48:35). 그래서 '여호와 삼마 에스겔 성전'으로도 불립니다.

연구자들에 의하면, 에스겔 성전은 마지막 성전인 '영원한 성전'과 매우 닮았는데, 성전에 하나님의 영광이 가득한 것, 생명수의 강이 흐르는 것, 열두 지파의 이름이 기록된 열두 문이 있는 것 등이 그것이라고 설명합니다. 에스겔이 '천년왕국 성전' 환상을 본 것은 B.C. 573년경이고 사도 요한이 계시록에서 쓴'영원한 성전' 환상을 본 것은 A.D. 96년경으로 두 환상을 본 시기가 거의 669년 가까이 차이가 남에도 불구하고 두 성전이 매우 닮은 것은 하나님의 역사 외에는 설명할 길이 없습니다.

에스겔 성전의 환상은 바벨론 포로로 끌려와 실의에 빠져 있던 이스라엘 백성들에게 장차 이스라엘이 회복될 것이라는 희망을 주는 데 중요하게 작용했다고 하겠습니다. 이스라엘 백성들이 죄를 지어 성전에서 여호와의 영광이 떠나가고(겔11:23) 이스라엘은 망하고 말았지만 장차 이스라엘이 회개하면 이스라엘은 회복되고 여호와의 영광이 이 새로운 성전에 가득하게 될 것(겔43:5)이라는 회복의 비전을 보여줌으로써 이스라엘 백성들에게 산 소망과 인내의 구심점이 되게 했다고 하겠습니다.

에스겔서는 천년왕국 성전을 많은 지면을 할애하며 자세히 묘사하였습니다. 특히 성전 문지방에서 발원한 강의 수심이 처음에는 발목 정도만 적셨으나 무릎과 허리에까지 찬 후 나중에는 헤엄칠 만한 깊은 물이 되었다는 말씀(겔47:3~5)에 이어 '이 강물이 이르는 곳마다 번성하는 모든 생물이 살고 또 고기가 심히 많으리니 이 물이 흘러 들어가므로 바닷물이 소성함을 얻겠고 이 강이 이르는 각처에 모든 것이 살 것이며(겔47:9)'라고 말씀하였습니다. 그 축복의 강으로 인해 넘치는 생명과 풍요와 결실이 있게 된다는 것이니 장엄한 구속사의 원대함은 아무리 찬양해도 지나치지 않겠습니다.

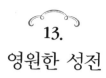

13.
영원한 성전

하나님이 친히 임하셔서 하나님 자체가 성전이 되는 영원한 성전입니다. 창조부터 심판까지의 모든 인류의 역사는 끝이 났고 이젠 하나님을 영원히 섬기는 기쁨을 가지게 될 성전이니 하나님을 믿는 성도라면 여기에 꼭 들어가야 하는 성전입니다. 새 예루살렘 성에 성곽과 열두 문과 길은 있으나 성전 건물은 따로 있을 필요가 없습니다. 하나님 자신이 바로 성전이시기 때문입니다.

사도 요한이 환상 속에서 거룩한 성과 새 예루살렘이 하나님께로부터 하늘에서 내려오는 것을 보았는데(계21:2), 그 거룩한 성 안에서 성전을 보지 못하였으니 이는 주 하나님 곧 전능하신 이와 및 어린 양이 그 성전이시기 때문이라는 말씀이 이를 증거하고 있습니다(계 21:22).

구속의 사명을 완수한 예수 그리스도께서는 그 나라를 성부 하나님께 넘길 것이며(고전15:24) 모든 영역에서 삼위 하나님께서 만유의 주로서 영원 무궁히 통치하실 것입니다(고전15:28). 구원받은 신자들이 함께 누릴 이 모든 기쁨과 영광은 심한 통곡과 눈물로 간구와 소원을 올리며 성부 하나님의 모든 뜻에 죽기까지 순종하신 예수 그리스도의 은혜로 말미암은 것이니(히5:7~9) 우리 주님께 아무리 감사해도 지나치지 않을 것입니다.

제7부

왕 같은
제사장과 교회

1.
왕 같은 제사장

　제사장은 구약시대 제사를 지낼 때 제사의식과 전례를 집도하는 사람입니다. 제주(祭主), 사제(司祭)입니다. 오순절 성령님 강림하신 이후 믿음을 고백하는 신자마다 은혜로 자기 몸 안에 성령님을 모시게 되었고 그 제사장으로 부름을 받았습니다. 내 몸이 성전이 되었으니 그 성전을 관리할 제사장은 내가 되는 건 당연한 일입니다. 다른 이가 내 몸의 성전을 관리할 수는 없기 때문입니다.

　그런데 여기서 의문이 생깁니다. 구약의 제사제도는 끝이 났는데 왜 우리보고 제사장이라고 말씀하실까요. 왜 만인제사장(萬人祭司長)이라고 할까요. 죄는 무슨 나쁜 짓을 말하는 게 아니고 하나님과의 관계가 끊어진 걸 말합니다. 제사는 이 죄로 인해 하나님과의 끊어진 관계를 회복하고 용서를 받아 하나님과의 화목을 도모하는 행위입니다. 즉, 제사장은 하나님과 인간 사이의 중간다리 버팀목 역할을 했던 것입니다.

　예수님께서 십자가에 못 박히신 후 그 제사는 예배로 대체되었습니다. 모든 신자가 성도(聖徒)이며 평등하고 그리스도를 통해 하나님께 직접 예배하고 교통할 수 있게 되었습니다. 내 몸의 죄에 대하여 우리 자신이 중간다리 버팀목과 같게 되어 하나님과의 화목을 직접 도모할 수 있게 되었으니 우릴 제사장이라고 말하는 것입니다.

제사의 3대 요건은 제물과 장소와 제사장입니다. 그러니 우리는 우리 몸을 산 제물로 해서(롬12:1) 어디서든 관계없이 내 자신이 제사장이 되어 제사를 진행합니다. 그게 신약시대 우리를 제사장으로 임명하신 취지입니다. 일상의 생활 속 어디서든지 내 자신의 거룩한 몸 전체를 산 제물로 제사를 드리는 제사장이 되었다는 말입니다. 이제 신약시대엔 예배를 드리되 그 마음과 정신은 옛 제사장과 같이 거룩하라는 말씀입니다.

제사장은 무엇보다 거룩해야 합니다. '내가 거룩하니 너희도 거룩할지어다(레11:45).' 이 말씀은 이스라엘 백성들이 10개월 이상 시내산에 머무르며 수십 번 이상 하나님께로부터 들은 말씀입니다. 거룩함이 없으면 제사 자체를 드리지 못하기 때문입니다. 레위 자손들은 30세 이상부터 하나님의 일을 했으니(민4:3) 그들은 거룩함을 30년간 준비해 왔다는 말과 같습니다. 우리가 새겨들어야 할 말씀입니다.

오늘날 예배를 집례하고 설교하는 목사와 전도사는 교회에서 일하는 사람, 곧 전업으로 교회 업무를 처리하는 사람이므로 교역자

(教役者)이지 제사장이라고 말할 수 없습니다. 주 안에서 모두가 평등하므로 목사도 전도사도 같은 성도(聖徒)로서 가르치는 사역을 맡은 사람일 뿐입니다. 자기의 죄를 예수 그리스도의 이름으로 고백하고 사함받는 데 있어 교역자가 할 일은 없습니다. 교역자는 내 죄 사함을 받는 데 아무 역할이 없다는 말씀입니다.

다만 그분들은 우리의 신앙을 돕고 더 잘 예배할 수 있도록 가르치고 기도해주며 회중예배 시 예배 절차를 집례하는 분들일 뿐입니다. 자기 죄는 자기가 직접 고해야만 합니다. 예배에 참석한다고, 목사에게 부탁한다고 죄가 사해지는 것이 아닙니다. '제가 죄를 지었습니다. 하나님 용서해 주세요(Forgive me, Lord, for I have sinned)'라는 말은 자기 입으로 직접 해야 합니다.

'너희가 회개하고 돌이켜 너희 죄 없이 함을 받으라(행3:19, 2:38).'
'모든 혀가 하나님께 자백하리라 우리 각 사람이 자기 일을 하나님께 직고하리라(롬13:11~12).'

제사장은 매우 영광된 직분입니다. 아론으로부터 시작된 제사장은 당당한 최고 반열의 신분입니다. 구약시대 당시는 제사장그룹과 일반 신도로 엄격히 구분된 사회였고, 누적 제사장 수는 7,500여 명에 이르렀다고도 합니다.

오순절 성령 강림하신 이후 서기 64년경 사도 베드로는 성령에 감동되어 베드로전서를 기록하면서 '왕 같은 제사장' 같은 혁명적 선언을 했습니다. 그로부터 30여년 후 사도 요한은 요한계시록을 기록하면서 이에 맞추기라도 하듯 우리 몸의 제사장 직을 잘 감당하면 천년왕국 때에 제사장이 되어 왕 노릇을 하게 된다고 말씀하게 됩니다.

베드로전서의 말씀부터 살펴봅니다. '너희도 산 돌같이 신령한 집으로 세워지고 예수 그리스도로 말미암아 하나님이 기쁘게 받으실 신령한 제사를 드릴 거룩한 제사장이 될지니라(벧전2:5)', '오직 너희는 택하신 족속이요 왕 같은 제사장들이요 거룩한 나라요 그의 소유된 백성이니 이는 너희를 어두운 데서 불러내어 그의 기이한 빛에 들어가게 하신 자의 아름다운 덕을 선전하게 하려 하심이라(벧전2:9).'

요한계시록의 말씀도 살펴봅니다. '그 아버지 하나님을 위하여 우리를 나라와 제사장으로 삼으신 그에게 영광과 능력이 세세토록 있기를 원하노라(계1:6)', '저희로 우리 하나님 앞에서 나라와 제사장을 삼으셨으니 저희가 땅에서 왕 노릇 하리로다(계5:10)', '이 첫째 부활에 참예하는 자들은 복이 있고 거룩하도다. 둘째 사망이 그들을 다스리는 권세가 없고 도리어 그들이 하나님과 그리스도의 제사장이 되어 천 년 동안 그리스도로 더불어 왕 노릇 하리라(계20:6).' 이렇게 3번이나 우리를 제사장으로 쓰신다고 확인하셨던 것입니다.

왕 같은 제사장이 되었다고 좋다고만 할 게 아닙니다. 왕 같은 제사장이 되었으면 그에 걸맞은 말과 성품을 가다듬고 매일 영적 행보를 걸어야 합니다. 왕 같은 제사장이 되었다면 왕이 어떤 품위와 책임을 지며 제사장은 어떤 자세를 가져야 하는지 자신을 돌아보면 좋을 것 같습니다. '너희 몸을 하나님이 기뻐하시는 거룩한 산제사로 드리라 이는 너희의 드릴 영적 예배니라(롬12:1).'

무엇보다 입을 조심하여야 한다고 성경은 가르칩니다. 사람 관계에서도 말처럼 중요한 게 없다는 게 인생을 오래 살아본 사람들의 경험입니다. 신앙인이라면 말할 것도 없습니다. 신앙인에게 많은 덕목이 있지만 그 중에서도 특히 말을 조심해야 왕 같은 제사장이 될 수 있습니다. 말이 곧 인격입니다. 사나운 짐승을 다룰 수 없듯 사나운 말을 하는 사람은 가까이 할 수 없습니다. 사나움도 온유함도 모두 말에서 묻어나옵니다. 성경 말씀에 말에 실수가 없는 자는 온전한 사람이라고 했습니다(약3:2). 야고보는 혀를 조심하라고 누누이 강조합니다.

'혀는 곧 불이요 불의(不義)의 세계라 혀는 우리 지체 중에서 온몸을 더럽히고 삶의 수레바퀴를 불사르나니 그 사르는 것이 지옥 불에서 나느니라 혀는 능히 길들일 사람이 없나니 쉬지 아니하는 악이요 죽이는 독이 가득한 것이라 이것으로 우리가 주 아버지를 찬송하고 또 이것으로 하나님의 형상대로 지음을 받은 사람을 저주하나니 한 입에서 찬송과 저주가 나오는도다(약3:6, 8~10).'

제사장의 사명이 무엇일까요. 어떻게 해야 충성된 제사장의 직임을 다하는 것일까요. 구약의 제사장들은 여호와께서 특별한 기름을 부어 여호와를 섬기도록 구별된 사람들이었습니다. 거룩하고 죄를 씻으며 제사를 주관해 드리며 율법을 가르치고 제사 준비 중에는 포도주와 독주를 마시면 아니 되었습니다(레8장~10장). 또한 제사장은 거룩해야 하는데, 하나님의 말씀과 기도로 거룩해진다고 했으니(딤전4:5), 성경 말씀을 숙고하고 기도를 많이 하는 게 제사장의 본분이라고 하겠습니다.

제사장이 된 신자는 거룩한 관유(灌油)를 부음받았다는 심정으로 장로 감독 집사의 선택기준을 정한 디모데전서 3장과 디도서 1장 말씀의 자격을 갖추도록 노력하고 구습을 좇는 옛 사람을 벗어버리고 새 사람을 입어야 합니다. 에베소서 4장 17~32절에는 성도의 새로운 삶에 대한 권면사항들이 구체적으로 나와 있습니다.

어느 수녀의 글에서 하나님의 뜻에 순종하지 않는다면 수녀복과 수도생활, 독신생활도 다 그 의미가 희석된다는 글을 본 적이 있습니다. 그녀들은 수도자로서 평생의 청빈(淸貧), 정결(貞潔), 순명(順命)을 서원합니다. 그러나 먹고 사느라 굴욕의 세상사를 보내며 명상과 관념에만 빠질 수 없는 우리들로선 그런 덕목의 이행은 불가능하지만 마음만큼은 가끔 기억해 봐도 좋을 것 같습니다. 왕 같은 제사장, 거룩한 제사장으로서 살아가기란 결코 쉽지 않은 일이라 하겠습니다.

2.
세 부류의 몰락과 성도의 제사장직

오순절 성령 강림 후 믿는 사람마다 성령님을 모시는 제사장이 된 사건은 구속사의 일대 획을 긋는 경천동지(驚天動地)의 사건입니다. 그 당시 수백 년간 종교사업가와 종교권력자로서 행세하였던 대제사장 서기관 바리새인들에게는 한 자리에서 최장 600년을 산다는 자기들과 같은 뽕나무는 다 뽑혀 버리고 그 자리는 푸른 바다가 되어버리는 상전벽해(桑田碧海)의 변화를 실감했을 것입니다. 종교의식으로 화려했던 그들은 잎새만 무성한 무화과가 저주받은 것처럼(마21:19) 자신들은 이제 구원 사역에서 완전히 배제되고 버려지는 쓰라림을 맛보았을 것입니다.

내 몸 성전의 시대가 열렸으니 각자가 자기의 성령님을 위한 제사장을 맡는 것은 너무도 당연한 일이라고 전술하였습니다. 그러나 기존의 성전 시대의 세 부류, 곧 대제사장들과 서기관들과 바리새인들을 다 몰락시키고 성도들을 제사장으로 삼으신 다른 이유도 생각해 볼 수 있습니다. 이는 예수님 오셨을 때 그들 세 부류가 어리석은 백성을 선동하여 '그 피를 우리와 우리 자손에게 돌릴지어다'라고 소리지르는 흉악함의 절정을 보였기 때문입니다(마27:25).

그들은 이미 하나님께 대항하고 예수님을 수없이 핍박하여 하나님을 모독하여 왔던 자들이었습니다. 하나님을 모독하면 영원히 사하심을 얻지 못하며(막3:29), 여호와의 이름을 훼방하면 그를 반드시 죽이라고 하신 말씀(레24:16)을 기억하시면 그들을 버리신 이유는 쉽게 이해할 수 있습니다.

더욱이 그들은 지난 천여 년간 성전 주변에 군림하며 제사를 드리고 양떼를 친다는 명목으로 갖은 횡포와 착취와 거드름을 피우고 이권을 챙기는 등 죄악이 목구멍에까지 찼던 자들이었습니다(사3:14~15, 56:9~12). 구약을 아는 지식을 이용해 2,134개의 율법을 만들어냈고 십계명을 잘 지키게 한다면서 613개의 장로들의 유전을 만들어냈습니다. 그리곤 백성에게 이를 지키라고 강요해 한평생 너무도 힘든 속박의 굴레를 씌웠습니다.

하나님께선 급기야 그들이 위세를 부리는 성전을 폐했으면 좋겠다고까지 말씀하시게 됩니다. '너희 중에 성전 문을 닫을 자가 있었으면 좋겠도다 내가 너희를 기뻐하지 아니하며 너희 손으로 드리는 것을 받지도 아니하리라(말1:10).' 그렇게 말라기 선지자를 통해 말씀하신 후에도 신약시대까지 하나님은 사백 년 이상 회개할 시간을 주셨습니다. 그러나 그들은 끝내 십자가 처형을 고집했고 하나님께선 드디어 그들을 폐하기로 작정하십니다.

'한 달 동안에 내가 그 세 목자를 끊었으니 이는 내 마음에 그들을 싫어하였고 그들의 마음에도 나를 미워하였음이라(슥11:8).'

예수님께서도 친히 그들 세 부류를 거론하셨던 바 있었습니다. '인자가 많은 고난을 받고 장로들과 대제사장들과 서기관들에게 버린바 되어 죽임을 당하고(눅9:22)'라는 말씀이 그것입니다. 당시 장로들은 모두 바리새파 또는 사두개파 사람들이었으니 여기서의 장로들은 곧 바리새라고 새겨도 좋을 것입니다. 예수님은 그들 장로들과 대제사장들의 고소를 당하셨고(마27:12) 그들은 예수님을 목매달으라고 백성을 충동질했습니다(마27:20).

그러니 그들 하나님을 훼방한 세 부류를 고쳐서 다가올 성령시대의 지도자 일꾼으로 준비케 할 수는 없었던 게 또 하나의 이유라는 것입니다.

물론 구약성경 지식으로만 따지면 그들은 모두 박사급의 인물들이었고 양떼를 목양한 경력과 기술과 요령도 넘쳤을 것입니다. 그러나 그들은 악했습니다. 하나님이 맡겨주신 힘없는 양떼를 이용하고 강탈하고 억눌렀으며 목이 곧고 교만하고 돌아설 줄 모르는 자들이었습니다. 도저히 그들을 쓸 수는 없었습니다. 물론 그들 대제사장과 바리새인 서기관들이 돌이켜 회개하고 성령을 받았다는 말도 성경엔 없습니다. 다만, 대제사장이 아닌, 일반 제사장의 많은 무리가 사도들의 가르치는 도에 복종했다는 기록만 있을 뿐입니다(행6:7).

종이냐 자유인이냐

그래서 새 언약 새 약속의 시대를 맞아 성도의 몸에 성전을 지으시고는 폐하신 그들 대신 각 성도들을 그 몸의 제사장으로 개별 임명하셨던 것입니다. 늘 지배의 대상만 되며 종교지도자들이 지운 무거운 짐만 한없이 짊어졌던 지체 낮은 신자들이 도리어 제사장으로 임명되는 엄청난 사건이 벌어졌던 것입니다. 그게 성령시대를 맞은 하나님의 오래된 계획이요 섭리이셨습니다.

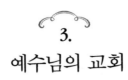

3.
예수님의 교회

교회 곧 에클레시아는 '세상에서 하나님께 불러냄을 입은 사람들의 모임'을 의미합니다. 즉 교회는 신자들이 모인 회중(會衆)입니다. 우리가 예배드리는 곳, 곧 우리가 흔히 교회라고 부르는 곳의 바른 명칭은 '교회당'임은 말할 필요도 없습니다.

교회는 예수님의 말씀으로부터 시작되었습니다. '내가 네게 이르노니 너는 베드로라 내가 이 반석 위에 내 교회를 세우리니 음부(陰府)의 권세가 이기지 못하리라(마16:18).' 여기서의 이 반석은 작은 돌멩이 조약돌을 뜻하는 헬라어 베드로(Petros)를 말하는 것이 아니라 '주는 그리스도시오 살아계신 하나님의 아들이시니이다'라는 베드로의 신앙고백을 말하는 것입니다. 즉 베드로의 그런 신앙고백 위에 교회를 세우시겠다는 겁니다.

그리고 교회는 예수님의 교회입니다. 예수님께서 '내 교회'라고 하셨기 때문입니다. 교회를 개척한 분이나 담임목사나 당회장, 장로회장, 거액의 건축헌금을 한 사람은 물론 신자나 신자들의 모임인 공동의회 어느 누구도 내 교회라 할 수 없습니다. 하나님께 바쳐진 봉헌금으로 지어진 것이므로 명실공히 예수님 것입니다. 법인 앞으로 등기되어 있어도 세상 법률에 따라 명의 신탁한 것일 뿐 예수님 것이며 재산은 물론 신자 한 분 한 분이 모두 다 예수님 것입니다.

그러므로 어느 누구도 대주주(大株主) 행세를 해선 아니 됩니다. 어느 교회 다니느냐고 물으면 아무개동 몇 번지에 있는 '예수님의 교회' 다닌다고 해야 정확한 표현입니다. 이런 인식이 모든 사람에게 깊이 뿌리박혀 있다면 누가 주인 행세하는 일이나 교회 매매하거나 교회 재산을 늘리려고 하거나 세습하거나 교인 쟁탈하거나 소송 일어날 일이 없습니다. 예수님께서 '나의 교회'라고 하심으로써 자신만이 유일한 교회의 설계자요, 건축자요, 소유자요, 주인이심을 강조하셨습니다. 교회는 오순절에 시작되었으며 초기 교회는 대부분 마가의 다락방 같은 큰 가정집에서의 모임으로부터 시작되었습니다.

예수님은 교회의 머리이십니다. 성령님을 자기 몸 안에 모신 각 성도는 그 교회의 팔, 다리, 가슴, 몸통 같은 지체들입니다(엡5:30). 역할과 책임과 은사가 다 다릅니다. 함께 협력하여 온전한 몸을 이루고 자라가야 합니다. '각 남자의 머리는 그리스도요 여자의 머리는 남자요 그리스도의 머리는 하나님이시라(고전11:3)' 말씀처럼 하와는 아담의 갈비뼈를 취하여 만들어졌고 아담에게 돌아가 그의 배필이 되었듯이 교회는 그리스도로 말미암아 만들어졌고 그의 배필이 되었습니다. 즉, 교회는 그리스도의 신부입니다.

신자가 교회에 속할 때 각 신도의 영적 성숙에는 진전이 있게 되지만 그 교회가 제 모습을 갖지 못하고 딴 모습을 자주 보이면 성숙은커녕 퇴보와 실망을 갖게 될 것입니다. 그런 면에서 교회의 지도자는 너무도 막중한 권한과 책임을 지고 있다고 하겠습니다. 잘하면 그리스도의 몸인 교회를 흥왕하게 할 것이요 잘못하면 양 떼를 흩어지게 하기 때문입니다. 오늘의 교회가 사회로부터도 돌팔매질을 당하고 있는 현실은 교회의 주인이신 예수님의 영광을 가리는 참으로 망극한 일이라 하겠습니다.

4.
그리스도의 신부인 교회

교회는 그리스도의 신부입니다. '어린 양의 혼인 기약이 이르렀고 그 아내가 예비하였으니'라는 말씀(계19:7)과 '내가 하나님의 열심으로 너희를 위하여 열심 내노니 내가 너희를 정결한 처녀로 한 남편인 그리스도께 드리려고 중매함이로다(고후11:2)'라는 말씀이 이를 증거합니다. 신부는 남편을 위하여 아름답게 단장합니다(계21:2). 모든 사람은 흰 드레스를 입은 신부를 귀히 여기고 선하게 대하여야 합니다. 자기의 신부는 말할 것도 없고 이웃집 신랑의 신부라도 마찬가지니 신부는 소중하기 때문입니다.

그래서 바울은 남편들에게 아내 사랑하기를 그리스도께서 교회를 사랑하시고 위하여 자신을 주심같이 하라(엡5:25) 하셨습니다. 이 말은 그리스도께서 자기의 교회, 자기의 신부를 사랑하듯 너희도 너의 아내 곧 젊어서 취한 신부를 사랑하라는 것입니다(잠5:18). 어쩌면 공생애 초기 가나안의 혼인 잔칫집에 예수님이 초대받아 가신 것은 마지막 날 신부를 취하시고 어린 양의 혼인잔치를 하실 것임을 일찍이 예표한 것일지도 모릅니다.

그런데 우린 그리스도의 신부에게 별로 좋은 옷을 입히지 못했습니다. 교회는 곧 그리스도의 신부이신데 그 교회에 함부로 했다는 말입니다. '그에게 허락하사 빛나고 깨끗한 세마포를 입게 하셨은즉 이 세마포는 성도들의 옳은 행실이로다(계19:8)' 하셨습니다. 세마포가 성도의 옳은 행실이라고 했습니다. 이는 성도들이 신부인 교회에서 옳은 행실을 해야 신부가 비로소 빛나고 깨끗한 세마포를 입게 된다는 뜻입니다.

그런데 과연 우리는 신부인 교회 위에 옳은 행실로 세마포를 입히는 행위를 하였을까요. 평소의 일터와 사람과의 만남과 가정에서 선한 마음으로 하나님을 경외하며 옳은 행실을 하였을까요. 회중이 된 교회에선 거칠고 무례하고 함부로 하진 않았을까요. 깨끗한 신부의 이름과 명예를 더럽히진 않았을까요. 사랑하고 중보기도를 해주기는커녕 인간으로서의 기본 예의와 상식도 벗어난 행동을 하진 않았을까요. 그래서 다른 분을 힘들게 하고 상처받게 하여 교회에 원망의 돌을 던지게 하진 않았을까요. 옳지 않은 행위로 교회에 누가 되는 행동을 하진 않았을까요.

또 우리의 모든 삶 전체가 절제되지 못하고 마음 내키는 대로 육에 따라 말하고 행동하진 않았을까요. 빛의 열매는 모든 착함과 의로움과 진실함에 있다고 했는데 착하고 의롭고 진실하게 교회와 이웃을 대했을까요. 그렇지 않았다면 신부는 세마포는커녕 흙탕물만 뒤집어썼을 것입니다. 오늘의 교회의 비난은 여기서 시작되지 않았을까요. 심중히 자문해 볼 일입니다.

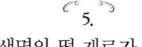

5.
생명의 떡 재료가 되어

　어떤 이가 떡집을 운영하고 있었습니다. 그는 떡 만드는 일이라면 무엇이든 자신이 있을 정도로 좋은 솜씨를 가지고 있었는데 특히 버무리떡은 그의 주특기였습니다. 그날도 떡을 빚기 위하여 얼마 전 업자들로부터 받아뒀던 여러 재료가 담긴 봉지를 뜯었습니다. 찹쌀가루와 멥쌀가루, 소금과 설탕, 단호박과 대추, 건포도와 쑥, 밤과 잣, 완두와 팥, 수수와 콩가루 등을 열어보았는데 이게 웬일입니까. 썩은 것도 있고 조그만 벌레도 있고 이런저런 불순물과 잡티가 섞여 있어 도저히 그것들을 가지고는 떡을 빚을 수가 없었습니다. 버무리떡 만드는 데는 이골이 난 그 사람이었지만 자신의 재주로도 어찌해 볼 도리가 없어 다 버리고 말았습니다.

　우리는 예수님을 머리로 하는 교회를 이루는 사람들입니다. 우리 각자는 자기 몸의 제사장이지만 모여서 회중을 이루면 예수님이 대제사장이 되는 교회의 요소(要素)와 재료(材料)가 됩니다. 즉, 한 분 한 분이 교회의 요소이자 재료로 지체가 되어 머리이신 예수님과 함께 한 몸을 이루는 사람들입니다. 그러니 좋은 회중의 좋은 교회가 되려면 그 요소와 재료들인 우리가 튼실하고 양질이어야만 합니다. 떡 만드는 원리와 비슷합니다. 떡 만드는 분이 아무리 기술이 좋아도 나쁜 재료를 갖고는 좋은 떡을 빚을 수 없는 것과 마찬가지로 불선(不善)한 신자들이 있다면 교회는 유익한 생명의 떡을 빚을 수 없습니다.

성경에는 떡 이야기가 많이 나옵니다. 초대교회 신자들은 모여서 함께 떡을 떼었습니다(행2:42, 46). 하나님의 떡(요6:33)이 있고 다윗이 받은 거룩한 떡(삼상21:6)이 있으며 환난의 떡(사30:20)과 고난의 떡(신16:3), 더러운 떡(말1:7)과 불의의 떡(잠4:17)도 있습니다. 예수님은 내가 곧 생명의 떡이라고 하셨습니다(요6:48).

교회는 생명의 떡인 예수님이 머리가 되시어 우리도 먹고 세상 사람들에게 맛보게 할 떡을 빚어내는 곳입니다. 그 떡으로 생명을 나누고 하늘의 만나처럼 은혜를 함께 하고 가난한 이웃을 도와 사랑을 실천하며 떡을 먹으면서 생명이신 예수님을 기념하는 기회도 가질 수 있습니다(고전11:26). 그러나 재료와 요소가 불순하거나 썩고 상한 것이면 어떤 떡도 빚어내질 못합니다.

신자 한 분 한 분은 교회를 이루는 요소들이니 정결하고 순전하여 떡 만드는 데 쓰임받기에 부족함이 없어야만 합니다. 그래야 잘 버무리해서 하나의 떡 덩이를 만들어낼 수 있습니다. 떡을 만들려면 좋은 재료들이 다 으깨어져 고운 가루가 되어야 하듯이 내 자신부터 떡 만드는 데 누가 되지 않도록 자신을 잘 관리하고 또 낮아지고 으깨어져서 떡장이인 예수님께서 뭘 빚어도 빚으실 수가 있도록 해드려야 합니다. 그렇지 않으면 생명의 떡은 만들 수가 없기 때문입니다. 떡을 잘 빚어내면 떡 반죽 그릇도 함께 복을 받을 것입니다(신28:5).

> '나는 하늘로서 내려온 산 떡이니 사람이 이 떡을 먹으면 영생하리라(요6:51).'

떡의 재료로 으깨어진다는 건 고통스런 일입니다. 구약의 제사는 비명과 연기, 화염 속에서 그야말로 동물의 피를 온통 뒤집어쓰는 끔찍한 제례였습니다. 희생제물을 번제단 뿔에 붙들어 매면 그 다음엔 자기가 동물 머리 위에 안수하여 자기 죄를 전가한 후 자기가 직접 도끼나 칼로 제물의 미간이나 동맥이나 심장을 수십 번 찔러 죽이고 피를 튀기며 가죽을 벗긴 다음 모든 마디를 절단한 후 각(脚)을 뜨고 기름을 베어내고 내장을 긁어내 물로 씻어야 했습니다(레1:3~13). 제사장은 피를 뿌리고 불사를 뿐입니다. 그런 처절한 자신의 속죄의식을 거쳐야 비로소 정결하고 순전한 재료가 됩니다. 가슴 찢는 회개가 필요하다는 것이지요.

제8부

종이냐 자유인이냐

1.
자유와 자유인

자유(自由)는 누구나 한평생 갖고 싶어 하는 제일의 가치입니다. 차마 가격을 매길 수 없을 정도로 소중합니다. 자유는 무엇에 얽매이지 않고 자기 마음대로 행동하거나 그러한 상태를 말합니다. 자유는 누구의 지배를 받거나 종이 되거나 구속되지 않고 자신의 뜻과 마음먹은 대로 결정하는 거라고 다시 정리할 수 있겠습니다. 자유를 잃어버린 삶이 얼마나 불행한지는 주위를 둘러보면 금방 알 수 있으니 감옥에 갇히거나 중환자 병상에 누워 보면 자유의 소중함을 절실하게 느끼게 되고 먹을 것 하나 없이 쫄쫄 굶다 보면 경제적 자유가 얼마나 소중한가를 느끼게 됩니다.

근세 서양의 역사는 자유를 얻기 위한 투쟁사였다고 해도 과언이 아닙니다. 자유를 찾기 위한 시민 귀족의 움직임으로 제일 먼저 거론되는 영국의 대헌장(Magna Carta)을 비롯한 권리청원, 권리장전, 프랑스 인권선언과 대혁명, 미국의 독립선언이나 노예제를 둘러싼 남북전쟁 등은 모두 자유를 부르짖는 갈망의 역사였다는 건 중학 시절부터 배워온 것들입니다.

돈 때문에 자유를 잃어버렸다는 이야기를 우연히 읽어본 적이 있습니다. 어떤 부자가 일 안 하고 편하게 월세만 받아 살려고 수십억 건물 여러 채를 사서 세를 놓았는데 월세를 안 낸다든가 건물에 하자가 발생한다든가 건물관리인이 속을 썩인다든가 건물과 관련된 여러 가지 행정업무가 발생한다든가 옆 건물과의 분쟁이 발생한다든가 해서 그 뒷수습을 하느라 매일 바쁘게 뛰어다니고 속을 끓여 하루도 편하게 잠을 잘 날이 없었다는 것이었습니다. 재산은 많을 지언정 그보다 더 중한 마음의 자유는 잃어버리고 사는 셈이었으니 그는 건물의 종으로 살고 있다고 하겠습니다.

성경엔 탕자의 비유가 나옵니다. 어떤 아들이 있었는데 그 아비에게 자기의 재산 몫을 먼저 달라고 해 먼 나라에 가서 다 낭비하더니 돼지나 먹는 쥐엄 열매로 배를 채우다가 결국은 뉘우치며 아비에게로 돌아온다는 이야기입니다(눅15:11~32). 아버지 밑에서 순종하며 일하였으면 자유롭게 살 수 있었던 것을 자유가 방종인 줄 알고 허랑방탕하게 살다가 결국 자유를 잃어버리고 나서야 자유가 무엇인지를 알게 되었다는 말이 되겠습니다.

사사 삼손은 하나님의 복을 받았음에도 자기 자유라며 이방 여인을 좇다가 자유를 잃어버려 눈까지 멀고 놋줄로 꽁꽁 매이는 신세가 되었으며(삿16:21), 느긋해진 다윗은 밧세바라는 여인을 취하는 자기 마음대로의 행동을 하다가 이리저리 쫓겨 다니는 신세가 되기도 했으며(삼하15:23), 솔로몬은 자기의 소욕에 따라 너무도 자유로이 행하며 숱한 이방인 첩들에게 빠진 나머지 이방 신을 좇는 큰 죄를 범하기도 했습니다(왕상11:3~8).

사도 바울은 혈통적으로는 베냐민 지파의 순수 히브리인이며 최고의 명문 가말리엘 문하에서 수학했고 로마 시민권을 가졌으며 유대 공회의 공회원으로 추정될 만큼(행26:10) 힘 있는 자였으니 마음껏 자유로운 자였습니다. 그러나 그는 그 모든 걸 버리고 예수님의 종으로 목숨의 위협을 수없이 받아가며 고난의 길을 걸었습니다. 그런 그는 스스로를 '내가 자유인이 아니냐'라고 고백합니다(고전9:1).

'내가 모든 사람에게 자유하였으나 스스로 모든 사람에게 종이 된 것은 더 많은 사람을 얻고자 함이라(고전9:19).'

자유는 긍정적이고 좋은 결과를 가져올 때는 자유이지만 지나치면 방종(放縱)이 됩니다. 방종은 그 따르는 것에 종이 되고 마는 것이니 자유와 종은 서로 대척점에 있다고 하겠습니다. 자유를 남발하고 함부로 하면 그 무엇의 종이 되어 얽매이게 되고, 종으로 있으나 오히려 종 된 것을 즐거워한다면 자유를 얻었다고 하겠습니다.

성경에 '빚진 자는 채주의 종이 되느니라(잠22:7)'라는 말씀이 있습니다. 빚을 준 사람은 주인님이고 빚을 진 자는 그의 종이요 노예라는 뜻입니다. 빚과 관련하여 요즘 젊은이들이 즐겨 쓰는 말에 '욜로(You Only Live Once)'가 있습니다. 한번뿐인 인생이니 맘껏 즐겨라 그

것이지요. 박수도 받지만 '욜로 외치다 골로 간다'는 말도 듣습니다. 벌이가 없는데 빚지고 즐겨봐야 결국 망한다는 뜻이죠. 빚이든 뭐든 나를 지배하는 것에 묶이면 그것의 종이 됩니다. 벗어나기 힘든 것이지요.

자유인(自由人)이 있습니다. 자유를 느끼는 사람, 자유를 가진 사람이지요. 자유란 외부의 구속이나 무엇에 얽매이지 아니하고 자기 마음대로 할 수 있는 상태를 말합니다. 누구나 자유인이 되기를 소망합니다. 그러니 인생을 살아가면서 '종이냐 자유인이냐', '종으로 살아가느냐 자유인으로 살아가느냐'는 매우 중요한 문제입니다. 너무 당연한 걸 갖고 괜히 무겁게 말을 꺼낸다고 하실런지도 모르겠습니다. 그러나 모든 인간들에게 이건 너무도 중요하고 막중하며 목숨을 걸어야 하는 일입니다.

자유인으로 살고 싶지 않은 사람은 아무도 없을 것입니다. 그러면 어떤 사람이 자유인이고 어떤 사람이 종이냐 하는 물음이 돌아올 것입니다. 누가 자유인이고 누가 종입니까. 억만장자가 되고 출세하고 남들이 다 부러워하고 노벨상까지 타는 명예를 얻으면 자유인이 될까요. 그런 거 얻기도 어렵지만 설사 얻어 봐도 진정한 자유인이 안 된다는 것쯤은 누구나 알고 있습니다. 물론 좋기는 하겠지요. 그러나 자유는 그런 게 아님을 건전한 보통의 상식인이면 누구나 다 알 수 있는 일입니다.

세상살이에만 몰입한다면 자유를 찾긴 어렵습니다. 성경에도 '내 마음이 들끓어 고요함이 없구나(욥30:27)'라는 탄식의 말씀이 있습니다. 성공은 자유를 보장해주지 않습니다. 성공으로 자유를 얻는다면 성경의 그 많은 말씀들 중에 어찌 '성공'이란 단어는 딱 두 번밖에 안 나왔겠습니까(전10:10, 욥5:12). 성공이란 낱말은 성경이 취하는 목표로 제시되지 않습니다. 인간승리도 진정한 자유를 보장해주지 않습니다.

성경은 하나님을 믿지 않으면 영원히 자유를 얻지 못한 채 죄의 종이 되어 살 수밖에 없다고 말씀합니다. 믿음으로 자유를 얻는 데 방해하는 자들은 바로 자기의 자유를 핑계로 온갖 헛된 교훈과 논리를 늘어놓으며 참 자유를 얻고자 하는 이의 길을 훼방하는 사람들입니다. 많은 분들이 여기에 흔들리고 특히 지식과 지성과 합리성을 찾는 분들이 더 솔깃하는 것을 보게 됩니다. 진정한 진리의 길이 아니면 참 자유는 찾을 수 없습니다.

'때가 이르리니 사람이 바른 교훈을 받지 아니하며 귀가 가려워서 자기의 사욕을 따를 스승을 많이 두고 또 그 귀를 진리에서 돌이켜 허탄한 이야기를 따르리라(딤후4:3~4).'

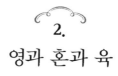

2.
영과 혼과 육

우리가 자유를 찾아가자면 먼저 우리 몸이 어떻게 구성되어 있는지부터 살펴야 합니다. 사람은 영과 혼과 육으로 이뤄져 있습니다(히4:12). 하나님께선 처음 흙으로 사람을 빚으시고 하나님의 숨결인 영을 불어 넣으셨습니다. '여호와 하나님이 흙으로 사람을 지으시고 생기를 그 코에 불어 넣으시니 사람이 생령(生靈)이 된지라(창2:7).' 여기서의 생기가 바로 인간에 불어 넣어주신 하나님의 신, 곧 하나님의 영을 말합니다.

인간이 죽으면 육신의 흙이 땅으로 돌아가듯이 그 신은 그 주신 하나님께로 돌아갑니다(전12:7). 하나님은 자신의 영을 우리에게 주셨으니 영(靈)은 이처럼 원래 하나님 것이므로 하나님을 의식하게 됩니다. 또 혼(魂)은 지정의(知情意)로서 자기를 의식하며, 그리고 육(肉)은 오감(五感)을 갖고 육신의 정욕, 안목의 정욕, 이생의 자랑(요일2:16)을 따라 땅에 있는 것, 곧 세상을 의식합니다(골3:5). 즉, 영은 하나님을 의식하고 혼은 자기를 의식하며 육은 세상을 의식합니다. 그래서 성경은 육을 세상과 동일시하는 표현을 쓰기도 합니다. 살리는 것은 영이니 육은 무익하니라 하는 말씀도(요6:63) 이런 영과 육의 구분되었음을 가르쳐줍니다.

이런 것을 보면 영과 혼과 육이 우리 몸 안에 함께 어울려 존재하되 각 구분되어 있음을 알 수 있습니다. 믿지 않는 분한테도 영은 내재해 있으나 영안(靈眼)이 열리지 않으면 하나님을 모릅니다. 혼과 육은 영의 지배하에 있고 영의 영향을 크게 받습니다. 마귀는 끊임 없이 육을 충동하여 하나님이 주신 영을 더럽힘으로써 하나님과의 관계를 끊어 놓으려 합니다. 그 결과 혼과 육이 더러운 곳에 거하면 영은 말할 수 없는 탄식을 하게 됩니다(롬8:26).

성경은 '육신을 좇는 자는 육신의 일을 생각하고 영을 좇는 자는 영의 일을 생각하나니 육신의 생각은 사망이요 영의 생각은 생명과 평안'이라고 말씀해 주셨습니다(롬8:5). 우리의 몸을 구성하고 있는 영과 혼과 육이 다 건실할 때 영적 건강도 누릴 수 있습니다.

> **'너희 온 영과 혼과 몸이 우리 주 예수 그리스도 강림하실 때에 흠 없게 보전되기를 원하노라**(살전5:23).'

반면 동물은 영이 없고 육과 혼으로만 이뤄져 있기 때문에 동물은 죽으면 다 끝납니다. '인생의 혼은 위로 올라가고 짐승의 혼은 아래 곧 땅으로 내려가는 줄을 누가 알랴(전3:21)' 하셨습니다. 그러나 인간은 영을 가졌습니다. 사람이 동물을 다스리고 지배하는 건 힘이 세어서가 아니라 영을 가졌기 때문입니다(창1:28).

인간의 영은 하나님의 숨결입니다. 하나님의 영은 거룩하신 성령(聖靈)이요 우린 그 영(靈)을 나눠 가졌습니다. 영은 영끼리 통할 수 있으니 영을 가진 인간은 거룩하신 영인 하나님과 통할 수 있습니다. 그게 대화요, 기도요, 기도 응답입니다. 신령한 일은 신령한 것으로 분별한다고 하신 말씀이 바로 이를 뜻하는 것입니다(고전2:13). 이는 마치 개가 개끼리만 소통하고 새가 새끼리만 의사소통하는 것과 같습니다.

사람은 누구나 영을 가졌는데도 하나님과 대화할 수 없다면 아직 영안(靈眼)이 열리지 않았기 때문입니다. 영안이 열리지 않았다면 슬픈 일입니다. 눈이 있으나 맹인(盲人)이 되어 보지 못하기 때문입니다. 영안이 열리지 않는 분들은 말하기를 '네 하나님이 어디 있느뇨'합니다(시42:3). 영안에는 전혀 관심도 없이 친구 따라간다고 시류에 따라 넓은 세파에 휩쓸려 사는 건 안타까운 일입니다. 그래서 성경은 남들이 가는 곳으로 가지 말고 좁은 문으로 들어가라고 했습니다.

'좁은 문으로 들어가라 멸망으로 인도하는 문은 크고 그 길이 넓어 그리로 들어가는 자가 많고 생명으로 인도하는 문은 좁고 길이 협착하여 찾는 이가 적음이니라(마7:13~14)' 하셨던 것입니다. 이건 영적인 말씀으로서 너희 영안을 열어 하늘나라 생명으로 이어지는 좁은 문으로 들어가라는 것임은 말할 것도 없습니다.

사람은 이와 같이 영과 혼과 육을 가졌으므로 사람이 진정한 자유를 얻으려면 영적으로도 자유롭고 혼적으로도 자유롭고 육적으로도 자유로워져야 합니다. 혼과 육이 가지는 시간은 길어야 백 년 안팎이지만 영이 갖는 시간은 영원입니다. 문제는 혼과 육은 영에 영향을 주고, 영은 혼과 육에 영향을 주어 때론 선한 열매를, 때론 악한 열매를 맺게 한다는 점입니다.

영의 세계는 이처럼 극명합니다. 그래서 다 같은 사람이래도 영이 어디에 속해 있느냐에 따라 친근감과 거리감이 왠지 자기도 모르게 느껴지곤 합니다. 살다보면 별 원수진 것도 없고 잘못한 것도 없는데 거리감을 느끼게 되는 사람도 있고 별로 만나본 적도 없고 특별히 좋은 인연도 없는데 괜히 친근감을 느끼는 경우도 있습니다. 그런 경험 있으셨을 겁니다. 이는 모두 사람마다 있는 영이 그 속해 있는 세계가 다르기 때문입니다. 그러니 우리가 사는 건 결국 내가 사는 것이 아니요 내 안의 영이 사는 것이라 하겠습니다(갈2:20, 롬 8:9).

사람은 육체에 따라 남자와 여자로 나눌 수 있지만 영에 따라 구분하면 하늘의 영에 속한 사람이냐 사람의 영에 속한 사람이냐로 나눌 수 있습니다. 다시 말하면 하늘에 속한 사람이냐 세상에 속한 사람이냐로 나눌 수 있다는 말입니다. 이는 영과 혼과 육으로 이뤄진 사람의 가장 근원적이고 시원적(始原的)인 문제이기 때문에 생명과 자유를 찾기 위한 고뇌의 장을 펼치는 것이라 보면 됩니다. 중국의 유명한 설교자 워치만 니라는 분은 이와 관련하여 『영에 속한 사람』 이라는 저명한 책을 지으며 영과 혼과 육이 어떻게 이뤄지고 활동하고 영향을 끼치는지 설명해준 바 있습니다.

3.
종이냐 자유인이냐

현대인은 모두 진정한 자유인으로 살기를 갈구하고 있습니다. 지치고 힘들기에 더욱 그럴 것입니다. 종으로 살 것이냐 자유인으로 살 것이냐 즉, 종이냐 자유인이냐 하는 명제는 예수님이 하신 말씀에서 찾아볼 수 있습니다.

'진리(眞理)를 알지니 진리가 너희를 자유롭게 하리라 그들이 대답하되 우리가 아브라함의 자손이라 남의 종이 된 적이 없거늘 어찌하여 우리가 자유롭게 되리라 하느냐 예수께서 대답하시되 진실로 진실로 너희에게 이르노니 죄를 범하는 자마다 죄의 종이라 종은 영원히 집에 거하지 못하되 아들은 영원히 거하나니 그러므로 아들이 너희를 자유롭게 하면 너희가 참으로 자유로우리라(요8:32~36).'

성경은 주님을 찾아 자유를 누리라고 말씀합니다. 주님이 아니 계신 곳, 곧 육체가 추구하는 곳에 가서 종의 멍에를 메지 말라는 것입니다. 참 자유는 주님과 함께 있을 때만 가능합니다. 우리가 하나님을 몰랐을 때는 하나님이 아닌 자들에게 종노릇을 했습니다(갈

4:8). 그러나 성경은 그런 종노릇하지 말고 자유를 찾으라고 권면합니다. '주는 영이시니 주의 영이 계신 곳에는 자유가 있느니라(고후 3:17).' 또 거듭해 말씀합니다. '그리스도께서 우리를 자유롭게 하려고 자유를 주셨으니 그러므로 굳건하게 서서 다시는 종의 멍에를 메지 말라(갈5:1).' 그러면서 육신대로 살면 반드시 죽을 것이로되 영으로써 몸의 행실을 죽이면 살 거라고 말씀하셨습니다(롬8:13).

자유와 종은 사랑 밖에서는 서로 정반대의 말이지만 사랑의 하나님 안에서는 그렇지 않습니다. 사랑하기 때문에 그의 종이 됩니다. 하나님을 사랑하면 기꺼이 그분의 종이 됩니다. 그러나 세상을 사랑하여 세상의 자유를 찾으면 진짜 자유는 잃어버리게 됩니다. 세상의 많은 것은 죄로 가득 찼기 때문입니다. '때에 온 땅이 하나님 앞에 패괴하여 강포가 땅에 충만한지라(창6:11)' 하셨습니다. 그러시면서 세상에 가득 찬 죄로 하여금 우리의 왕 노릇 하게 하지 말라고 가르치십니다(롬6:12). 세상 속에 나아가 마음껏 자유한다며 자유롭게 세상을 좇아 살다보면 결국 그게 자유를 누리는 게 아니었고 죄의 종으로 살고 있음을 깨닫게 된다는 것입니다.

진정한 자유를 누리시려면 스스로 하나님의 종이 되어야 합니다. 사즉생(死卽生), 생즉사(生卽死)입니다. 죽고자 하면 살고 살고자 하면 죽습니다. 예수님도 이와 비슷한 말씀을 하신 바 있습니다. '누구든지 제 목숨을 구원코자 하면 잃을 것이요 누구든지 나를 위하여 제 목숨을 잃으면 구원하리라(눅9:24).'

그래서 성경은 강조합니다. '너희 자신을 종으로 드려 누구에게 순종하든지 그 순종함을 받는 자의 종이 되는 줄을 너희가 알지 못하느냐' 하시면서 죄의 종은 사망에 이르고 하나님에게의 순종의 종은 의에 이른다고 하셨습니다(롬6:16). 또 이어서 거듭 강조합니다. '너희가 본래 죄의 종이더니 너희에게 전하여 준바 교훈의 본을 마음으로 순종하여 죄에게서 해방되어 의에게 종이 되었느니라 그러나 이제는 너희가 죄에게서 해방되고 하나님께 종이 되어 거룩함에 이르는 열매를 얻었으니 이 마지막은 영생이라(롬6:17~18, 22).'

예수님은 자기를 비워 스스로 종의 형체를 가져 사람들과 같이 되셨습니다(빌2:7). 사도 바울도 스스로를 예수 그리스도의 종이라고 자주 언급했습니다(롬1:1, 빌1:1). 모세도 하나님의 종이었습니다. 스스로 하늘의 종이 되는 건 영원한 자유인이 되는 길입니다.

가족을 매우 사랑하는 어떤 가장이 있습니다. 그는 가족을 너무도 사랑하기에 자기에게 주어진 자유를 버리고 기꺼이 가족들의 종이 되려 합니다. 그래서 종처럼 죽어라 일을 합니다. 그러나 가족을 팽개치고 자기 자유를 찾는다고 세상으로 나가면 세상에 매여 풀릴 줄을 모릅니다. 그러면 소중한 가족도 잃어버리고 결국 자기 자신도 세상에 얽매여 세상의 종이 되고 맙니다. 세상은 육입니다. 육신의 생각은 하나님과 원수가 되므로(롬8:7) 육신의 생각을 따라 육신의 종이 되면 하나님의 원수가 되어 자유를 잃어버리고 결국 사망을 맞게 됩니다. '육신의 생각은 사망이요 영의 생각은 생명과 평안

이니라(롬8:6).'

하나님을 알아야 진정한 자유가 찾아옵니다. 하나님께서는 태초
부터 홀로 계셨습니다. '나와 함께 한 자 없이 홀로 하늘을 폈으며
(사44:24), '홀로 하나이신 하나님께(딤전1:17)'라는 말씀이 이를 증거합니
다. 어떤 분은 무리를 떠나 자기 홀로 있을 때가 가장 마음이 편하
다고 합니다. 그건 혼자이신 하나님을 닮은 본성이 모든 인간에게
있기 때문입니다(창1:26, 롬1:19~20). 주께서만이 홀로 인생의 마음을 다
아신다고 하셨습니다(왕상8:39).

하나님은 자유로우십니다. 사실 우리들의 범죄나 선행이 하나님
께 무슨 해로움이나 이득이 되겠습니까. '네가 범죄한들 하나님께
무슨 영향이 있겠으며 네 죄악이 관영한들 하나님께 무슨 관계가
있겠느냐 네가 의로운들 하나님께 무엇을 드리겠으며(욥35:6~7)' 하였
습니다. 그럼에도 하나님은 우리를 사랑하시기에 자유를 나눠주시
고자 생명으로 이어지는 자유의 길을 열어주셨습니다. 그게 예수
그리스도를 통한 길입니다. 그래서 예수님이 길이요 진리요 생명이
신 것입니다.

신앙이 훌륭한 많은 성도님들은 이미 이를 깨닫고 스스로 하늘
의 종이 되어 영적 자유인으로서 자유를 만끽하며 살아가고 있습니
다. 마음이 즐거운 자는 항상 잔치하느니라(잠15:15)고 했는데 스스로
즐거우니 더 바랄 게 없습니다. 자기에게 속한 자기 멋대로의 자유,

곧 육신의 자유는 버리고 하나님에게 속하여 기꺼이 하나님의 종이 된 분들입니다. 그 결과 영적으로 자유로우니 비록 세상적으로 경제적 여유가 없고 지체가 낮고 불편하더라도 남들은 느끼지 못하는 참 자유의 기쁨을 누리고 살고 있습니다. 또 그 자유는 이 세상에서만 누리는 게 아닙니다. 이 세상 말고 오는 세상도 있다고 예수님이 직접 말씀하셨으니(마12:32), 오는 세상에서도 그 자유를 누릴 것입니다.

그래서 성경은 우리에게 세상의 종이 되지 말고 그리스도의 종이 되어 자유를 얻으라고 말씀합니다. 주 안에서 부르심을 받은 자는 종이라도 주께 속한 자유자요 또 이와 같이 자유자로 있을 때에 부르심을 받은 자는 그리스도의 종이니라 하셨습니다(고전7:22). 그래서 바울은 스스로 종이 되었습니다. 그는 '내가 모든 사람에게 자유하였으나 스스로 모든 사람에게 종이 된 것은 더 많은 사람을 얻고자 함이라(고전9:19)' 고백합니다.

성경은 이 시간에도 우리에게 요구하십니다. 자유하나 그 자유로 악을 가리는 데 쓰지 말고 오직 하나님의 종과 같이 하라고 말입니다(벧전2:16). 하나님께 속해 있으면 종이든 자유인이든 모두가 자유로우니 이는 하늘만이 줄 수 있는 비결입니다. '너희가 자유를 위하여 부르심을 입었으나 그러나 그 자유로 육체의 기회를 삼지 말고 오직 사랑으로 서로 종노릇하라(갈5:13).'

데마는 골로새서 4장 14절 및 빌레몬서 1장 24절에서 보듯 바울과 함께 동역하며 문안 인사까지 하던 자였지만 이 세상을 사랑하여 바울을 떠나갔으니(딤후4:10) 스스로 세상의 종이 된 셈입니다.

세상을 살아가는 분들은 모두 자유인이 되길 원합니다. 그러자면 선택지로서 '종이냐 자유인이냐'를 당면하게 됩니다. 그게 이 땅의 인생들에게 주어진 숙명입니다. 이를 의식하든 안 하든 상관없이 누구도 피해갈 수 없는 일이며 죽음의 침상에 누웠을 때 비로소 스스로의 한평생을 뒤돌아보게 되는 생의 지표(指標)였음을 알게 됩니다.

세상을 열심히 사는 것보다 중요한 건 방향을 잘 잡는 일입니다. 서울에서 부산 가는 걸 목표로 삼고 열심히 달려갔는데 신의주 쪽으로 가고 있었다면 그간에 열심히 달려간 건 모두 헛된 일이 되고 맙니다. 열심을 말하기 전에 옳은 방향을 먼저 이야기할 수 있어야 합니다. 세상에서 제일 불쌍한 사람은 헛수고 하는 사람입니다. 죽은 씨앗에 열심히 물을 주고 가꾸는 사람입니다. '종이냐 자유인이냐', 그 선택지가 우리 앞에 놓여 있습니다.

4.
희년(禧年)

　자유나 종을 논할 때 희년(禧年)을 이야기하지 않을 수 없습니다. 희년은 성경에 나오는 말로서 자유의 최고봉 또는 이상향(理想鄕)이라고 할 수 있습니다. 희년은 거국적, 거족적으로 자유와 해방을 선언하는 해입니다. 희년은 일곱째 해마다 맞는 안식년을 일곱 번 지낸 후의 다음 해, 곧 50년째 되는 해를 말합니다.

　희년을 맞게 되면 모든 종들을 자유롭게 풀어주고 토지를 돌려주며 빚을 탕감해주어 각각 원래의 자기 기업으로, 원래의 자기 가족에게로 돌아가게 해주어야 합니다(레25:8~13). 말로만의 자유가 아니라 신체적, 경제적 해방을 말하는 것이니 진정한 자유와 해방을 선언하는 것으로 봐야 하겠습니다.

　그런데 이런 희년 비슷한 제도가 또 있었습니다. 즉, 희년에 앞서 매 칠 년 끝마다 한번씩 이스라엘 동족인 형제와 이웃에게 준 빚은 면제해주라는 것이었고(신15:1~5), 동족인 히브리 남종과 여종도 제 칠 년에는 자유인으로 풀어주라는 것이었습니다(신15:12~18). 물론 이런 사항들은 이방인에게는 해당이 안 되었지만 이 매 칠 년 끝의 동족에 대한 빚 면제와 동족인 종들에 대한 방면 시행은 희년의 시범 실시 정도 된다고도 생각할 수 있겠습니다. 그만큼 여호와께선 없는 자들의 짓눌림과 얽매임을 풀어주고 싶어 하셨습니다.

희년은 '여호와의 은혜의 해'로도 불렸습니다(사61:2). 그러나 성경에 이스라엘 백성들이 희년을 지켰다는 기록이 없어 희년은 실제론 지켜지지 않은 것으로 보입니다. 다만 그 희년의 정신, 곧 구속에서의 자유와 해방 정신은 예수님께서 오심으로 성취되었다고 하겠습니다. 즉, 갈릴리에서 첫 사역차 회당에 들어가서서 가난하고 눌린 자들을 자유하게 한다는 이사야의 예언을 펴시면서 '이 글이 오늘날 너희 귀에 응하였다'라고 비유적으로 말씀하신 것이 이를 증거합니다(눅4:17~21).

하나님의 율법을 내세워 백성들의 자유를 억압하고 옭아맸던 대제사장과 서기관들과 바리새인들을 예수님이 크게 질책하셨던 것도 하나님의 원대한 자유를 뜻하는 희년의 정신을 그들이 말살해 온 것을 탓하셨던 것이라 볼 수 있습니다(마23장).

희년의 정신은 에스겔 환상을 통해 장차 도래할 천년왕국 성전에까지 이어지고 있으니(겔46:17), 하나님이 자기 백성들을 향한 안식과 자유를 얼마나 소중히 하시는지 알 수 있습니다. 즉, 종이라는 신분이 얼마나 무거운 것인지 왜 사람은 영원한 자유인으로 있어야 하는지를 그 회복의 필요성을 강조한 희년의 정신이 역설적으로 말해 주고 있다 하겠습니다.

현 자본주의 사회에서 희년 제도는 감히 꿈도 꿀 수 없는 일입니다. 그렇지만 신자들은 그 희년의 정신만큼은 잊지 말고 주위의 소외되고 가난하여 종 비슷한 처지로 또 빚진 자의 처지로 살아가는 이웃들을 살피라는 하나님의 깊으신 뜻을 새겨야 하겠습니다. 그게 진정한 하늘나라 자유와 해방의 정신이기 때문입니다.

제9부

삶으로 드리는 예배

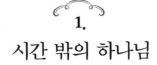

1.
시간 밖의 하나님

시간(時間)은 때와 때 사이입니다. 작게는 몇 시부터 몇 시까지로 읽지만 시야를 넓혀 보면 시간은 영원이란 때와 한정됨이란 때의 그 사이라고 해석할 수 있습니다. 구원(救援)은 일정하게 정해진 '한정된 시간'에서 끝없이 무한한 '영원'이란 시간으로 건너가는 것을 말합니다. 마치 장례식을 치를 때 울면서 '요단 강 건너가 만나리' 하는 찬송가를 부르는 것처럼 시간은 요단 강 이편과 저편 사이에 있습니다. 인간의 한정된 시간에서 하나님의 영원한 시간으로 건너가는 게 구원입니다. 영원은 오직 하나님만의 세계이고 거기에 들어가는 존재는 구원받은 사람 밖에 없기 때문입니다.

그 구원을 베푸시고자 인생들에게 시간이란 기회를 주셨습니다. 즉, 시간 밖의 하나님께서 우리를 사랑하사 시간을 지으시고 시간 안으로 들어오셔서 우리 손에 시간을 쥐어 주신 것입니다. 우리로 하여금 이 시간을 통해서 영원으로 건너갈 수 있는 기회를 얻게 하려 하심입니다.

창세 이전 즉, 시간이 만들어지기 전에는 하나님께서는 '너는 내 아들이라 오늘 내가 너를 낳았도다(시2:7, 히1:5)'라는 말씀같이 성자 하나님과 함께 계셨습니다. 그래서 예수님은 겟세마네 동산에서 저 감명 깊은 마지막 대제사장적 중보 기도를 드리실 때 '아버지여 창세 전에 내가 아버지와 함께 가졌던 영화로써 지금도 아버지와 함께 나를 영화롭게 하옵소서(요17:5)' 하셨던 것입니다.

이처럼 하나님은 예수님과 함께 시간 밖에 계셨던 분입니다. 그런 분이 시간을 넘어 들어오셔서 세상을 창조하시고 넷째 날에 비로소 인간의 시간을 만드셨습니다. 인간의 시간과 하나님의 시간이 다른 건 그 때문입니다(벧후3:8). 넷째 날에 '하나님이 가라사대 하늘의 궁창에 광명이 있어 주야를 나뉘게 하라 또 그 광명으로 하여 징조와 사시와 일자와 연한이 이루라(창1:14)'는 말씀이 그 말씀입니다. 그때부터 비로소 인간세계의 시간은 시작되었습니다. 창세기 1장에서 나오는 첫째 날, 둘째 날 등의 표현은 오늘날의 하루가 아니라 한 시대 다음 시대를 의미한다는 게 많은 신학자들의 견해입니다.

시간 밖의 하나님께서 시간 안으로 들어오신 것이라 말씀드리면 많은 분들이 잘 인정하지 못하는 것 같습니다. 그러나 시공간(時空間)을 뛰어넘는 사상은 동양사상에도 있어왔습니다. 동양철학의 주역(周易)에서도 우주 만물이 생성되기 이전, 곧 음과 양 또는 상하좌우로 나누기 이전의 근원적인 것이 있다고 하면서 이를 태극(太極)이라고 하였습니다. 천지생성 이전의 궁극적인 본원으로서 만물이 거기서 나왔다는 것이지요. 필자도 잘 모르긴 하지만 태극엔 이처럼 심오하고 시공간을 초월하는 개념이 있습니다. 우리나라의 국기가 태극기이고 애국가의 가사에 하나님이 보우하사가 있으니 어쩌면 이 나라는 만세 전부터 예비하신 동방의 이스라엘일지도 모릅니다. 하긴 어떤 분들은 이스라엘 열두 지파 중의 단 지파가 한반도로 왔다고 주장하더군요.

하나님께서 시간 안에 들어오시기 전 태초엔 땅이 혼돈하고 공허하며 흑암이 깊음 위에 있었습니다. 그때 하나님이 빛이 있으라 하시매 빛이 있게 되었으니 이처럼 하나님께선 빛도 짓고 어두움도 창조하셨던 분입니다(창1:1~3, 사45:7). 그리곤 넷째 날에 하늘의 궁창에 두 광명, 곧 해와 달을 두어 사시(四時)와 일자와 연한이라는 시간을 만드셨던 것입니다(창1:14~19). 이렇게 해서 인간에게 시간이란 게 주어졌습니다.

과학자들은 우주가 탄생한 건 138억 년 전이요 지구가 만들어진 건 46억 년 전이라고 추정합니다. 시간은 고정불변의 것도 아니고 태양과 지구 간 거리의 변화와 지구와 달 사이의 인력 문제 등으로 자꾸만 늘어가고 있어 21억 년 뒤엔 하루가 30시간쯤 된다고 하는가 하면 하루의 길이도 일정치 않아서 23시간 59분 38초에서 24시간 00분 30초 사이에서 조금씩 변한다고 합니다. 뿐만 아니라 시간의 기본단위인 1초는 세슘원자에서 방출되는 특정한 파장의 빛이 9,192,631,770번 진동하는데 걸리는 시간이라고 합니다. 시간은 이처럼 만들어진 피조물입니다.

만물의 마지막이 가까이 왔다는 성경 말씀이 있습니다(벧전4:7). 이와 비슷한 말씀이 여러 군데 있으니, 때가 찼고 하나님 나라가 가까웠다(막1:15), 천국이 가까웠느니라(마3:2), 주의 강림이 가까우니라(약5:8), 때가 가까움이라(계1:3)란 말씀들이 그렇습니다. 성경은 이런 긴박한 경고의 말씀을 하고 있지만 수천 년 넘게 이 말씀이 반복되니 잘 믿어지지 않는다고 합니다.

과학자들은 현생인류 호모사피엔스는 20만 년 전에 출현했다고 하고 지구가 만들어진 건 46억 년 전이라고 하니까 1년 365일로 따지면 364.984일은 다 보내고 마지막 22분을 남기고 인류가 출현한 셈입니다. 그러니 성경이 쓰인 이천 년 전은 불과 몇 초만 남은 때라는 계산이 나오니 만물의 마지막이 가까웠다는 말은 틀린 게 아닙니다. 시간이란 개념은 이처럼 출현부터 시작해 피부에 닿기까지 그리고 아주 먼 미래까지 결코 단순하지 않습니다.

같은 시간이라 해도 체감하는 바가 다 같지 않으니 보고 싶은 연인과 함께 있으면 너무 빨리 가는 게 시간이요, 원수와 마주대하면 너무도 안 가는 게 시간입니다. 일본까지 여객선 대신 비행기로 가서 시간을 단축하려 하면 비용이 더 들고 반대로 각종 보약으로 수명이란 시간을 늘리려 해도 비용이 듭니다. 시간이라고 해서 다 같은 균질성(均質性)을 갖는 게 아닙니다. 누구에게나 동일하게 주어지는 물리적인 시간, 크로노스(Chronos)가 있는가 하면 특정한 만남의 때와 기회를 가리키는 시간, 카이로스(Kairos)도 있습니다. 그냥 흐르는 무의미한 시간이 있는 반면 특별한 의미가 부여되는 유의미한 시간도 있다는 말입니다. 피조물인 인간은 하나님을 만나야 비로소 카이로스의 시간을 갖게 됩니다. 시간은 이처럼 첫 시작한 때가 있고 물건과 같이 변함이 있으며 그 의미도 균질성도 취급도 다르니 절대불변의 자생적, 원천적 존재가 아니요 피조(被造)된 게 분명하다 하겠습니다.

사도 요한이 환상 속에서 보니 마지막 때에는 처음 하늘과 처음 땅이 없어졌고 바다도 다시 있지 않다고 했습니다(계21:1). 또 하나님께서 친히 만물을 새롭게 하신다고 하셨습니다(계21:5). 이는 창세 때 만드신 모든 피조물인 만물에는 한정된 시간을 정해 놓으셨다는 뜻입니다. 그건 시간 밖의 하나님만이 하실 수 있는 일입니다. 마치 인간만이 배터리를 만들 수 있는 능력이 있고 시간이 지나면 배터리의 수명은 다하는 것과 마찬가지입니다. 배터리가 저절로 만들어지고 저절로 충전되는 게 아니며 유효기간이 있듯이 하나님께선 피조물인 인간의 수명을 정해 놓으셨습니다. 그것이 오직 하나님만이 각 사람의 수명을 알고 계시는 이유입니다.

2.
주어진 한정된 시간, 수명

　인간에겐 짧은 수명(壽命)이 주어졌습니다. 욥기엔 그 날을 정하셨고 그 달 수도 주께 있으므로 그 제한을 정하여 넘어가지 못하게 하셨다는 고백이 있고(욥14:5), 시편엔 '여호와여 나의 종말과 연한(年限)의 어떠함을 알게 하사 나로 나의 연약함을 알게 하소서 주께서 나의 날을 손 넓이만큼 되게 하시매 나의 일생이 주의 앞에는 없는 것 같사오니'라는 말씀(시39:4~5)으로 제한된 수명임을 확인하시게 했습니다.

　노아 홍수 이전에는 수명이 무척 길었습니다. 아담은 930세를 누렸고 노아의 할아버지 므두셀라는 969세를 누렸으며 그 당시 사람들은 모두 수백 년을 향수하며 7~8대 손자들과도 어울려 살았습니다. 홍수 이전의 평균 나이는 900세였습니다. 그러나 대홍수 때 유해한 태양광선의 바람막이가 되었던 궁창 위의 물이 다 쏟아져 없어지면서 자연환경이 혹독하게 변해 수명이 짧아졌다는 의견이 지배적입니다. 대홍수 이후 인간의 수명은 대폭 짧아졌습니다.

수명 하면 보통 진시황의 불로초 일화가 생각납니다. 황제의 절대 권력으로도 어쩌지 못하는 게 수명입니다. 삼천갑자(三千甲子) 동방삭의 이야기도 생각납니다. 이는 사람의 수명은 명부(冥府)에 정해져 있지만 어떤 일로 고쳐질 수도 있다는 민간설화이니 수명에 대한 관심은 인간의 본능이라고 하겠습니다. 수명은 정해져 있지만 엘리 제사장의 두 아들처럼(삼상4:11) 스스로 재촉하는 경우도 성경에 무수히 많습니다.

솔로몬은 지혜와 부와 영광과 함께 장수(長壽)를 조건부로 받았습니다. 여호와로부터 네가 만일 네 아비 다윗의 행함같이 내 길로 행하며 내 법도와 명령을 지키면 네 날을 길게 해주겠다는 약속을 받았지만(왕상3:14), 이방 여인을 많이 취한 탓에 나이들어서 이방신 아스다롯과 밀곰을 좇는 우를 범해 결국 장수의 복을 누리지 못했습니다. 생몰년도가 분명치 않으나 대략 60세 정도 산 것으로 추정되고 있습니다.

자기 주위의 숱한 이방 여인으로 인해 우상숭배를 한 탓인지 솔로몬이란 이름은 무슬림 사회에서는 슐레이만이란 이름으로 쓰여지고 있으나 개신교 사회에선 잘 쓰이질 않습니다. 특히나 그가 보석이 네 개 달린 반지를 끼고 있었는데 그게 마법의 정령으로 묘사되면서 많은 이야기의 소재로 활용되는 실정이니 하나님의 무한한 사랑과 영광을 입은 그로서는 좋지 않은 결실을 보고 있는 셈입니다.

그가 말년에 전도서를 쓰면서 뛰어난 지혜와 엄청난 부귀영화를 다 누려 봤지만 다 헛되고 헛되니 너는 젊은 날 네 하나님을 기억하라는 유언 비슷한 글을 남겼으니 전도서는 그의 참회록이자 지혜의 반성문이라고도 볼 수 있겠습니다. 전도서는 간결하고 명료하면서도 그 미려한 문체와 지혜의 폭넓음으로 많은 사랑을 받아 수많은 사람들로 하여금 하나님을 생각하게 하고 있습니다.

인간의 수명은 정해져 있지만 그럼에도 하나님께선 장수하는 길을 열어놓기도 하셨습니다. 잠언에는 여호와를 경외하면 장수하며 악인의 수명은 짧아진다고 기록되어 있습니다(잠10:27). 바꿔 말하면 하나님 잘 섬기고 착하게 살면 오래 산다는 말씀입니다. 영원하신 하나님을 향해 있으면 영원 쪽으로 가까이 가는 건 당연한 이치입니다. 천년왕국 때는 내 백성의 수한이 나무의 수한과 같다고 하셨습니다(사65:22). 천 년을 사는 나무도 있으니 아주 오래 살게 해주시겠다는 말씀입니다.

수명은 곧 생명입니다. 그런데 잠언을 보면 '모든 지킬 만한 것보다 더욱 네 마음을 지키라 생명의 근원이 이에서 남이니라' 하셨으니(잠4:23), 마음을 잘 지키면 수명이 길어진다 하겠습니다. 사도 베드로가 생명을 사랑하고 좋은 날 보기를 원하는 자는 혀를 금하여 악한 말을 그치며 그 입술로 거짓을 말하지 말고 악에서 떠나 선을 행하고 화평을 구하며 그것을 따르라(벧전3:10~11) 했으니 그것 역시 장수의 한 방법일 것이며 아내는 생명의 은혜를 유업으로 함께 받을 자라고 하였으니(벧전3:7) 아내를 사랑하는 것도 장수의 한 비법일지 모르겠습니다.

수명은 정해져 있습니다. 이런 한계를 지으신 것은 첫 아담이 범죄함으로 흙으로 돌아가게 되는 운명이 된 것 말고도(창3:19) 인간으로 하여금 교만하지 못하도록 하신 데도 있습니다. 가진 것 없는 사람이 많이 가진 사람의 것을 부러워하듯이 시간적 한계에 매인 인간은 시간을 초월해 계신 하나님을 부러워하게 되어 있습니다. 그래서 사람에겐 영원을 사모하는 마음을 주셨습니다(전3:11). 물론 그 영원을 사모하는 마음은 마지막에 결국 그 소원대로 이뤄집니다. 즉, 사망을 영원히 멸하셔서 다시는 사망이 없고 영원한 세상만이 있게될 것이라고 말씀해 주셨기 때문입니다(사25:8, 계21:4).

사람은 날 때가 있고 죽을 때가 있습니다(전3:2). 하나님께서 정하신 것입니다. 자살이 나쁜 이유는 청소년들이 보고 배우고 주변 사람을 아프게도 하지만 자기 목숨일지언정 사람을 죽이는 행위이며 무엇보다 하나님이 정해 놓으신 것을 자기 맘대로 파괴하는 행위이기 때문입니다. 가룟 유다 하면 누구나 닮기 싫어하는데 그가 자살로 삶을 마감했다는 걸 기억해야 합니다(마27:5). 그런 죽음의 방식은 악한 것입니다. 살아있을 때도 선하게 살지 못한 적이 많았을 텐데 죽는 것까지 악해선 아니 될 것입니다.

인간 수명 한정의 진리에 대해 하나님께선 때로 예외를 두시기도 했습니다. 수명은 그분의 전적인 권한이시기 때문입니다. 에녹과 엘리야가 죽음을 보지 않고 하늘로 승천한 것도 그렇거니와(창5:24, 왕하2:11), 죽음을 앞둔 히스기야 왕이 통곡하며 기도하자 수명을 15년 연장시켜 주신 것도 그렇습니다(왕하20:6). 인간 수명에 대한 하나님의 권한은 절대적이십니다. 부모를 공경하면 생명이 길어질 것이라 약속하셨고(출20:12), 아버지 하나님의 말씀을 받으면 생명의 해가 길어질 거라 하셨습니다(잠4:10). 여호와를 경외하는 것이 지혜의 근본인데 그 지혜가 생명의 해를 더해 준다고도 하셨습니다(잠9:10~11). 수명만 놓고 봐도 하나님께 경배해야 합니다.

보통은 팔십 세 정도 되면 사회 활동이 끝이 납니다. 연부역강(年富力强)하다는 말도 들어본 지 오래고 그저 노추(老醜)소리나 듣지 않으면 다행입니다. 그래서 모세는 '우리의 연수가 칠십이요 강건하면 팔십이라도(시90:10)'라고 노래하였을 것입니다. 하나님께서는 100세를 한계 기준으로 삼지 않으셨을까 생각해 본 적이 있습니다. 새 예루살렘에서는 '백 세에 죽는 자가 아이겠고 백 세 못 되어 죽는 자는 저주받은 것이리라(사65:20)'라는 말씀이 있기 때문입니다. 혹자는 창세기 6장 3절에 '그러나 그들의 날은 일백이십 년이 되리라' 하신 말씀이 인간 수명을 두고 하신 말씀이라고도 하지만 이는 노아의 방주로 멸망하기까지 남은 기간을 오해한 것이라는 주장이 신학자들의 지배적 견해입니다(벧전3:20).

과학의 발달과 건강에 대한 관심으로 수명은 늘어가는 추세입니다. 불과 얼마 전만 해도 동네 환갑잔치는 떠들썩했었는데 지금은 육십이면 노년 취급도 안 합니다. 그래도 인생은 짧기만 합니다. 한정된 수명은 인생으로 하여금 창조주 앞에서 겸비하라는 뜻일 것입니다(시39:4). 그러니 짧은 인생을 살면서 흙이 땅으로 돌아가고 영이 그 주신 하나님께로 돌아가기 전에 하나님을 기억하여야 하겠습니다(전12:7).

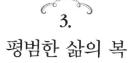

3.
평범한 삶의 복

살아가는 모습이 다 다르지만 대부분은 평범한 삶을 영위합니다. 고난도 많습니다. '여인에게서 난 사람은 사는 날이 적고 괴로움이 가득하며(욥14:1)'라고 기록되어 있습니다. 또 삶은 전쟁터라는 말씀도 있습니다. '세상에 있는 인생에게 전쟁이 있지 아니하냐. 그날이 품꾼의 날과 같지 아니하냐(욥7:1)' 하셨습니다. 그런 삶을 살다가 가는 게 인생이니 용기를 잃어버리고 낙망하기 십상입니다. 그러나 이건 세상의 모습이 그렇다는 것을 설파했을 뿐이지 낙망하며 살라는 게 아닙니다.

하나님을 마음에 모시지 않으면 괴로움과 고난을 넘어 모든 게 허망할 뿐입니다. 그게 바로 그 유명한 '전도자가 가로되 헛되고 헛되며 헛되고 헛되니 모든 것이 헛되도다(전1:2)' 하는 말씀입니다. 이건 하나님을 모시지 않는 인생은 모두 헛되다는 걸 말씀하는 것이지요. 그렇게 인생을 통찰하던 전도서 기자는 마지막에 '일의 결국을 다 들었으니 하나님을 경외하고 그 명령을 지킬지어다 이것이 사람의 본분이니라(전12:13)'라고 결론짓습니다.

지혜의 솔로몬은 전도서를 쓰면서 평범한 삶의 소중함과 즐거움을 거듭 역설했습니다. '사람이 해 아래서 수고하는 모든 수고와 마음에 애쓰는 것으로 소득이 무엇이랴 일평생에 근심하며 수고하는 것이 슬픔뿐이라 그 마음이 밤에도 쉬지 못하나니 이것도 헛되도다(전2:22~23)'라고 갈파했던 솔로몬은 그 대책으로 소박한 삶의 행복을 제시하며 괴로움에서의 반전책을 제시합니다.

'사람이 먹고 마시며 수고하는 가운데서 심령으로 낙을 누리게 하는 것보다 나은 것이 없나니 내가 이것도 본즉 하나님의 손에서 나는 것이로다(전2:24)', '사람이 사는 동안에 기뻐하며 선을 행하는 것보다 나은 것이 없는 줄을 내가 알았고 사람마다 먹고 마시는 것과 수고함으로 낙을 누리는 것이 하나님의 선물인 줄을 또한 알았도다(전3:12~13).' 그러면서 '사람이 자기 일에 즐거워하는 것보다 나은 것이 없나니 이는 그의 분복이라(전3:22)' 말씀하셨습니다.

그와 같은 취지의 말을 전도서 5장 18~19절에서 다시 언급한 솔로몬은 급기야 이를 더 자세히 풀어서 설명합니다. '너는 가서 기쁨으로 네 식물을 먹고 즐거운 마음으로 네 포도주를 마실지어다 이는 하나님이 너의 하는 일을 벌써 기쁘게 받으셨음이니라 네 의복을 항상 희게 하며 네 머리에 향 기름을 그치지 않게 할지니라 네 헛된 평생의 모든 날 곧 하나님이 해 아래서 네게 주신 모든 헛된 날에 사랑하는 아내와 함께 즐겁게 살지어다 이는 네가 일평생에 해 아래서 수고하고 얻은 분복이니라(전9:7~9)'라고 하셨던 것입니다.

필자는 관희장락(觀喜長樂)이란 단어를 좋아합니다. 일상에서 기쁨을 바라보며 하늘이 주시는 긴 즐거움을 누린다는 뜻입니다. 욕심을 비워야 그런 경지를 찾을 수 있기에 자신에 대한 경성(警醒)의 의미도 있습니다. 그 희락(喜樂)이 전도서에 나와 있습니다. '이에 내가 희락을 칭찬하노니 이는 사람이 먹고 마시고 즐거워하는 것보다 해 아래서 나은 것이 없음이라 하나님이 사람으로 해 아래서 살게 하신 날 동안 수고하는 중에 이것이 항상 함께 있을 것이니라(전8:15)'라는 말씀이 그러합니다. 하나님을 경외하며 평범히 살아가는 게 큰 축복이란 뜻입니다.

다시 정리하자면 자기 일에 즐거워하며 사랑하는 가족과 함께 단란하게 사는 게 하나님이 허락하신 삶의 소중한 모습이니 하나님을 기억하며 만족하게 살라는 것입니다. 그게 행복이라는 것입니다. 평범한 삶은 욕심이 없습니다. 두 손에 가득하고 수고하며 바람을 잡는 것보다 한 손에만 가득하고 평온한 것이 더 낫다고(전4:6) 하였습니다. 고매한 철학과 지성도 필요하고 거대한 부와 명성을 꿈꾸며 사는 것도 좋겠지만 그건 하나님이 그리 바라는 건 아니라고 바꿔 해석해도 좋을 것입니다.

4.
일상의 삶으로 드리는 예배

예배(禮拜)란 예를 갖추어 절하는 걸 말합니다. 유일하신 하나님만을 대상으로 전 인격에서 우러나오는 경외심을 갖고 경배하며 그 은총을 찬양하고 섬기는 거룩한 행위입니다. 예수님께서는 예배의 내적 요소로 신령과 진정을 말씀하셨습니다(요4:24). 달리 말하면 유일하신 하나님만을 섬기지 않고 다른 맘몬 신(재물 신)도 함께 섬긴다든지, 전 인격에서 우러나지 않고 대충 섬긴다든지, 거룩하지 않고 인간적인 냄새가 함께 섞였다든지, 신령과 진정의 마음이 없다든지 하면 이는 모두 진정한 예배라고 볼 수 없다는 것입니다.

일상의 삶으로 드리는 예배란 가정과 직장과 사람 모임과 같은 평상의 삶에서 구별된 모습으로 살아가며 하나님을 찾는 예배를 말합니다. 기존의 집단적(集團的), 의례적(儀禮的) 예배행위에만 집착하지 말고 기도와 성경읽기, 감사하기와 하나님 닮아가기와 같은 개인적 경건 신앙 훈련을 해가면서 세상과 성별(聖別)된 모습으로 하나님 앞에 서라는 것입니다. 흔히 말하는 선데이크리스천은 안 하는 것보다야 나을지 몰라도 진정한 신자라고 말할 수는 없기에 일상의 삶을 통해 하나님 앞에 바로 서는 매일매일이 중요하다는 뜻으로 이해하시면 되겠습니다.

다시 말씀드리면, 일상의 삶을 거룩하고 단정하게 하여 신앙이 곧 삶으로 체화(體化)되는 걸 말씀드리는 것입니다. 그저 사소한 것부터 시작하여 빛과 소금으로 살아가길 노력하고 언어와 행동과 생각과 생활 모두가 그리스도의 향기로(고후2:15), 그리스도의 편지로(고후3:3), 그리스도의 사신으로(고후5:20) 살도록 노력하자는 것입니다. 그게 교회당 참석보다 더 중요하다는 것입니다.

사도 바울은 너희 몸을 하나님이 기뻐하시는 거룩한 산제사로 드리라(롬12:1) 했습니다. 이는 전 인격과 온 삶을 통한 산 예배만이 진정한 예배라는 뜻입니다. 이따금 시간에 맞춰 예배를 드리고 헌금과 봉사와 전도 활동을 하는 것으로 모든 게 끝났다고 생각하지 말라는 것입니다. 즉, '거기에 머물지 말고 하루 스물네 시간 너의 거룩한 삶 전체를 드려야 한다'는 것이니 이는 지정된 시간과 장소에 한정해 물질만 드렸던 구약의 제사와 비교해 보면 가히 혁명적이라 할 수 있는 말씀이라 하겠습니다.

산제사는 마음과 뜻과 정성과 목숨과 성품과 힘을 다하여(마22:37) 드리는 제사입니다. 이런 표현은 구약에 자주 등장하는 단어들이니 그만큼이나 하나님께선 그냥 제사가 아닌, 진실된 제사를 원하신다는 말씀입니다(신6:5). 산 제물로 바쳐지면 불에 타올라 재(災)만 남습니다. 시인들의 표현을 빌리자면 '내 영혼에 불을 놓아'입니다. 목숨을 버려 의를 얻는다는 사생취의(捨生取義)를 하라는 것입니다. 모든 걸 바치는 것을 의미합니다.

보통 사람은 감히 도달하기 어려운 일이지만 마냥 무겁고 거창하게만 생각할 필요는 없습니다. 마음의 중심이 어디 있느냐가 가장 중요하기 때문입니다. 하나님께의 감사를 마음의 중심으로, 일상의 삶으로 드리는 예배면 충분합니다. 소박하고 보잘것없어도 됩니다. 섭리가 있는 아주 특별한 예외를 제외하고는 그분은 큰 걸 원하시는 분이 아니기 때문입니다. '내가 큰일과 미치지 못할 기이한 일을 힘쓰지 아니하나이다(시131:1).' 그러니 그저 '여호와는 나의 목자시니 내게 부족함이 없으리로다(시23:1)' 읊조리면서 '복 있는 사람은 악인들의 꾀를 따르지 아니하며 죄인들의 길에 서지 아니하며 오만한 자들의 자리에 앉지 아니하고 오직 여호와의 율법을 즐거워하여 그의 율법을 주야로 묵상하는도다(시1:1~2)' 노래하면 족합니다.

시간에 맞춰 예배의식 절차에 참여하는 것도 좋지만 하나님께선 그런 의식보다는 일상의 삶의 자리에서 늘 흠모받고 기억되시길 원하십니다. 구약의 이사야, 예레미야, 말라기 등을 읽어보시면 구구절절 그런 의식과 의례보다는 우리의 진실되고 공의로운 삶과 더불어 우리 가운데 동행하시길 원하시는 분임을 알 수 있습니다. 소소한 삶 가운데 하나님께 감사하며 오늘 하루도 선하게 살아가는 것, 그게 일상의 예배입니다. 시인 박목월 선생님은 이렇게 시를 지어

종이냐 자유인이냐

노래했습니다.

아침마다 눈을 뜨면/ 환한 얼굴로/
착한 일을 해야지/ 마음으로 다짐하는/
나는 그런 사람이 되고 싶다/

하나님은 날마다/ 금빛 수실로/
찬란한 새벽을 수 놓으시고/
어둠에서 밝아오는/ 빛의 대문을 열어젖혀/
우리의 하루를 마련해 주시는데/

불쌍한 사람이 있으면/ 불쌍한 사람을 돕고/
괴로운 이가 있으면/ 괴로움을 함께 나누고/
앓는 이가 있으면/ 찾아가 간호해 주는/

아침마다 눈을 뜨면/ 밝은 하루를/
제게 베푸신 하나님께 감사하고/
착한 일을/ 마음속으로 다짐하는/
나는/ 그런 사람이 되고 싶다/

_ 박목월의 시, 「아침마다 눈을」 중에서

일상의 삶의 자리가 곧 예배의 자리입니다. 어디서 예배하느냐는 별로 중요하지 않습니다. 일상의 생활 속에서 우선 가장 좋은 예배 방법은 항상 기뻐하고 쉬지 말고 기도하고 범사에 감사하는 일입니다. '이는 그리스도 예수 안에서 너희를 향하신 하나님의 뜻이라'고 하셨습니다(살전5:16~18). 그리고 찬송하는 일입니다. 하늘을 우러러보고 나뭇가지 위에서 지저귀는 새들의 울음소리와 졸졸 흐르는 시냇물 소리도 들어 보며 '참 아름다워라 주님의 세계는' 하면서 찬송하면 그게 예배입니다.

또 착하게 사는 게 일상의 예배입니다. 빛의 세 가지 열매는 모든 착함과 의로움과 진실함에 있다고 했으니(엡5:9), 착하게 살아가며 이런 열매들을 맺도록 노력하는 게 삶으로 드리는 예배라 하겠습니다. 착한 삶은 아름다운 것입니다. 선한 분은 오직 하늘의 하나님뿐이라고 하신 예수님 말씀을 생각하면 간단합니다(눅18:19). 성경의 수많은 교훈은 한마디로 하나님 경외하며 착하게 살라는 것이라 할 수 있습니다(사58:6~7, 마5:1~12).

그 다음으론 자기 맡은 일에 성심을 다해 일하는 자세가 필요합니다. 엘리사는 소를 앞세우고 밭을 갈다가 하나님의 부름을 받았고(왕상19:19), 아모스는 초야에서 목축 일을 하다가 묵시를 받았으며(암1:1), 루디아는 자주(紫紬) 장사를 하다가 성령님의 부름을 받아 유럽 최초의 신자가 되고 빌립보 교회의 창립자가 되었습니다(행16:14). 이 모두가 일상의 일을 잘 하고 있을 때 일어난 일이니 일상의 삶에 정성을 다하는 자세도 예배하는 자세입니다.

그런 매일매일의 기뻐함과 기도와 감사와 찬송과 선하게 살아가는 것, 그리고 맡은 일에 성심을 다하는 일이 반복되고 습관이 되고 체득되면 삶이 변화되어 갑니다. 내 안의 영이 나날이 성화되어 하나님께 가까이 갈 수 있으니 그게 예배입니다. 구원을 베푸신 하나님께 감사하며 그리스도의 복음에 합당하게 생활하기만 하면 그게 하나님께서 귀히 받으시는 삶을 통한 예배입니다(빌1:27).

그동안 주일성수는 율법조문 비슷한 존재로 우리 곁에 있었습니다. 그래서 주일만 지키면 다른 육 일은 내 마음대로 한다는 식의 생각도 없진 않았을 것입니다. 주일뿐 아니라 나머지 육 일도 하나님께서 주신 날이며 소중한 날이며 복 받은 날이며 감사해야 하는 날이며 하나님을 기억해야 하는 날입니다. 만약 주일만 기억하고 남은 육 일을 소홀히 한다면 그건 주일 정신에 반하는 일입니다. 매일매일이 주일이어야 합니다.

필자는 오래 전 경기도의 작은 아파트에 살면서 정부과천청사에서 일하고 있었습니다. 그저 모든 것이 평범한 일상을 살아가고 있을 때 신년 정초를 맞아 아내가 3박 4일 일정으로 기도원을 다녀오고 싶어 해 출근길에 잠시 동행한 적이 있었습니다. 아내를 전별하고 사무실 책상에 앉아 생각하니 이 추운 겨울날 자기 어깨보다 작은 보따리 하나를 들고 그 먼 거리를 향하는 아내를 생각하니 울컥하는 심사에 곧바로 펜을 들었습니다.

빗 속 이른 아침 길/ 아내는 짐 보따리 들고/
기도원으로 떠났다/

날은 아직 어둡고/ 비바람은 세찬데/
하나님의 은혜를 사모하여/ 떠나는 심령이여/

아직은 어린/ 아들 딸 남겨두고 온 것이/
마음에 걸려/ 눈가에 어느덧 이슬이 맺히고/

버스에서 내림에/ 남편을 또다시 먼발치/
쳐다보았던/ 그 순수한 눈길이여/

사랑하는 아내여/ 우리 사이/
무슨 할 말이 많으랴/
눈으로 이미/ 모든 말 하였는 것을/

바짓가랑이 빗물 튀어/ 흙투성이 되어도 즐거이/
기대와 떨림과 흥분 속에서/
결혼 후 처음 떠나보는/
기도원 가는 길/

죄악이 관영된 세상/
재물과 힘이 짓누르는 세태/

아내여/ 인간의 것 훌훌 털고/
이제 하늘의 것에 푹 묻히어/

3박 4일 동안 흠뻑/
오늘 아침 계속 나리는 비처럼/
주님 은혜 흠뻑 받고/
돌아오시라/

_ 拙詩, 「기도원 가는 길」 全文

예배를 수백 수천 번 드려도 변화되지 않는 건 영적 예배가 아니었기 때문입니다. 하루 3번씩 성전에 올라가 기도하고 7일에 두 번씩 금식하고 십일조도 잘 낸 바리새인들을 심하게 질책하신 예수님을 생각해보면 외형적인 예배가 결코 전부가 아님을 잘 알 수 있습니다(눅18:10~14).

특히 그간 교회당에 나가서 회중예배를 통해 은혜와 기쁨을 받았던 분들은 코로나19 현상으로 인해 출석하기 어려워진 요즈음 영적으로 낙망하거나 침체되기 십상입니다. 아무리 화면을 통해 비대면 예배를 드린다지만 영적 감동이 덜한 건 어쩔 수 없을 것입니다. 더욱이 자기와는 목양(牧羊)의 관계도 아닌 이 사람 저 사람 설교 쇼핑만 한다면 귀만 어지럽고 영적 성장에 큰 도움도 아니 됩니다. 이 기회에 '일상에서의 삶을 통한 예배'를 고민해 보는 것도 하나님께서 기특하게 여기시리라 믿습니다.

「지붕 위의 바이올린」이란 영화가 있습니다. 주인공은 그저 평범한 우유 다루는 늙은 농부입니다. 딸들 문제로 뭔가가 잘 이뤄지지 않자 그럴 때마다 농부는 하늘을 쳐다보고 하나님께 말을 겁니다. 그리고 자신의 감정과 처지를 있는 그대로 하소연합니다. 마치 하나님이 옆에 계신 것처럼 말입니다. 좋을 때도 마찬가지입니다. 무슨 의식이나 장엄함도 없지만 늘 하나님을 가까이 두고 있는 모습이 어린애 같습니다. 하나님을 기뻐하며 노래를 흥얼거린다면 경외의 마음이 있는 한 그게 바로 일상의 삶으로 드리는 예배에 가까운 걸로 봐도 좋을 겁니다.

『하나님의 임재연습』이란 작은 책이 있습니다. 잘 알려진 기독교 고전 중의 하나지요. 주인공은 오십이 된 나이에 수도원에 들어가 로렌스 형제라는 이름을 얻습니다. 그는 주방 일을 하며지내던 중 자신에 대해 염려하느라 너무 많은 시간과 에너지를 쓰고 있다는 걸 깨달은 후에는 기본으로 돌아가 무슨 일을 하든 하나님 사랑하는 것에 삶의 초점을 두기로 결심합니다. 그 다음부터는 일하기 전 기도하고 일하고 난 후에도 감사와 용서를 간구하면서 매 순간마다 하나님을 붙들며 하나님과 매사 동행했더니 무한한 평강의 기쁨과 함께 하나님의 임재를 경험하는 놀라운 일을 겪게 되었다는 내용입니다. 그는 전쟁에 참전했다가 불구자가 되었고 하는 일도 허드렛일에 불과했습니다. 그런 그가 하나님의 임재를 체험하는 데는 비결이 있었으니 그건 바로 자기 일을 성심을 다해 수행하면서 늘 하나님을 생각하는 습관이었습니다. 하나님을 거스를 만한 것은 말하지도 행하지도 생각조차도 아니하고 늘 그분과 친밀하게 가까이 대화하는 습관을 가졌다는 것입니다. 이런 태도가 삶으로 드리는 예배의 자세입니다.

다만 조심할 점은 이런 일상의 삶에서의 예배가 외골수의 자기 나름대로의 신앙으로 되어선 곤란하다는 것입니다. 자기 나름대로의 신앙은 성경적인 자세가 아닙니다. 어떤 이는 이와 비슷하게 '신앙은 각자다'라는 말까지 서슴지 않는데 그건 자기만 갖는, 자기가 쌓은 성(城) 안에서의 신앙이므로 위험할 수 있습니다. 신앙적 자기 고집은 위험합니다(롬2:5). '각기 자기의 소견에 옳은 대로 행하였더라'는 사사기의 마지막 구절은 큰 경계의 말씀으로 우리에게 주어진 것입니다. '각기 제 길로 갔거늘(사53:6)'도 비슷합니다. 자기의 성을 쌓는 건 살인자 가인이 자기 아들의 이름을 붙인 에녹 성을 쌓은 것처럼 좋지 않은 일입니다(창4:17). 자기 생각에 따른 자기 나름대로의 기준이 아니라 오로지 성경이 말씀하는 바에 의거한 성경적 기준이 되어야 하기 때문입니다.

5.
소소히 대화하는 신앙

코람데오의 신앙이란 말이 있습니다. 제법 알려진 유명한 말이지요. 코람데오(Coram Deo)는 '하나님 앞에서'라는 뜻의 라틴어입니다. 영어로 말하면 'Before God'이지요. 코람데오 신앙이란 나의 모든 일거수일투족과 생각까지도 항상 하나님 앞에 선 것처럼 말하고 행동하는 신앙을 말합니다. 하나님은 우리의 모든 것을 아시고 감찰하시니 그 앞에 다 드러난 듯 행동하자는 것입니다.

이처럼 우리의 모든 면전에 하나님이 계심을 인정하고 가볍고 소소하게 마치 저 혼자 말을 걸듯 하나님께 대화를 거는 것도 좋은 일입니다. 하나님은 우리와 대화를 원하시는 분입니다. 그렇다고 해서 가벼이 친구 대하듯 하라는 말씀이 아니요, 아무 말이고 아무렇게나 고백해도 된다는 말이 아님은 충분히 알고 계실 것입니다.

'너희는 진실과 성심을 다하여 여호와를 경외하라(대하19:9).'

하나님은 일방적으로 지시, 명령하시거나 높은 위치에 계신다고

종이냐 자유인이냐

고압적으로 대하시는 분이 아닙니다. 쌍방향으로 서로 소통하고 교통하고 대화하기를 원하시는 분입니다. '여호와께서 말씀하시되 오라 우리가 서로 변론하자(사1:18)', '여호와께서 자기 백성과 변론하시며(미6:2)' 이런 말씀들이 이를 증거합니다. 하나님께선 그냥 '우리 이야기하자' 이러시는 겁니다. 하나님은 인자하신 아버지처럼 자녀를 살피시고 합리적인 대화를 원하시는 분이지 윽박지르고 강권하고 무조건 과도한 걸 요구하시는, 그런 일방통행의 하나님이 아닙니다.

그러기에 그냥 평범한 일상의 삶 속에서 마치 하나님이 곁에 계신 것처럼 독백(獨白)을 흘리고 혼잣말처럼 대화를 거는 것도 대화의 한 모습이라고 말씀드리고 싶습니다. 물론 '아! 하나님 너무 감사합니다' 하는 말도 좋겠고 '겁이 납니다. 두렵습니다. 힘이 듭니다. 속이 상합니다. 예수님 도와주세요. 이럴 땐 어떻게 해야 하나요. 어떤 게 나을까요' 하는 말까지 온갖 기쁨과 슬픔과 탄식과 고민을 하나님 앞에 다 토해놓는 것도 대화의 첫걸음이요 믿음의 한 형태라는 것입니다.

그건 기도와 같기 때문입니다. 물론 마음속 깊이 예수님의 간구를 바라는 심정으로 말을 해야겠지요. 그 혼잣말에 예수님이 없으면 세상 독백일 것이고 예수님이 계시면 기도일 것입니다. 시편의 적지 않은 글도 그런 혼자의 내면의 탄식을 토대로 이뤄지지 않았나 생각됩니다. 대표적 저주(詛呪)의 시로 알려진 시편 109편을 보면 원수의 아내는 과부가 되고 그 자녀는 고아가 되어 유리걸식하며 빌어 먹게 해달라고 하면서 고리대금업자로 하여금 그 소유를 다 취하게 하고 그 후사도 끊어지게 하며 그 어미의 죄도 용서하지 말라고 기도하고 있습니다.

필자도 처음 이 기도문을 대하면서 아니 거룩한 성경에 도대체 이런 시가 있다는 게 말이 되느냐며 많이 놀랐습니다. 도저히 하나님께 올리는 기도라고는 생각할 수 없는 이런 저주의 기도들이 여기 뿐 아니라 시편 35편, 40편, 58편, 59편, 69편, 70편에도 나옵니다.

이게 무슨 뜻이겠습니까. 이건 기도문으로서의 고매한 가치보다는 그저 친밀한 아버지께 자기 자신의 어찌할 수 없는 기막힌 처지와 심정을 있는 그대로 아뢰고 마음속에 절절히 끓어 넘치는 미움조차도 하나도 숨김없이 솔직하게 다 털어놓았다는데 의미가 있다고 하겠습니다. 다윗이 보여준 건 결국 무엇일까요. 아버지께 그냥 시시콜콜 내 소원과 처지와 여러 사정과 심지어 증오까지도 다 털어놓고 진솔히 대화하는 모습을 보여주었다는 것입니다.

이런 연유로 우리들도 나날의 생활 속에 있는 애환과 고민을 있는 그대로 진솔하게 고백하는 식의 소소한 대화를 거는 것도 신앙의 한 방편이라는 것을 말씀드리는 것입니다. 하나님을 알긴 알고 예배는 드려야 하니 점잖은 바리새 흉내를 내가며 교회당 가서 주일성수를 한다고 한들 그 마음으론 하나님을 경이원지(敬而遠之)한다면 그게 무슨 아버지를 찾는 일이 되겠습니까. 도리만 찾는 점잖은 자식이 있다면 과연 아버지가 친근감을 느끼실까요.

소소한 대화도 신앙이라 하니 혹자는 과하다고 말할지 모르겠습니다. 그러나 하나님은 나의 아버지입니다. 아빠 아버지라고 부르라고 하셨습니다(갈4:6). 아버지에게 못할 말이 어디 있으며 체면과 시간 장소 가릴 필요가 어디 있으며 고상한 척할 필요가 어디 있으며 망설일 필요가 어디 있겠습니까. 정장을 차려입고 버스 타고 교회당에 가서 십자가 밑에 나아가야만 기도겠습니까. 그냥 아버지! 부르고 호소하시면 될 것입니다.

우리는 참 포도나무에 붙어 있는 가지입니다(요15장). 가지는 나무의 일부분입니다. 아침에는 붙었다가 저녁에는 떼어지는 게 아니라 24시간 붙어 있는 존재들입니다. 그러니 아무 때고 말씀드리면 됩니다. '구하라 그러면 구할 것이요'라고 하셨으니 일상의 삶을 살면서 하나님께 수시로 말씀드리면 됩니다. 하나님께 자기 마음을 다 열고 소소하게 말을 걸어가는 것 그것도 신앙의 한 줄기라는 것입니다.

물론 소소한 대화가 예배는 아닙니다. 그러나 각 성도가 그리스도의 몸인 교회를 이루는 한 요소(要素)로서 영적인 성숙을 이루어가는 데는 좋은 방법입니다. 오늘 날 너무도 미흡한 요소들로 채워진 회중으로 말미암아 사회로부터 지탄받는 교회가 되었음을 생각할 때 각 요소의 성숙됨이 얼마나 중요한지 우린 알고 있습니다. 각각의 요소가 함께 한 몸을 이루며 서로 돌아봐야 진정한 예배를 이룰 수 있으니(고전12:12~27) 그 회중의 한 요소로서 양질의 신앙을 키워야 하는 것은 중요한 일입니다. 내가 혼자 말을 걸어도 주님은 다 듣고 계십니다.

> '주께서 나의 앉고 일어섬을 아시며 내 혀의 말을 알지 못하시는 것이 하나도 없으시니이다(시139:2, 4).'

욥은 낙백(落魄)의 신세가 되자 한때 권위와 명성을 누리던 옛날을 떠올리며 독백을 늘어놓았습니다. 그러면서 그때가 다시 오길 원한다고 했습니다(욥29:1~25). 그 독백은 하나님께 올리는 정식 기도가 아니었습니다. 그러나 그 마음의 간절한 간구였을 것입니다. 그런데 그런 독백이 훗날 다 이뤄지는 기쁨을 맛봤습니다. 독백도 하나님이 들어주십니다. 혼잣말처럼 하나님께 말을 거는 행위, 그것도 하나님께 나아가는 길의 하나입니다.

6.
어렵지 않은 예배

  예수님을 믿는다는 건 성령님의 인도하심을 따라 사는 삶입니다. 단순한 것 같지만 그게 쉽지 않은 일임에는 틀림없습니다. 성경은 우리가 살아도 주를 위하여 살고 죽어도 주를 위하여 죽나니 그러므로 사나 죽으나 우리가 주의 것이라고 가르칩니다(롬14:8). 또 바울은 나는 날마다 죽노라고 고백하였습니다(고전15:31). B.C. 700년경 미가 선지자는 '사람아 주께서 선한 것이 무엇임을 네게 보이셨나니 여호와께서 네게 구하시는 것이 오직 공의(公義)를 행하며 인자(仁慈)를 사랑하며 겸손히 네 하나님과 함께 행하는 것이 아니냐(미6:6~8)'라는 유명한 말씀을 남겼습니다. 다 지키기 어려운 말씀들입니다.

  그러나 우리의 짐을 덜어주시는 주님께선 그런 엄중한 말씀에 혹 낙심할까 다른 메시지도 주고 계십니다. 우리의 연약함을 잘 아시기 때문입니다(롬8:26, 마8:17). 수송아지나 양, 염소처럼 비싼 희생제물을 바칠 능력이 없는 사람들을 위해서는 아주 값싼 산비둘기 집비둘기를 바쳐도 좋다고 하신 하나님입니다(레14:22). 모든 것을 먹을 수 있는 사람도 있겠지만 연약한 사람은 채소밖에는 먹을 수 없다고 하셨습니다(롬14:2). 그만큼 우리의 연약함까지 배려하시는 분입니다.

신명기에서 말씀을 주시면서도 '네게 어려운 것도 아니요 먼 것도 아니라(신30:11)'라는 말씀부터 전제하실 만큼 자상하신 분입니다. 예수님은 무리가 어떻게 하여야 하나님의 일을 하느냐고 묻자 '하나님께서 보내신 이를 믿는 것이 하나님의 일'이라고 하셨습니다(요6:28~29). 예수님을 믿는 게 바로 하나님의 일을 하는 것이라는 말씀입니다. 너무도 쉽고 고마운 말씀입니다. 어렵고 무겁게만 생각할 일이 아닙니다.

그래서 '사람이 여호와의 구원을 바라고 잠잠히 기다림이 좋도다(애3:26)' 하셨습니다. 근심하지 말고 여호와로 인하여 기뻐하는 것이 너희의 힘이라 하셨으니(느8:10) 어렵다고 생각하거나 두려워하지 말고 그냥 자기의 마음속 있는 그대로 말씀드리면 되겠습니다.

마라토너도 계속 달릴 수만은 없습니다. 잠시 쉬는 건 노는 게 아니라 더 나은 정진(精進)을 향하여 준비하는 것입니다. 노곤한 인생길에 채찍질만 하며 사는 걸 아바 아버지께서 그리 좋아하시진 않을 것 같습니다. 처마 밑의 낙숫물 빗방울 소리도 가끔은 들어야 하는 게 인생입니다. 너무 주님께 봉사, 영광, 헌신한다고 진을 빼는 것도 좋다고만은 할 수 없습니다. 우리를 위해 안식일을 제정하신 하나님입니다. 그저 주님이 옆에 계시면 그게 전부입니다.

초로(初老)를 앞두고 몸이 아프시면 '나의 중년에 나를 데려가지 마옵소서(시102:24)'라고 호소하시면 되고, 나이 많이 드신 분의 경우라면 늙은 사무엘이 고향 라마에 돌아와 조용히 단을 쌓고 하나님을 예배했듯이(삼상7:17) '나를 늙은 때에 버리지 마시며 내 힘이 쇠약한 때에 떠나지 마소서(시71:9)'라고 호소하시면 충분하지 않나 생각합니다. 다만, '내 아버지께서 이제까지 일하시니 나도 일한다(요5:17)' 하신 예수님의 말씀을 기억하고 나태한 마음을 갖는 일은 없어야 하겠습니다.

이제 어렵지 않습니다. 우리는 아침에 눈을 뜨면 첫 마디가 '하나님 감사합니다!'입니다. 저녁에 잘 때 이부자리에서 눈을 감기 직전 마지막 말 한마디도 '하나님 오늘 하루도 감사합니다!'입니다. 아침에 거실에 울리는 첫 소리는 찬양 소리입니다. 아침 맑은 햇살에 찬양이 집안 곳곳에 울려 퍼집니다. 산책을 하며 푸른 하늘을 우러러 '참 아름답군요. 주님의 세계는!'이라고 감탄합니다. 경외심만 있다면 이런 것도 다 하나님과의 대화입니다.

하나님의 말씀은 우리 곁에 늘 가까이 와 있습니다. 일상의 삶에서 멀리 떨어져 있는 게 아닙니다. 길을 가다 구걸하는 할머니를 보면 위로의 말 한마디와 함께 호주머니를 털어주면 되고 잘 아는 친구를 만나면 예수님을 소개해주면 됩니다. 진지하게 들으면 더 자세히 안내하고 건성으로 들으면 웃으면서 끝내셔도 됩니다. 만사에는 때가 있으니까요(전3:1). 힘들고 커다란 일만 생각할 게 아니라 아주 작고 쉬운 일부터 시작하면 됩니다.

'오직 그 말씀이 네게 매우 가까워서 네 입에 있으며 네 마음에 있은즉 네가 이를 행할 수 있느니라(신30:14).'

그분은 우리 곁에 가까이 계시어 날마다 우리 짐을 지시는 분입니다(시68:19). 어려워하고 체면 차릴 것 없습니다. 우리는 그분 앞에 선 갓난아이들입니다. 갓난아이는 뒤집기, 배밀이, 앉기, 기기, 네발 무릎걷기, 일어서기, 넘어지기를 수천 번 거쳐야 걷게 됩니다. 넘어지고 엎어지면서 우리의 신앙이 자란다는 걸 그분은 알고 계시니 마음 조아리고 두려워할 것 없습니다. 그분은 우리의 아빠 아버지시기 때문입니다.

예수님이 베다니에 있는 마르다의 집에 방문하셨을 때 마르다는 접대 준비한다고 부엌일에 정신이 없었는데 동생 마리아는 예수님 발밑에 앉아 말씀을 듣고 있었습니다. 마르다가 급기야 동생에게 명하여 자기를 도와주게 해달라고 요청하자 예수님이 대답하십니다. '마르다야 마르다야 네가 많은 일로 염려하고 근심하나 그러나 몇 가지만 하든지 혹 한가지만이라도 족하니라' 하셨습니다(눅10:38~42). 한 가지라도 족합니다. 결코 부족하지 않다고 하셨습니다.

베다니 하면 생각나는 시가 있습니다. 베다니는 감람산 동쪽에 있는 작은 마을인데 요한복음에 예루살렘에서 가깝기가 한 오 리쯤 된다고 기술되어 있습니다(요11:18). 거기 베다니 마을에 나사로, 마리아, 마르다 세 남매가 살고 있었고, 예수님은 나사로의 죽음 앞에서 우시기도 하셨습니다. '예수께서 눈물을 흘리시더라(요11:35).' 이 말씀은 성경에서 가장 짧은 구절입니다. 베다니는 예수님께서 수난을 위해 예루살렘 성에 입성하시기 전 마지막으로 묵으셨던 마을입니다. 그런 베다니의 예수님을 놓고 시인은 시를 읊었습니다.

> 베다니의 뜰/ 베다니의 집/
> 고웁다 베다니의/ 동구 밖에서/
> 임은 인정스레/ 웃으시고/
> 말씀 중에 넘치신/ 그 눈물/ 그 사랑/
> 쉬어 가신 숨결이며/ 음성이 그리워라/
>
>
> _ 玄石 林仁洙의 시, 「베다니 서정」

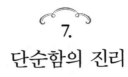

7.
단순함의 진리

사실 구원의 진리는 간단합니다. 단순함 속에 큰 진리가 다 들어 있습니다. 불신자에게 건네는 사영리(四靈理) 전도 쪽지만 봐도 압니다. 이를 모르는 분은 아니 계실 겁니다. ① 하나님은 당신을 사랑하신다. ② 그런데 사람은 죄에 빠져 하나님으로부터 멀어졌다. ③ 이를 위해 예수님이 피를 흘리셨다. ④ 이 예수님을 믿으면 죄 사함을 받고 구원을 얻는다.

진리는 단순합니다. 이거 아시면 다 안 겁니다. 그 두꺼운 성경책의 핵심 요지입니다. '여러 책을 짓는 것은 끝이 없고 많이 공부하는 것은 몸을 피곤케 하느니라(전12:12).' 이 말씀은 잠언 3,000개와 노래 1,005개를 지은 솔로몬의 말씀입니다(왕상4:32). 이단 요설에 귀 기울이지 않는 한, '예수님은 곧 천국'이란 식으로 단순 평범하게 알아도 충분하다고 생각합니다. 성경주석가와 신학자 등 특별한 쓰임의 도구로 받는 분들은 따로 있을 것입니다.

작고 평범한 가운데서도 얼마든지 하나님은 섬길 수 있습니다.

모세도 엘리야도 시끄럽고 요란스러운 우레, 번개, 지진, 나팔소리, 강한 바람, 불 같은 걸 다 겪고 나서야 비로소 세미한 음성 가운데 하나님을 만났습니다(출19:16~21, 왕상19:11~12). 요란 떤다고 다 부성애가 아닙니다. 아이에게 사랑과 관심을 갖고 보살피면 그게 부성애입니다.

'바람이 임의로 불매 네가 그 소리는 들어도 어디서 와서 어디로 가는지 알지 못하나니 성령으로 난 사람도 다 그러하니라(요3:8).' 성령 받는 게 얼마나 큰일인데 이처럼 조용히 받을 수 있다는 건 은혜 위에 은혜입니다. 언제 어느 곳에서인지 자신도 모르는 사이에 성령 받은 분들이 많습니다. 마치 갓난아이가 엄마 품 안에서 스르르 잠이 드는 것과 같은 평안함으로 받은 것이니 그저 감사하기 짝이 없는 일입니다.

요한복음 15장의 '나는 포도나무요 너희는 가지니' 하는 이 비유의 말씀은 그냥 예수님께 접붙어 있기만 하면 과실을 맺게 된다는 가르침입니다. 접붙어 있기만 하면 된다니 이렇게 쉬울 수도 없습니다. 물론 순교하시는 분도 계시고 아주 큰일을 하는 분도 계시지만 그건 하나님의 특별하신 역사니 부러워할 필요가 없습니다. 많이 받은 자에게는 많이 찾을 것이요, 많이 맡은 자에게는 많이 달라 할 것이라고 말씀하셨는데(눅12:48) 자기 분에 넘치는 욕심을 낼 일은 아니라 하겠습니다.

하나님은 사소한 소자라도 그 필요에 맞게 쓰십니다. 큰 집에는 금그릇, 은그릇도 있을 뿐 아니라 나무그릇, 질그릇도 있고 귀히 쓰는 것도 있고 천히 쓰는 것도 있다고 했습니다(딤후2:20) 때가 되고 필요하시면 부르십니다. 어찌 큰일만 소명(召命)이라고 하겠습니까. 가정을 이루게 하신 분이 하나님이시니 부인이 부엌에서 음식을 해도 그건 하나님이 좋게 보시는 일입니다.

평범한 생활 속에서 하나님께 감사하며 경외하면 그것으로 충분하다 생각합니다. 아주 작은 일에 충성한 사람도 주님은 기꺼이 칭찬하셨으니(마25:23) 배운 게 없고 영리하지 못하고 그저 단순하여도 어려워 말고 주님께 나아가면 되겠습니다. 이건 하나님께서 세상의 미련한 것들과 약한 것들, 천한 것들과 멸시받는 것들, 없는 것들을 택하신 것을 보아도 충분히 알 수 있는 일입니다(고전1:27~28).

제10부

한국 교회를 돌아보며

1.
과연 축복이 맞는 것인가

오래 전부터 한국 교회가 크게 부흥했다는 말이 들려왔습니다. 세계 몇 번째 안에 드는 교회가 몇 개라는 식의 통계도 나왔으나 한 편으론 그게 바람직한지에 대한 우려도 쏟아져 나왔습니다. 교회당 건물이 커지는 것만큼 교회의 사명과 목회(牧會)라는 본질이 흐려질 수 있다는 우려 때문에 그런 물음을 던지는 게 아닌가 싶습니다. 소위 예배와 성화라는 교회의 본질적 사명보다는 외형과 조직 관리에 치중하게 되었다는 염려가 그 배경일 것입니다.

오늘의 대형 교회들이 조직화되어 있어 사무적인 모습의 행정적 처리가 증대된 건 어느 정도 부인할 수 없고 교회의 메커니즘도 다소 변화되고 있지 않나 느껴지는 것도 사실입니다. 좀 과하게 표현하자면 물론 정도의 차이는 있지만 교회의 메커니즘이 예수님 공생애 첫 설교였던 이사야 말씀의 가난한 자, 포로된 자, 눈먼 자, 눌린 자를 자유하게 하는 것(눅4:18)에서 부자와 힘 있는 자와 더불어 지내기를 마다하지 않는 기득권 세력화(勢力化)의 길에 들어서지 않았는지 염려한다는 말입니다.

한국 교회를 걱정하는 소리는 수없이 흘러나왔습니다. 번영주의, 기복신앙, 물량주의, 세속화, 물질주의, 성공주의, 자나 깨나 성전 건축, 폐쇄적인 끼리 문화, 신본주의가 아닌 인본주의, 종교간 화합 슬로건의 초대형 집회, 내 교회 교인 숫자 늘리기, 당회장 담임목사의 절대주의, 교회 지을 땅 확보의 지신밟기 유사 행사, 추모관 건립하기, 소송 또 소송, 교회 세습 등 이런 말을 너무 많이 들어서 이젠 놀랍지도 않고 식상하다는 분도 있습니다. 맞는 말도 있을 것이고 과장된 말도 있을 것입니다. 문제는 사실 여부와 이유를 떠나서 외부인은 물론 적지 않은 내부 신자들의 시선조차도 곱지 않다는 데 있습니다.

3년여 전 2017. 12. 28.자 연합뉴스가 보도한 내용을 살펴봅니다. 한국기독교목회자협의회가 여론조사기관에 의뢰해 전국 19세 이상 남녀 5,000명을 대상으로 한 조사결과에 의하면 개신교 비율은 20.3%로 5년 전보다 2.2% 포인트 낮아졌고 개신교인 중 교회에 출석하지 않는 가나안 성도는 5년 전 10.5%에서 23.3%로 증가했으며 인터넷과 스마트폰을 통해서 주일예배를 대신한 적이 있다는 사람도 51.2%로 5년 전 16%보다 크게 늘었습니다.

개신교인 1천 명을 대상으로 한 별도 조사에 의하면 교회 세습에 대해 76.4%가 반대했으며 목회자의 이중직(두개의 직업을 겸하는 것)에 대해서도 45.6%가 반대해 찬성 39.9%보다 많았습니다. 한국 교회가 해결해야 할 과제로는 목회자의 사리사욕(24.0%), 자기교회중심주의(16.1%), 양적팽창 외형치중(16.0%)을 꼽았고, 비개신교인 1천 명을 대상으로 한 조사에서 개신교에 대한 호감도는 9.5%에 그쳐 불교 40.6%, 천주교 37.6%보다 훨씬 낮았으며 개신교 이미지에 대한 평가에서도 이기적이다(68.8%), 물질중심적이다(68.5%), 권위주의적이다(58.9%)의 응답비율을 보였습니다. 이러니 하나님께서 오늘의 한국 교회와 교인을 보시고 안타까워하실 것은 분명하다 하겠습니다. 바울 신학의 대가로 평가받는 어떤 저명한 신학교수는 '한국의 교회는 기독교의 본질과 가치를 다 잃어버렸다'고 탄식하더군요.

교회는 목양과 공중예배와 하나님께의 영광을 위해 존재하는 곳입니다. 아니 더 정확하게 말하면 예배를 함께 드리기 위해 모인 그 모임, 회중(會衆) 자체가 교회입니다. 이웃을 도와가며 불신자에게의 전도를 중요 사명으로 하고 있지만 기본적으로는 예수님을 머리로 신자 한 분 한 분이 각 지체가 되어 몸을 이루는 곳으로 신자들이 가장 중요한 주격(主格)이요 주요소(主要素)입니다. 그럼에도 객체로, 부자재로, 지배의 대상자로, 단위로, 교회 사무처리의 대상자로 다뤄지지 않는지 염려하는 눈길이 적지 않습니다. 매 신자마다 하나님의 자녀요, 성령님을 몸에 모신 왕 같은 제사장이요(벧전2:9), 거룩한 제사장(벧전2:5)인데 과연 그런 대접을 받고 있는지 궁금한 것입니다.

많은 목사님들이 신자 200~300명 규모의 교회를 가장 이상적으로 생각한다는 기사를 본 적이 있습니다. 목자가 신자들 가정의 아이들 이름과 집에 있는 숟가락 숫자까지도 셀 수 있을 정도가 되어야 따뜻한 인간미를 나누며 친밀하게 목양할 수 있다는 것입니다. 실제로 서울의 어느 대형 교회는 교회를 여러 개로 나누는 결단을 했고 사회와 기독인들부터 환영을 받았습니다.

누구는 묻습니다. 이렇게 부유하게 된 현상에 대해 과연 축복받았다는 말은 맞는 것입니까. 당연히 큰 복이었다고 말합니다. 답변에 앞서 예수님 말씀을 기억해봅니다. '화 있을진저 너희 부유한 자여 너희는 너희의 위로를 이미 받았도다 화 있을진저 너희 이제 배부른 자여 너희는 주리리로다 화 있을진저 너희 이제 웃는 자여 너희가 애통하며 울리로다(눅6:24~25).' 이 말씀은 바리새인 서기관들이 아닌 무리와 제자들에게 하신 말씀입니다.

그러니 그 물음에 대한 진단은 간단합니다. 복잡할 거 없습니다. 지금 한국 교회 존경받고 있습니까. 사회로부터 흠모의 대상이 되고 있습니까. 어디 가서 나 예수쟁이요 자랑하고 싶으십니까. '이같이 너희 빛을 사람 앞에 비취게 하여 저희로 너희 착한 행실을 보고 하늘에 계신 너희 아버지께 영광을 돌리게 하라(마5:16)'고 하신 예수님 말씀이 실천되고 있습니까. 지금 자문해 보면 알 수 있는 일입니다.

이에 대한 답들이 지금의 한국 교회 현주소입니다. 고황지질(膏肓之疾)이란 말이 있습니다. 병이 고치기 힘들게 몸 안 깊숙이 들어와 있다는 뜻인데 그 말이 생각나는 이유는 무엇일까요.

2.
악에 대한 지적은 성경적인가

　교회를 둘러싼 비행과 악에 대하여 많은 분들이 수십 년간 이구
동성으로 충언하고 걱정했지만 달라진 건 아무것도 없습니다. 귀담
아 듣기는커녕 네가 뭔데 간섭하느냐며 비웃기까지 합니다. 너나 잘
하라는 식입니다. 맞습니다. 너도 잘하고 나도 잘하고 우리 모두 잘
해야 합니다. 하나님이 지켜보시기 때문입니다. 필자의 이 글 또한
아무에게도 기억됨이 없을 것입니다.

　교회의 부끄러운 현실 언급에 대하여 혹자는 비판은 선악을 가
리는 행위로서 하나님이 금하신 것이고 또 비판하지 말라는 신약
의 말씀도 있으니 해서는 안 된다고 주장합니다. 일리 있습니다. 남
이면 간섭할 필요 없습니다. 길을 지나가다가 자기와 상관없는 일을
간섭하는 자는 개의 귀를 잡는 것과 같다고 하셨으니 말입니다(잠
26:17).

　그러나 형제의 일이요, 집안일이요, 너무도 귀한 친구의 일이라면
달라집니다. 사람이 친구를 위하여 자기 목숨을 버리면 이에서 더

큰 사랑이 없다고 했습니다(요15:13). 함께 대학 가자고 다짐했던 친구가 공부는 안 하고 술, 담배, 오락, 마약에 빠졌다면 충고해야 합니다. 가야 할 목표가 같고 그는 형제와 같기 때문입니다. 어떤 행위로 인해 교회 전체가 비난을 받고, 개독교 라는 말처럼 존귀하신 예수님이 인간들의 입줄에 오르내리며, 이름도 없이, 빛도 없이, 오늘도 묵묵히 목회 현장에서 밤낮을 보내는 수많은 목회자들이 싸잡아 욕을 먹는다면 이에 분개하는 건 당연할 수도 있는 일입니다.

교회의 악에 대하여 디모데후서 4장 2절에선 '가르침으로 경책하며 경계하며 권하라'고 했습니다. 강력하고 올바르게 신자들을 지도하라고 교회 지도자에게 하신 말씀입니다. 레위기에선 모든 백성들에게 '너는 네 형제를 마음으로 미워하지 말며 네 이웃을 반드시 견책하라 그러면 네가 그에 대하여 죄를 담당하지 아니하리라(레19:17)'라고 말씀하셨습니다. 이는 형제의 잘못된 걸 보고도 견책하지 않으면 공범의 책임을 묻겠다는 뜻입니다. 공동체의 선(善)을 위한 것입니다.

최종적인 정죄(定罪)와 판결은 물론 의로우신 재판장이신 예수 그리스도의 권한에 속하는 일입니다. 다만 형제가 죄를 범하거든 교회의 영적치리권을 발동하여 권고하고 끝내 듣지 아니하면 이방인과 세리와 같이 여기라 했습니다. 당시 유대 사회에선 열 명이 모여야 공회를 열고 처결했으나 예수님께선 두세 사람이 내 이름으로 모인 곳에는 나도 그들 중에 있다고 하시면서 교회 내 죄를 범한 형제 처리 과정에 힘을 실어주신 바 있습니다(마18:15~20).

사도 바울은 형제라 일컫는 자 중에 악이 분명한 경우에는 너희 중에서 내어 쫓으라 하면서 교중(教中) 사람들은 너희가 판단하라 말씀하였고(고전5:12~13) 또 다른 편지에서는 말씀에 불순종한 사람은 원수와 같이 생각하지 말고 형제같이 권면하라는 말씀을 하기도 했습니다(살후3:14~15). 하나님께선 불의를 보고 침묵치 않고 즉시 결행했던 비느하스를 높이 칭찬하셨습니다(민25:7~13). 이 모든 것은 교회 내 악을 그냥 묵과해선 아니 된다는 뜻이라 하겠습니다.

우리는 형제자매들이요 귀한 친구요 하나님의 같은 자녀들입니다. 하늘나라 가면 다 만날 사람들입니다. 우리들의 가야 할 목표는 같고 함께 한국 교회를 짊어졌으니 같이 걱정하는 건 마땅한 일입니다. 그런 면에서 권면은 꼭 필요한 것이고 명령인 것이며 권면하는 이도 자신을 돌아보고, 권면을 받는 이도 자신을 돌아봐야 할 것입니다. 권면하는 이에게나 권면 받는 이에게나 하나님의 결산은 있을 것이기 때문입니다.

비판은 개개인에 대한 정죄이니 금하라는 것입니다. 마태복음 7장 1~5절 및 로마서 14장 1~10절은 그런 취지입니다. 사교와 이단이 들끓거나 교회 안팎에 악이 횡행할 때도 침묵하라는 것이 아님을 유념해야 합니다.

3.
낮은 현실의 교회들

안타깝기 이를 데 없는 현실이 또 한편에 존재합니다. 눈만 뜨면 다들 인자하신 하나님을 찾지만 약육강식 승자독식의 정글 법칙을 적용하는 건 세상과 아무 차이도 없어 보입니다. 다 같은 예수님의 제자라거나 주 안에서의 한 형제라는 인식이 있다면 존재하기 어려운 일입니다. 한쪽은 넘쳐나는데 한쪽은 곤핍하기 그지없습니다. 수많은 교회가 목회자 생활비조차 대지 못한다고 합니다. 그래서 작은 교회 목사님들은 어쩔 수 없이 택시운전이나 택배 일, 커피 바리스타 등 이중 직업을 갖기도 합니다.

일선의 작은 교회 목회자들은 24시간 대기상태입니다. 언제 어느 때 성도들의 요청이 있을지 모르기 때문입니다. 그래서 언제고 뛰어나갈 수 있게 운동복 차림으로 잠을 잔다는 말도 들려옵니다. 자녀교육도 희생됩니다. 농어촌과 광산촌, 산골벽지와 낙도 오지에서 오늘도 힘들게 목회하시는 분 많습니다. 젊은이들은 별반 없고 늙고 병들어 손이 많이 가야 하는 신자들이 태반입니다.

어부들이 있는 어촌 교회의 새벽 기도회는 새벽 3시입니다. 일찍 출항해야 하기 때문입니다. 주일예배, 수요예배, 새벽기도회 말고도 금요 심야기도, 신앙상담과 인생 상담, 심방, 애경사 참여, 병환과 위급시의 소환, 돈 빌려달라는 요구 받기, 돌아서면 또 해야 하는 끊임없는 설교 준비, 교인들의 전화와 카카오톡 응답까지 몸이 열 개라도 부족하지만 그것보다 더 무서운 건 교회를 바라보는 사람들의 냉담한 시선이라는 것입니다.

특히 목회자의 가장 큰 어려움은 끝없이 감당해야 하는 설교입니다. 아무리 하나님의 말씀을 대언하는 것이라 하나 인간적으론 매우 힘이 들고 진이 빠지는 일입니다. 1년 내내 아니 평생을 돌아서면 설교 준비해야 하고 또 돌아서면 설교 준비해야 합니다. 같은 말씀을 전하면 금방 알아차리고 뒷말이 붙는 게 설교입니다. 신도들은 편하게 앉아 때론 졸면서도 듣는 게 설교지만 목회자의 설교 준비는 온몸과 온 정신을 곤두세우며 하는 일입니다. 힘들다고 도망갈 수도 없는 문제입니다.

필자는 청년 시절 중등부 학생들을 몇 년 지도하며 설교 준비를 한 경험이 있습니다. 돌이켜보면 너무 우매해서 그런지 30분 설교하려면 3시간을 준비해도 부족했습니다. 기도하며 준비하고 준비 중에도 기도하며 말씀을 상고하고 관련 노트와 책자들을 뒤적거려 보지만 항상 어렵습니다. 인간이기에 영적 고갈 상태도 때론 오기 마련이고 그러면 실로 답답하기 이를 데 없는 게 설교 준비입니다. 일류 부흥사처럼 원고 없이 청산유수로 설교하는 분도 계시지만 많은 목회자들은 일일이 글자 한 자라도 잘못될세라 완벽하게 원고를 준비하느라 모든 신경을 동원합니다. 그렇게 준비했어도 성도들 반응이 시원치 않으면 온몸의 맥이 다 풀리는 게 설교입니다.

현실이 이렇습니다. 사정이 어려운 교회와 고생하는 목사님들이 의외로 많습니다. 그런데도 교회나 목사라면 무조건 싸잡아 비난하는 건 아주 욕된 일이요, 하나님의 기억하심이 있으실 무서운 일입니다. 예수님은 가장 낮은 곳에 오셔서 십자가에서 돌아가시는 형극의 길을 밟으신 분입니다. 낮은 위치에 있는 교회는 힘은 들지만 같은 형극의 길을 가기에 어쩌면 가장 복된 교회일지도 모릅니다. 그분들의 심정을 예수님이 알고 그런 예수님의 심정을 그분들이 또 압니다. 그렇다면 형극의 길을 가지 않는 부유한 교회는 어떻게 이해해야 할까요. 주님의 뜻을 알 길이 없습니다.

4.
교회의 위기와 가나안 신자

글을 쓰며 서가의 케케묵은 책 가운데서 『서울예수』를 들춰봤습니다. 1984년도 판이니 거의 40년 다 되어 가는데 한때 날개돋친 듯이 팔렸던 책입니다. 당시엔 헌금 종류만 38종이라고 쓰여 있었는데 지금은 70종으로 늘어났습니다. 이게 뭘 뜻하는 건지 긴 설명이 필요 없을 것입니다. 그것이 '한없이 욕심을 부리며 죽음처럼 만족할 줄 모르고(합2:5, 현대인의 성경)'의 결과라고 믿고 싶지 않을 뿐입니다. 교회 매매 광고가 수천 건 수만 건이 되고 가격을 매길 때 교인 머릿수를 계산에 넣는다는 건 어떻게 이해해야 할지 모르겠습니다.

큰 규모든 작은 규모든 일부의 한국 교회 모습을 바라보면 '슬퍼하며 애통하며 울지어다 너희 웃음을 애통으로, 너희 즐거움을 근심으로 바꿀지어다(약4:9)'라는 말씀이 생각납니다. '네 노랫소리를 내 앞에서 그칠지어다 네 비파 소리도 내가 듣지 아니하리라(암5:23)'라는 말씀도 생각납니다. 혹자는 이래서 코로나19가 왔다고 냉소적으로 말합니다. 교회가 존경받는 모습을 보여주지 못하고 있으니 예배드린다고 모이는 것을 하나님께선 별로 탐탁치 않아 하신다는 그런 의미인 것 같습니다.

일부 한국 교회의 위기 원인은 교회당의 우상화일지도 모릅니다. 다소 충격적으로 들리실지 몰라도 한번 생각해 볼 일입니다. 아시다시피 회중(會衆)이 곧 교회입니다. 교회당은 건물에 불과하며 생명도 없는 것이며 없어도 그만, 빌려도 그만인 것입니다. 초대교회 시절엔 교회당 공간 없이 각 가정에 교회가 세워지기도 했습니다. 그런데 언제부턴가 교회당을 받들고 제일로 치는 우상화 단계에 이른 것 같아 우려됩니다.

교회의 생명은 예수 그리스도이십니다. 예수 그리스도보다 더 중요시되는 게 있다면 그건 다 우상입니다. 하나님께 속한 영광을 다른 존재에게 바치는 것 그게 바로 우상입니다. 또한 교회의 가장 큰 어른은 머리되신 예수 그리스도시며 지체가 된 교인 한 분 한 분이 그 다음입니다. 함께 한 몸을 이루고 있기 때문입니다. 가장 소중히 다뤄져야 할 일은 하나님께의 경배와 아울러 불신자의 구원이요 성도들의 성화(聖化)입니다.

그러니 살펴봐야 합니다. 예수님과 그 지체된 신자들을 최우선의 위치에 놓아야 함에도 불구하고 교회의 최고 어른은 당회장 담임목사요 그 다음은 부목사와 장로들이며 그 다음은 전도사, 안수집사, 서리집사, 권사, 권찰, 구역장이며 일반 신도는 가장 서열이 낮다고 생각하진 않는지, 낮아지신 예수님의 영광은 저리 가고 인간의 근엄한 모습과 영광만 가득하진 않는지, 교회 예산은 가난한 이웃 구제보다는 교회당 운영에 쓰이는 게 먼저라고 하진 않는지, 교회당이 화려하고 사람만 많이 모이면 성공한 교회라고 하진 않는지, 회개하고 죄 사함을 받으라는 말보다는 다 잘되고 복 받을 수 있다는 소리만 강조하진 않는지 살펴봐야 합니다.

그래서 어느 샌가 부지불식간에 교회당을 살아 꿈틀대는 우상 비슷하게 생각하진 않는지, 옛날로 말하면 대제사장이었다고 자부하는 목회자들의 위엄에 눌리고 교계의 수많은 감투 자리와 총회, 노회, 당회로 이어지는 함부로 범접할 수 없는 제도권 교회권력 앞에 내 자신이 주눅들며 뭔가 권세의 기운이 맴도는 교회 분위기는 아닌지, 양을 위해 목숨을 버리는 선한 목자 대신 종교사업가, 종교권력자, 직업종교인들이 군림하진 않는지, 일상의 삶으로 드리는 예배보다는 교회당과 교회 일에 충성하는 분위기를 만들며 순종과 헌금을 요구하진 않는지, 교회 행사를 빌미로 주 안에서의 자유를 지나치게 구속하진 않는지, 평강을 누리는 따뜻한 감사의 일상보다는 바리새 같은 의식을 중히 여기진 않는지를 살펴봐야 합니다.

이 모든 게 노파심에 불과했으면 좋겠습니다. 과거 『교회가 죽어야 예수가 산다』는 책이 인기를 끈 적이 있었습니다. 오죽했으면 그런 책이 나왔을까마는 이는 많은 분들이 오늘의 일부 교회의 현실을 매우 안타까워한다는 반증일 것입니다.

한국 교회의 위기 원인은 예배를 집회로 바꿔버린 것이라는 말도 있습니다. 의례적으로 예배 행사 한번은 치르지만 사람들의 관심은 생명의 예배에 대한 갈급함은 별로 없고 그저 모인 기회에 긴 시간을 허비하며 세상일이며 TV프로며 연예계 소식이며 맛집 이야기며 신상품 이야기며 아무개 집사가 어떻게 되었더라는 등 커피 마시며 잡담하는 게 일상화되었다는 것입니다. 물론 만나서 반갑고 그간의 소식이 궁금해서 교제를 나눈다고 이해할 수도 있으나 그것도 지나치면 사람들의 집회가 된다는 뜻일 겁니다. 어느 교회에서는 여신도들끼리 단체로 쌍꺼풀 수술을 했다는 소리를 들어본 적이 있는데 그래서 그런 건지 모르겠습니다.

다른 이유로 교회의 위기를 말하는 분도 있습니다. 실망해서 떠나는 신도가 갈수록 늘고 있다는 것입니다. 교회의 세속화 말고도 이율배반적 행동, 교회의 정치화와 운동권화, 말씀의 빈곤 등 여러 가지 이유가 있을 겁니다. 그러나 그 중에서도 일부 신자들과 교역자들의 교만함과 거칠고 무례한 행동에 질려 떠나는 경우가 많다는 것입니다. 디오드레베는 교만함으로 더러운 이름을 길이 남겼습니다(요삼1:9). 말은 곧 인격입니다. 거칠고 무례한 말은 그 사람의 인격이 거칠고 무례하다는 뜻입니다. 교회 다니는 분들 중에 이런 분들이 적지 않다는 소리가 들려오니 안타까울 따름입니다.

폐쇄성도 문제입니다. 심지어 어떤 대형 교회의 성경 학습 강좌에는 자격 조건을 붙여 참여를 제한하는 경우도 있었습니다. 철없는 군중들이 예수님한테 배울 때 무슨 자격 조건을 걸었다는 건 성경에 없는 일입니다. 누구든지 와서 돈 없이, 값 없이 포도주와 젖을 사라고 했는데 복음에 관련된 강좌를 자격 운운하며 수강 조건을 다는 게 바람직한 일일까요. 이는 마치 필자의 졸저인 『아모스의 눈물』에서 언급한 것처럼 저작권료 운운하며 성령님의 감동으로 지은 찬송가에 대하여 돈을 받겠다며 빗장을 걸어놓은 일과 같다고 하겠습니다.

교회생활 중 목회자에게 또는 옆의 신자들에게 상처받은 분들이 의외로 많은 것 같습니다. 어떤 목사님은 강단에서 이를 거론하며 '누가 상처받으라고 했느냐, 상처받은 게 바보지'라고 말하는 걸 들어본 적도 있습니다. 그건 상처받은 영혼에게 비수(匕首)를 꽂는 일입니다. 잃어버린 양 한 마리라도 찾아나서는 게 목자요, 자기 목숨을 버려서까지 양을 지키는 게 목자요, 상한 갈대를 꺾지 않으며 꺼져가는 등불도 끄지 않는 게 목자인데(사42:3) 이해하기 어려운 일입니다.

좋은 담임선생님이라면 데리고 있는 학생이 성적 얼마나 올랐는지보다는 즐거운 학교생활을 하고 있는지, 적응은 잘 하는지, 교우관계는 괜찮은지, 오늘은 아프지 않은지, 학급이 힘 있는 소수의 학생들에 의해 좌지우지되지는 않는지, 텃세와 따돌림으로 소외되진 않는지를 살피는 데 더 신경을 쓸 것입니다. 무엇보다 학생들이 학교에 잘 다니는 게 중요하니까요. 자리 잡지 못한 학생은 처음엔 나름대로 견디어 보지만 성적도 엉망이 되고 결국은 떨어져 나가게 됩니다. 상처와 실망을 안고 떠나가게 되겠지요. 그 학생이 떠나가도 아무 일 없는 듯 누구도 관심이 없을 것이나 그 학생의 장래는 어찌 되겠습니까.

교회도 마찬가지일 것입니다. 그런 학생이 발생되지 않도록 해야 하고 만약 발생하였다면 이런저런 대책을 고민해봐야 합니다. 그게 담임선생님으로서 마땅히 취해야 할 일입니다. 그 학생처럼 한국 교회를 떠난 가나안 신자가 얼추 잡아도 100~200만 명은 되지 않을까요.

가나안 신자는 혼자 있다 보면 느슨해져 영적 성장을 하기가 쉽지 않고 결국에 하나님까지 잊어버리게 될 소지가 많습니다. 가나안 행태는 성경적이 아닙니다. 언저리에 머물러 있을 뿐 찬송가를 합창할 수 없고 합심 기도할 수 없고 성만찬을 나눌 수 없기 때문입니다. 혼자 있으니 교제도 없고 봉사며 헌신이며 섬김이며 전도도 여의치 않습니다. 혼자이니 교회의 청지기가 될 일도 없습니다. 이는 형제가 연합하여 동거하는 게 선하고 아름답다고 하신 말씀에(시 133:1) 어긋나는 일입니다.

그럼에도 불구하고 가나안 신자들을 비난할 수는 없습니다. 그분들은 어떻게 평한다면 '환난과 핍박 중에도 성도는 신앙 지켰네'라는 찬송가 가사가 생각나게 하는 분들입니다. 사방이 모질어도 하나님을 떠나지 않고 믿음을 지키려는 분들이라고 볼 수 있습니다. 그렇다 해도 변질된 복음을 선포하는 교회라면 모를까 역할이 시원 치 않다고 무교회주의를 주장하거나 가나안 신자도 괜찮다는 사고 는 위험한 일입니다.

왜 가나안 신자가 늘어만 가는지 치열한 원인 규명과 대책에 나서 야 합니다. 그래야 교회 공동체가 살아납니다. 지도자 때문인가, 텃 세 때문인가, 복음의 변질 때문인가, 교만 때문인가, 돈 문제 때문인 가, 파벌과 알력 때문인가, 교인들의 거칠고 무례함 때문인가를 정 치(精緻)하게 진단하고 처방전을 내어놓아야 교회가 회생할 수 있습 니다. 기쁨은 없고 함께 하기가 힘들며 사나운 몰골만 갖고 있다면 누가 거길 가겠습니까. 아무리 좋은 명분과 미사여구를 걸어도 진 흙탕에 들어가려는 분은 없습니다.

공동체를 파괴하는 분들이 있다면 교회의 치리권을 행사하여 교 회가 오염되지 않도록 해야 합니다. 적은 누룩이 온 덩이에 퍼진다 고 했고(갈5:9), 사도 바울은 그런 자를 내어 쫓으라 했습니다(고전5:13). 가슴 아프지만 공동체를 살리는 건 그보다 훨씬 더 중요하기 때문 입니다.

그러지도 못하고 이러지도 못한 채 계속 상처받고 속을 끓여 더 이상 아무 은혜도 안 되는 상황이 이어진다면 도대체 어떻게 해야 할지 참으로 난감한 일입니다. 신자들이 옆 사람을 사랑까지 하진 못할망정 그저 상식선의 기본 예의만 갖춰도 좋겠다는 생각이 듭니다.

잃어버린 양 한 마리를 찾으시는 주님이십니다. 양을 우리 밖으로 나가게 했다면 그건 목자의 책임이지 옆에 있는 다른 양들 때문이라고 변명하기 어렵습니다. 목장의 우리 밖으로 나간 양들 중 열에 아홉은 사자에게 물려 죽었을 것입니다.

'목자가 없으므로 그것들이 흩어지며 흩어져서 모든 들짐승의 밥이 되었도다 내 양의 무리가 모든 산과 높은 멧부리에마다 유리(遊離)되었고 내 양의 무리가 온 지면에 흩어졌으되 찾고 찾는 자가 없었도다(겔34:5~6).'

여호와의 영광이 떠난 성전은 가장 가증하고 추악하기에 하나님께선 그곳부터 심판하라고 하십니다. '내 성소에서부터 시작하여라. 그러자 그들은 성전 앞에 있던 장로들부터 죽이기 시작했다(쉬운 성경, 겔9:6).' 교회가 악하면 심판은 교회부터 시작됩니다. 악한 교회 공동체에 평강의 성령님은 계실 수 없을 것이기 때문입니다.

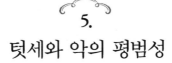

5.
텃세와 악의 평범성

텃세의 사전적 의미는 먼저 자리 잡은 사람이 뒤에 들어온 사람들에 대하여 가지는 특권의식 또는 뒷사람을 업신여기는 행동으로 규정되어 있습니다. 거친 표현을 쓰자면 '완장질'이라고나 할까요. 처음부터 순치(馴致)시키면 앞으로도 다루기 좋으니 미리부터 길들이기 하는 걸까요. 시골 텃세는 '동네법이 나라법보다 무섭다'는 말까지 만들어냈다던데 사회의 악습을 끌어온 걸까요.

교회 내 텃세도 심심치 않다고 합니다. 텃세에 당하는 입장에서는 속이 상하지만 거길 떠나지 않는 한 침묵하고 견디는 것 밖에는 별 도리가 없습니다. 심해지면 결국 교회에 발길을 끊는 일이 발생하게 됩니다. 가나안 신자의 상당수는 말씀 빈곤의 실망보다는 이러한 인간관계의 텃세 때문이라고 합니다. 그런 일이 있다면 교회를 다녀도 편안하고 행복한 마음을 갖기 어려울 것입니다. 텃세를 부리는 건 믿음 안에서의 형제를 괴롭히는 일이니 '예배드리기에 앞서 형제에게 원망들을 만한 일이 있거든 먼저 가서 화목하고 그 후에 와서 예물을 드리라'는 예수님의 말씀을 기억해 봐야 할 것입니다(마

5:24).

인터넷을 검색해 보면 교회 텃세에 어쩔 줄 몰라 고민하고 상담하는 글이 많습니다. 모두 어리고 약한 초보 신자가 된통 당하고 난 뒤 어디 하소연할 데가 없어 올리는 글들입니다. 인터넷 상담글로 올라왔다는 것 자체가 해당 지역 교회의 불찰입니다. 제대로 상담할 창구도, 여건도 잘 마련되지 않았다는 소리이니까요. 그래도 '적응을 못 하면 그 적응 못 하는 사람에게 문제가 있는 거다'라고 야단치는 게 오늘의 교회 현실입니다.

그들의 사연을 들어보면 십중팔구 다 같습니다. 처음엔 환영하는 척하다가 직분이 높고 오래된 소위 터줏대감이나 주변 인물들이 은근히 알게 모르게 따돌리거나 무시한다는 겁니다. 그걸 속된 말로는 '쪈다'고 하더군요. 군기(軍紀) 잡는 거죠. 그건 교회라는 외양을 갖춘 교인들로선 상상할 수 없는 일입니다. 끼리끼리 돌아다니고 입방아 찧는(딤전5:13) 교회 텃세는 '여호와는 평안이시다'라는 뜻의 여호와 살롬(삿6:24)에 희망을 걸고 찾아온 이에게 찬물을 끼얹는 행위입니다. 죽고 사는 것이 혀의 권세에 달렸다고 했으니(잠18:21) 텃세는 혀로 사람의 영혼을 죽이는 악한 행위입니다. 같은 하나님의 자녀들이요, 하나님의 권속(Family)인데(엡1:5, 2:19) 어떻게 이럴 수 있단 말입니까.

더욱 놀라운 것은 어떤 상담자는 이젠 교회에서도 '악의 평범성'

을 느꼈다고 말하는 점이었습니다. 경악했습니다. 아시다시피 '악의 평범성'은 유대인 수백만 학살의 책임자였던 독일 장교 아돌프 아이히만의 재판 참관기를 어떤 분이 책으로 쓰면서 유명해진 말인데, 그 악이 평범한 모습으로 교회 내에 퍼져 있다는 것입니다. 다소 과장된 표현일 수도 있겠으나 이게 기성 교회와 교인들을 겪으면서 느꼈던 그분의 말이라니 그간 얼마나 말 못할 상처를 받았으면 이런 말을 했을까 생각해보게 됩니다. 악은 어떤 모양이라도 버리라고 했습니다(살전5:22). 가볍게 치부했던 언행들이 남에게는 텃세로 비쳐지고 그것들이 몰고 온 깊은 상처가 아닌지 우려됩니다.

'악의 평범성'까지 느꼈다는 그 고민의 글을 보면서 문득 예수님께서 '예루살렘아 예루살렘아 선지자들을 죽이고 네게 파송된 자들을 돌로 치는 자여 암탉이 그 새끼를 날개 아래 모음같이 내가 네 자녀를 모으려 한 일이 몇 번이냐 그러나 너희가 원치 아니하였도다(마23:37)' 하신 말씀이 떠오릅니다.

예수님은 가난한 자, 마음이 상한 자, 포로 된 자, 갇힌 자, 모든 슬픈 자를 위해서 오셨음을 기억해야 할 것입니다(사61:1~2). 너무도 악한 모습들이 편만한 이 세태, 힘 있는 자들의 오불관언(吾不關焉)의 모습들, 그것도 예수 그리스도의 몸인 교회에서 말입니다. 치료약은 있는 걸까요. '나 여호와가 말하노라 네 상처는 고칠 수 없고 네 창상(創傷)은 중하도다. 네 송사를 변호할 자가 없고 네 상처를 싸맬 약이 없도다(렘30:12~13).'

하나님께서도 이런 텃세 현상을 우려하셨습니다. 레위인으로서 지방에 있다가 중앙 성소로 옮겨가서 섬길 경우 그의 몫에 차별두지 말고 같게 하라고 하셨습니다(신18:6~8). 거친 표현으로 말하자면 촌뜨기가 서울 직장으로 옮겨왔어도 텃세부리지 말고 동등하게 잘 대우해주라는 말씀이지요. 너무도 섬세한 것까지 신경 쓰시는 하나님이셨습니다. 만약 그 당시 이 말씀이 없었다면 서울에 올라온 시골 촌뜨기 레위인들은 어떤 대접을 받았을까요. 상상만 해도 뻔합니다. 인간시장(人間市場)의 텃세 현상에도 훤하신 분이 하나님이십니다.

6.
메가 처치와 교회 연합

　메가 처치(Mega Church)는 아시다시피 거대교회입니다. 초대형 교회지요. 우리나라에도 적지 않지만 선샤인 지식노트에 따르면 2004년 기준 미국에는 880개의 교회가 있다 하는데, 이는 대중화, 상업화 전략을 통한 대대적 전도를 우선으로 삼는 복음주의의 영향으로 급성장하게 된 결과라고 합니다. 현대인의 소비 지향적 마인드와 교회엔 살짝 걸치기만 하면 된다는 자유를 희구하는 편의주의, 대중적 문화예술에 민감한 현상 등이 일부 목회자들의 소망과 접목하여 이뤄진 현상이라고도 하겠습니다.

　메가 처치는 복음의 대중화에는 기여했을는지 몰라도 목숨을 걸어야 하는 경건한 신앙을 범상화(凡常化), 유희화(遊戲化)시키고 자본주의적 여러 요소들을 신성한 교회에 끌어들여 복음의 귀한 가치를 싸구려인 양 저급화(低級化)시켰다는 비판 또한 적지 않습니다. 이를 흔히 값싼 복음이라고도 하더군요. 생명의 예수 그리스도를 종교의 하나로 전락시킨 건 아닌지 우려됩니다.

메가 처치는 화려한 외형과 명성으로 자칫하면 교만과 자기 영광의 늪에 빠질 수 있습니다. 예수님께서도 '너희가 서로 영광을 취하고 유일하신 하나님께로부터 오는 영광은 구하지 아니한다'고 질책하셨는데(요5:44) 사람의 영광이 얼마나 위험한 것인가를 생각하게 합니다. 사십여 년도 넘은 옛날 신인현이란 분이 쓰신『빈곤에 도전하는 기독교』라는 소책자를 아주 감명 깊게 읽었는데 웅장하고 장엄한 예배당의 종소리가 그 밑의 아주 낮은 빈곤한 자들과 어떻게 어울리겠냐고 갈파하던 내용이 기억납니다. 메가 처치는 존재 자체로 은혜가 아니 된다는 뜻으로 읽혀졌습니다.

메가 처치를 바라보는 사회의 인식은 부정적인 편입니다. 그런데도 많은 분들이 대형 교회에 나가는 건 중소 교회 가면 금방 눈에 띄게 될 헌금 문제나 관심이 모아지는 데 대한 부담감, 그리고 은근한 텃세 문제 등이 부담스러운 반면 대형 교회는 화려한 지명도와 함께 사람들 간의 교제 및 애경사 문제, 헌금이나 출석에 있어 덜 간섭받는다는 이점과 비교적 체계적인 자녀 성경교육 등 여러 가지가 고려되었을 것으로 생각됩니다.

믿지 않는 분들조차 교회는 커져서는 아니 된다는 생각을 갖는 이유는 성경은 잘 몰라도 대형 교회는 성탄절날 가난하게 오신 예수님의 뜻과는 뭔가 어울리지 않는다는 생각 때문일 것입니다. 오늘날 우리 사회에 존재하는 정치권력과 재벌, 노동단체들과 전문가 집단 및 각종 이익단체들의 목소리와 이기심에 가뜩이나 피곤한

데 평안한 안식과 위로를 주어야 할 교회마저 비대화, 권력화, 계급화된 것에 대한 반감도 있을 것입니다. 실제로 메가 처치급 교회일수록 교회 내에 정치인들과 고위관료, 법조계, 의료계, 재벌계, 학계 등의 유력 인사가 많아 위력적인 이너서클(Inner Circle)로 비춰지는 것도 사실일 것입니다.

대형 교회는커녕 모든 교회와 교인에 대한 사회의 비판과 냉소는 오래전부터 제기된 일입니다. 이미 100여 년도 넘은 1917년 춘원 이광수 선생은 '금일 조선 야소교회의 결점'에서 조선 야소교회가 기독교 근본정신에 반하여 목사, 장로들이 평신도 위에 군림함으로써 교회가 오히려 계급적인 모습을 지니고 있다는 등 여러 가지를 비난하였습니다. 그 외 남북 분단의 비극과 이념 갈등으로 인해 독버섯처럼 자라난 공산 사회주의자들의 끊임없는 기독교회 공격도 교회를 바라보는 시각에 아주 큰 악영향을 끼친 것도 사실입니다.

문명개화기 이후 학교와 병원을 짓고 수많은 가난을 구제하며 도박 풍조와 굿거리 무당을 몰아내고 자유민주주의와 자본주의 체제를 키워내고 기독교의 드높은 이념을 이 땅에 뿌리내리게 하는 등 그토록 헌신한 교회와 교인들의 노고를 한순간 물거품으로 만든 것 중의 하나는 교회의 권위주의와 계급의식으로 인한 사람들의 반발이라 해도 지나치지 않을 것입니다. 교회의 계급 서열화, 권력주의화, 비대화에 대한 시선이 곱지 않으니 메가 처치에 대한 부정적 생각이 드는 건 더더욱 말할 것도 없겠습니다.

평안해지고 싶은 소원을 그나마 최후로 기대해 볼 데가 교회인데 교회마저 거부감을 갖게 한다면 한번쯤 살펴봐야 하지 않을까요. 교인들 장거리 버스 동원과 지교회(支敎會) 설립과 같은 지나친 비대화가 수많은 지역사회 작은 교회 목사님들한테는 상대적 박탈감이나 상실감과 더불어 목회 의욕의 저하를 불러일으킬 수 있지 않을까요.

　그러나, 메가 처치는 엄연히 현존하고 있습니다. 메가 처치는 영향력이 심대한 존재입니다. 메가 처치가 선한 영향력을 끼치면 사회가 교계를 바라보는 시각도 긍정적이 될 것이며 나쁜 모습으로 지탄을 받게 된다면 교회 전체가 설 자리를 잃어가고 복음 전파에 지장을 줄 것입니다. 이게 메가 처치를 논하는 이유입니다.

　필자는 한 가닥 전진지망(前進之望)의 놀라운 꿈을 꾸어 봅니다. 대규모 통회 예배입니다. 백만이 넘는 신자들이 모여서 서울 광화문 광장이나 잠실 올림픽 스타디움과 같은 대형 집회장에서 대형 찬양 집회를 드리는 꿈입니다. 이건 인본주의 종교적 축제 행사가 아니고 생명을 드리는 회개와 눈물, 헌신과 감사의 예배 현장입니다. 축제라는 표현 자체도 적절하게 들리지 않습니다.

　높은 누대만 하나 설치되어 있을 뿐 화려한 단상도 없습니다. 내외빈 소개도 없으며 행사를 주관하는 사람들 가슴에 그 흔한 코르사주 꽃 장식한 사람도 없고, 그 앉는 위치도 누대 아래 일반 신자들이 있는 좌석입니다. 신자들도 금식하는 이가 태반이요, 깨끗한 옷만 차려 입었지 유명 메이커의 값비싼 것을 걸친 분도 없고, 금목걸이, 다이아 반지 낀 사람도 없습니다. 그들이 가진 건 성경, 찬송가뿐입니다.

이 땅의 현실이 하도 기가 막히기에 하나님 앞에 모였습니다. 모두가 한 목소리로 두 손을 높이 들고 하늘을 향해 무릎을 꿇습니다. 유명한 목사님이나 큰 교회가 주관하는 행사가 아니라 중소규모 교회가 연합하고 주관하여 드리는 예배입니다. 행사 진행 일정만 나와 있을 뿐 누가 행사의 귀빈이나 주인인지는 모릅니다. 오직 예수님만 보입니다.

거기엔 회장도, 연합회장도, 총회장도, 총연합회장도, 대표회장도, 상임위원장도, 총재도, 상임총재도, 고문도, 상임고문도, 의장도, 연합총재도, 증경(曾經)총회장도, 그 많은 명예박사 홍보도 없으니 아무도 빛나는 영광의 자리를 차지한 사람이 없었습니다. 언론에 대문짝만하게 떠서 명성을 날릴 기회였는데 말입니다. 왜냐고 물었더니 성경엔 그런 직책이 하나도 없어 그런 직위를 원하는 사람이 없었고 그게 양을 치는 데 무슨 상관이 있냐는 것입니다. 그 대신 목자, 일꾼, 청지기, 심부름꾼, 종, 머슴 같은 직책들로만 구성되어 있었습니다.

그분들은 알고 있었습니다. 인간의 영광을 받으면 장차 하늘나라에서는 아무 상급이 없다는 걸 말입니다. 이는 남을 위하여 구제하는 것이나 신께 드리기 위하여 기도하는 것이나 자기 자신 신앙을 챙기고자 금식하는 것 모두가 좋은 일임에도 불구하고 사람에게 보이려고 행하자 예수님께서 대뜸 사람의 영광을 얻은 그 세 가지 행위 모두에 대하여 '진실로 너희에게 이르노니 그들은 자기 상(賞)을 이미 받았느니라(마6:2, 5, 16)' 하셨다는 걸 알고 있었던 것입니다. 그 바람에 서로 피하느라 아무도 감투를 쓰지 않았다는 것입니다.

행사 진행하는 분이나 설교하는 분이나 찬송 인도하는 분이나 기도하는 분이나 등장하면 전체 신도들에게 모두 허리 굽혀 인사하고 끝날 때도 엎드려 절합니다. 등장할 때는 박수도 환호성도 없습니다. 오직 하나님께만 박수 올립니다. 거만한 모습이라고는 찾아볼 수 없습니다. 봉헌금은 전액 버려진 가난한 이웃들을 위해 쓰여지니 믿지 않는 분들의 입에서도 칭찬의 말이 쏟아져 나옵니다. 그간 교회를 욕했던 사람들조차도 정말 교회의 참모습은 저런 것이었는지 관심을 갖게 되니 전도가 확장됩니다.

정치적 구호는 일체 없습니다. 인권이니 자유니 민주니 환경이니 통일이니 북한이니 차별금지니 여야니 그런 말들은 나오지 않습니다. 도도히 흐르는 건 하나님 영광뿐입니다. 시작도 하나님 영광이요, 끝도 하나님 영광입니다. 회개의 통곡소리와 사자후(獅子吼) 같은 설교와 흐느끼는 눈물과 목이 터져라 부르는 찬송소리에 나라가 환해지고 온 백성이 하나님 앞으로 돌아오는 그런 놀라운 역사의 예배 현장입니다. '백성이 율법의 말씀을 듣고 다 우는지라(느8:9)'라는 말씀을 대회 주제로 놓고 모인 집회였기 때문입니다.

> '그 달 이십사일에 이스라엘 자손이 다 모여 금식하며 굵은 베를 입고 티끌을 무릅쓰며 서서 자기의 죄와 열조의 허물을 자복하고 이날에 낮 사분지 일은 그 처소에 서서 그 하나님 여호와의 율법을 낭독하고 낮 사분지 일은 죄를 자복하며 그 하나님 여호와께 경배하는데(느9:1~3).'

많은 목회자들이 가장 이상적인 교회 규모를 200~300명이라고 말을 합니다. 그간의 오랜 목회 경험과 경륜에 기초하여 이렇게 말씀하고 있는 거라 생각합니다. 그러므로 이런 대규모 예배를 두서너 곳의 메가 처치가 아닌, 이 땅의 수백, 수천의 중소규모의 교회들이 자기 이름을 드러내지 않고 연합하여 드릴 수 있다면 얼마나 좋겠습니까. 형제인 교회들이 연합하여 하나님께 영광을 돌리면 그보다 아름다운 일은 없을 것입니다. 그런 소망을 담아 역설적, 반어적으로 대규모 통회 예배를 그려본 것입니다.

연합은 아름다운 것입니다. 예수님의 겟세마네 기도 내용의 하나입니다. 예수님은 '내게 주신 영광을 내가 그들에게 주었사오니 이는 우리가 하나가 된 것 같이 그들도 하나가 되게 하려 함이니이다'라고 하셨습니다(요17:22). '형제가 연합하여 동거함이 어찌 그리 선하고 아름다운고'했습니다(시133:1). 바울 사도는 그리스도 예수를 본받아 서로 뜻이 같게 하여 주사 한 마음과 한 입으로 아버지께 영광을 돌리라 하였습니다(롬15:5~6). 연합은 성경의 뜻입니다.

다른 한편을 살펴보면, 메가 처치는 수십, 수백의 선교사를 파송하고 신학기관과 선교기관 및 교육체계를 유지하며 무료급식소를 개설, 운영하며 가난한 이웃교회와 교인들을 돕고, 늙고 병든 분을 요양할 기관을 세우고 가난한 학생들의 학자금을 도우며 세계적 선교 규모의 대형 선교 사업이나 거금이 들어가는 대규모 구제사업을 행하는 데 유익할 것입니다. 특히 천성을 향해 같이 가는 형제인 미자립재정의 작은 교회를 지원하는 데도 큰 지원군이 될 수 있을 것입니다. 그걸 모르는 사람은 아무도 없습니다. 문제는 실천하느냐는 것입니다. 그런 본질적 사역보다는 시스템 유지 확장에 더 큰 비중이 실리는 게 부정적 시각의 단초입니다.

그러니 메가 처치는 본질적 책무에 충실해 주위의 염려를 잠재우고 하나님을 칭송케 하는 사역을 과감하게 진행해야 합니다. 그런 혁신을 이루려면 심지가 굳어야 합니다. 그런 것들이 한갓 기우에 불과하였음을 입증해야 합니다. '주께서 심지가 견고한 자를 평강에 평강으로 지키시리니 이는 그가 주를 의뢰함이니이다(사26:3).'

크든 작든 교회는 목양하는 곳입니다. '네 양 떼의 형편을 부지런히 살피며 네 소 떼에 마음을 두라(잠27:23)' 하셨으니 겸손한 자세와 성실한 목자의 모범을 보여 예수 그리스도의 제자로서의 본원에 충실한다면 메가 처치는 큰 사회적 영향력으로 하나님께 영광을 올릴 수 있을 것입니다. 메가 처치의 변혁과 중소 교회들의 연합으로 한국 교회가 제2의 종교개혁의 시발을 보이면 하나님께서도 이 나라 이 땅을 살피실 것입니다.

> '여호와께서 너의 칭찬과 명예와 영광으로 그 지으신 모든 민족 위에 뛰어나게 하시고 그 말씀하신 대로 너로 네 하나님 여호와의 성민이 되게 하시리라(신26:19).'

그러나 기억해야 합니다. 어쩌면 메가 처치는 종교적 일중독의 결과일 수 있습니다. 거룩한 야망이었다는 것이지요. 그 속에 위세와 욕망과 위선과 강요는 없었을까요. 없었다면 다행입니다. 샬롬(shalom)은 일에 있지 않습니다. 예수님과 함께 있을 때 있습니다(요14:27). 또 거대한 결과물도 사랑이 없으면 아무것도 아닙니다(고전13:2). 예수님께선 평생을 낮은 곳에 처하셨습니다. 사람들이나 일과의 연합이 아닌, 주님과의 영적인 연합만이 칭찬받을 수 있습니다. 비록 작더라도 말입니다.

종이냐 자유인이냐

7.
하나님의 일인가 자기 일인가

세상 표현으로 말하면 번성한 교회들이 적지 않습니다. 신자 개인의 경우도 마찬가지입니다. 그러나 그 모든 교회와 신자가 하나님의 일을 잘해서 복을 받고 영광의 빛을 내고 있다고 하기엔 다소 수궁하기 어렵습니다. 언론에 자주 노출되고 사회로부터 지탄을 받는 교회와 개인도 적지 않기 때문입니다. 그런 분들께 하나님의 일을 하는 건지 자기 일을 하는 건지 묻는다면 대단히 불쾌하게 생각하실 것입니다. 모든 분들이 자기들은 하나님의 일을 하고 있다고 말할 것입니다. 만약 자기 영광을 구하려 일을 한다고 말하는 사람이 있다면 이단이겠지요.

그러면 모든 분이 하나님의 일을 하셨다면 하나님께서 기특하게 받으셨을 텐데 어째서 이 사회는 그토록 일부 교회의 행태를 지탄하는 건지 궁금합니다. 교회가 지탄받고 있다는 건 하나님이 원하시는 하나님의 행위를 하지 않았다는 말이고 그건 곧 하나님의 일을 한다고 했으나 하나님께서 원하시는 일이 아닌 자기의 일을 했다는 소리밖엔 안 되기 때문입니다.

사실 이런 문제를 논한다는 건 여간 불편한 일이 아닙니다. 그러나 한국의 일부 교회와 신자들에게 존재하는 이 문제를 정말 밝은 교회의 미래를 생각한다면 그냥 덮고 넘어갈 수는 없는 일인 것 같습니다. 계속해서 예수님의 거룩하신 이름에 누가 되는 일이 거듭되어선 아니 되기 때문입니다. 예수님께서는 삯꾼을 경계하셨으니(요 10:12) 오늘의 한국 교회에도 삯꾼은 있을 것인데, 일부 신자들은 좋다고 추종합니다. '제사장들은 자기 권력으로 다스리며 내 백성은 그것을 좋게 여기니…(렘5:31)' 그러니 일부 교회 추락의 큰 책임은 삯꾼을 지지해온 신자들에게 있다 해도 과언이 아닙니다. 신자들의 지혜와 안목과 혜안이 정말 필요한 때입니다. 성경은 하나님께 자기 의를 세우려고 힘쓰는 일이 많다고 지적합니다.

'내가 증언하노니 그들이 하나님께 열심이 있으나 올바른 지식을 따른 것이 아니니라 하나님의 의를 모르고 자기 의를 세우려고 힘써 하나님의 의에 복종하지 아니하였느니라(롬10:2~3).'

이 말씀의 해석은 같은 곳에 목표를 두고 간다고는 하나 성경이 말하는 방법이 아닌 자기만의 방법에 따라가니 엉뚱한 데로 간다는 걸 지적한 것입니다. 물론 이 말씀은 유대인들이 종언(終焉)이 된 율법에 연연하여 율법에 의한 자기 의를 주장하며 예수님을 통한 하나님의 의를 거절한 것에 대한 지적입니다. 그렇지만 하나님이 정하신 방법을 안 따르고 자기의 방법을 따른다는 점과 그 결과 하나님의 의에 도달할 수 없다는 점은 같다고 하겠습니다.

그건 왜 그럴까요. 하나님의 의에 도달하는 과정에 있어 성령의 사역을 따르지 않고 자기 혼의 사역을 따르기 때문입니다. 즉, 자기 의지를 고집하고 이를 따르는 게 옳다고 확신하기 때문입니다. 하나님의 의에 도달하겠다고 하나 사실은 자기의 의를 행하고 있다는 말입니다.

영의 사역이라면 성령의 가르치시는 올바른 지식과 말씀을 좇아 말씀대로 진행하여 성령의 아름다운 결과를 얻게 됩니다. 그러나 혼의 사역이라면 자기 의지를 좇아 행하므로 화려한 명성의 외형만 갖추었지 속은 텅 빈 껍데기에 불과한 결과를 얻습니다. 그건 하나님의 일을 한다고 했지만 실은 자기 의를 위하여 자기 일을 하고 있었다는 반증입니다. 그건 하나님을 알되 하나님을 영화롭게도 아니하고 스스로 지혜 있다 하나 어리석은 길을 택한 것이니(롬1:21~22) 욕된 결과만 맞은 일입니다. 그래서 성경은 우리의 의는 다 더러운 옷과 같다고 했습니다(사64:6).

이렇게 된 건 자아가 살아 있기 때문입니다. 내가 세상에 대하여 십자가에 못 박혀 죽고 세상이 또 나에 대하여 죽음으로써 세상과 나는 간 곳이 없어야 한다고 말씀하고 있습니다(갈6:14). 내가 그냥 죽지 않고 살아 있어도 얼마든지 사역의 흉내를 낼 수 있고 신자 행세를 할 수 있습니다. 그러나 그런 상태에서 일을 하다 보면 욕된 결과만 맞이하게 됩니다. 예수님께선 이렇게 말씀하십니다.

'이러므로 그들의 열매로 그들을 알리라 나더러 주여 주여 하는 자마다 다 천국에 들어갈 것이 아니요 다만 하늘에 계신 내 아버지 의 뜻대로 행하는 자라야 들어가리라 그날에 많은 사람이 나더러 이르되 주여 주여 우리가 주의 이름으로 선지자 노릇하며 주의 이름 으로 귀신을 쫓아내며 주의 이름으로 많은 권능을 행하지 아니하였 나이까 하리니 그때에 내가 그들에게 밝히 말하되 내가 너희를 도 무지 알지 못하니 불법을 행하는 자들아 내게서 떠나가라 하리라(마 7:20~23).'

이 말씀의 요지는 참된 믿음이 결여된 사람은 결코 선한 행실을 내지 못한다는 것입니다. 못된 나무가 아름다운 열매를 맺을 수 없 다는 것입니다(마7:18). 하나님의 일을 하면 선한 열매를 맺습니다. 그 러나 자기의 일을 하면 헛된 영광에 그칠 뿐이요 시끄럽고 하나님 께 누만 끼칠 뿐입니다.

'저희는 번성할수록 내게 범죄하니 내가 저희의 영화를 변하여 욕 이 되게 하리라(호4:7).'

사도 바울은 자기의 영광을 다 버리고 죽을 고비를 수없이 겪으 며 10년에 걸쳐 11만여 킬로미터를 여행하며 전도에 목숨을 거신 분입니다. 지구 한 바퀴가 4만 킬로미터라고 하니 거의 3배 가까이 돌며 주의 일을 한 분입니다. 이런 분도 스스로를 경계하며 나는 날 마다 죽노라(고전15:31)고 고백했습니다. 어떻게 해야 날마다 죽는 것입니까. 자기 자신을 극도로 경계하며 주의 일을 하셨으니 그만큼 주의 영광과 나의 영광은 다른 것입니다.

하나님의 일을 하고 있는지 자기 일을 하고 있는지 진단하는 방법은 예수님이 두 가지를 말씀해주셨으니 여기에 수학공식처럼 대입해 보면 됩니다. 첫 번째 말씀은 이렇습니다. '그의 열매로 그들을 알지니 좋은 나무마다 아름다운 열매를 맺고 못된 나무가 나쁜 열매를 맺나니(마7:16~17)'라는 말씀과 '포도나무 되신 예수님 안에 거하면 열매를 많이 맺는다(요15:5)'는 말씀입니다.

그러니 내 교회가 또는 내 자신이 무슨 열매를 지금 맺고 있는지 스스로 살펴보시면 됩니다. 좋은 열매를 맺었으면 그게 하나님이 도우셨다는 증거니 하나님의 일을 한 것이고, 나쁜 열매를 맺거나 열매 비슷한 것만 있고 진짜 열매는 맺지 못했으면 그건 하나님이 외면하셨다는 증거니 자기 일을 한 것입니다.

그러면 열매가 무엇입니까. 성경에 나와 있습니다. 빛의 열매는 모든 착함과 의로움과 진실함이요(엡5:9), 성령의 열매는 사랑과 희락과 화평, 오래 참음과 자비와 양선, 충성과 온유와 절제라 했습니다(갈5:22). 이 열두 가지 열매를 내 자신이나 우리 공동체의 회중, 곧 교회가 이를 맺었거나 맺어가고 있다면 내 스스로나 내가 속한 교회 공동체가 하나님의 일을 하고 있다는 증거요, 반대로 열매라곤 찾아볼 수가 없다면 뭔가 부지런히 일한다 했지만 결국 자기의 일을 하고 다녔다는 증거입니다.

두 번째 말씀은 '지혜는 자기의 모든 자녀로 인하여 옳다 함을 얻느니라(눅7:35)'입니다. 즉, 하나님의 지혜는 하나님의 자녀들의 행위로 인해 옳다는 증거를 얻는다는 뜻입니다. 지혜가 뭔지는 어렵게 생각하실 것 없습니다. 지혜는 곧 예수님이라고 했기 때문입니다(고전1:24, 잠언3, 8장). 이 말씀은 하나님의 자녀의 옳은 행위로 인해 예수님이 의롭다는 게 드러난다는 말입니다. 곧 하나님의 자녀가 하나님의 일을 잘했다면 세상 사람들로 하여금 역시 예수님은 옳으시다는 평가를 받게 할 것이고 그렇지 않다면 옳다는 평가를 받지 못할 거란 말씀입니다.

회중으로서의 교회와 교인들이 그 열두 가지 열매를 잘 맺고 있다면 우린 하나님의 일을 하고 있는 것이고 당연히 사회의 존경과 칭송을 받고 있을 것입니다. 나의 행한 일로 인하여 하나님이 옳다는 증거를 얻게 해드렸으면 우리는 하나님의 일을 하고 있는 겁니다. 그러나 불행히도 그렇지 못하다면 비난과 손가락질을 받고 있을 것입니다. 자문해 보시면 답이 있습니다. 오늘의 많은 한국 교회와 필자를 포함한 많은 신자 분들은 지금 하나님의 일을 하고 있는지 나의 일을 하고 있는지 살펴봐야 할 때입니다.

종이냐 자유인이냐

8.
치유의 지름길, 성경 읽기

　나날의 바쁜 일상으로 인해 하나님과의 조용한 시간을 갖기가 어렵다고 합니다. 교회당 왔다 갔다 하는 것도 필요하겠지만 시간을 아껴서 성경 말씀을 읽는 게 훨씬 더 중요합니다. 말씀은 성육신하시기 전의 '아들 하나님'입니다. 말씀이 쓰여질 땐 성령님의 감화, 감동이 있었습니다. 그러므로 말씀을 진지하게 읽고 상고하면 예수님을 만나고 내 속의 성령도 역사하시므로 영적 은혜도 맛보고 성화(聖化)도 이뤄집니다. 성경을 읽는 것, 그게 바로 제2의 종교개혁의 시작입니다.

　성경을 깨우치시면 좋은 게 기다리고 있습니다. 마치 어린아이가 한글을 배우면 많은 글을 읽고, 쓰고, 이해하고, 이야기할 수 있는 것과 같습니다. 말씀에는 치유 능력과 영광의 기쁨이 있습니다. 내 이름을 경외하는 너희에게는 치료하는 광선을 비추신다고 했고(말 4:2), 많이 전도해서 많은 사람을 옳은 대로 돌아오게 한 자는 별과 같이 영원토록 빛나리라 하셨습니다(단12:3).

오욕된 세상입니다. 교회가 부패하고 세속화되었다고 욕하실 것 없습니다. 소리 지르고, 신문에 광고 내고, 법정 소송하고, 유인물 뿌리고, 팻말 들고 시위해서 뭐 달라지던가요. 마음을 비우시고 성경 읽으시면 됩니다. 더러운 그릇에는 순금과 같은 말씀이 채워질 수 없으니 먼저 더러운 그릇을 비워 깨끗하게 해야 합니다. 그러면 말씀이 들어가십니다. 흙탕물 그릇에 아무리 맑은 물을 붓는다 한들 깨끗해지겠습니까. 그래서 예수님께서 마음이 가난하고 청결한 자가 복이 있다고 하셨을 겁니다(마5:3, 8).

그 후에 성경을 대하시면 됩니다. 그러면 무엇이 옳고 그른지 판단하는 지혜를 얻게 됩니다. 그러면 악이 머무는 곳엔 아니 가고 선이 머무는 곳에 가게 됩니다. 그래서 '복 있는 사람은 악인의 꾀를 좇지 아니하며 죄인의 길에 서지 아니하며 오만한 자의 자리에 앉지 아니하고 오직 여호와의 율법을 즐거워하여 그 율법을 주야로 묵상하는 자로다'(시1:1~2)라고 시편 기자는 외쳤습니다.

성경 읽으시는 게 제2의 종교개혁의 출발선입니다. 마르틴 루터의 종교개혁도 한마디로 말하면 성경으로 돌아가자는 것입니다. 성경으로 돌아가자는 건 말씀이신 예수님께로 돌아가자는 것입니다. 교회 일로 정신없이 바쁜 것에 좋은 일도 있겠지만 말도 많고 탈도 많고 은혜를 까먹는 일이 부지기수입니다. 그거 다 내려놓고 성경으로 돌아가시길 추천드립니다.

교회 안팎에서 수많은 설교 자료와 동영상과 지식들이 쏟아져 나오고 있습니다. 물론 영적 성장에 도움이 될 수 있습니다. 그러나 그 소리도 부분적인 터치일 뿐 아니라 설교자가 자기만의 시야와 관점에서 말씀하는 것들이 많아 성경 전체의 흐름을 일목요연하게 스크린하기엔 부족합니다. 하나님의 섭리와 구원 계획을 통섭해서 지득하기엔 어려움이 많습니다.

또 성경이 아닌 더 고매하고 차원 높은 형이상학(形而上學)의 학문을 찾아 철학과 종교학과 그 주변을 기웃거려 봐야 머리만 아플 뿐 쾌청하지도 명료하지도 못합니다. 무수한 말과 글로 그럴싸하게 포장하고 내어놓지만 언어유희(言語遊戲)에 불과한 것이 태반입니다. 사도 바울은 말 많기로 유명한 아덴(아테네)에 전도하러 가셨다가 그들의 말에 질려 서둘러 그곳을 떠나기도 했습니다(행17:16~33). 바울은 언어유희를 경계하셨습니다.

　'누가 철학과 헛된 속임수로 너희를 노략할까 주의하라 이것이 사람의 유전과 세상의 초등학문을 좇음이요 그리스도를 좇음이 아니니라(골2:8).'

정직한 가르침이 희귀한 세상이 되었습니다. 그래서 성경을 직접 읽으시기를 간곡히 권면드리는 것입니다. 우리는 하늘에 있는 더 나은 본향(本鄕)을 사모하며 나아가야 합니다(히11:16). 그곳이 하나님이 예비하신 영원한 안식처이기 때문입니다.

코로나19로 우리는 원하든 원치 않든 집안에서 머무는 시간이 대폭 많아졌습니다. 밖에서 모이는 기회는 크게 줄어들었고, 들로 산으로 다니는 시간도 많이 없어졌습니다. 전염병도 무섭지만 다들 마음의 여유도 경제적 여유도 쪼그라들었기 때문입니다. 그래서 필자도 성경을 또 읽게 되었고 급기야 이 글도 쓰게 되었다는 게 솔직한 고백입니다. 어쩌면 코로나19를 통해 하나님께서는 '마지막 때가 가까웠으니 밖으로만 나돌아다니지 말고 이젠 집에서 성경을 붙들고 읽어라. 너를 만든 나를 알아야 하지 않겠느냐. 그래서 네 영혼을 구원해야 하지 않겠느냐'라고 말씀하시는 건지도 모릅니다.

코로나19를 통해 하나님이 뜻하시는 바가 뭔지는 명쾌히 알 길이 없습니다. 다만 이런 역사에도 불구하고 한국 교회와 교인들이 아무런 통회나 돌이킴도 없고 악이 이 땅과 교회에 더욱 편만해간다면 아모스 선지자의 말씀처럼 '말씀의 기갈이 임할 것'이라는 경고가 우리에게 닥치지 않을까 두렵습니다. 그건 여호와께서 입과 귀를 닫으시겠다는 분노와 징계의 다른 표현이시기도 하니까요.

'주 여호와께서 가라사대 보라 날이 이를지라. 내가 기근을 땅에 보내리니 양식이 없어 주림이 아니며 물이 없어 갈함이 아니요 여호와의 말씀을 듣지 못한 기갈이라(암8:11).'

돌이켜야 합니다. 사람들은 변화를 싫어하고 가장 큰 적은 움직이지 않으려는 내부에 있다고 합니다. 부활하신 예수님께서 처음 하신 일은 갈릴리로 가는 것이었습니다(마26:32). 놀랍지 않으신지요. 이제 본격적으로 하실 일이 태산 같으실 텐데 시골구석으로 가시다니요. 그러나 돌이켜 보면 예수님의 공생애는 막 신앙을 가지려는 제자들과 함께 갈릴리에서 시작되셨습니다. 부활하신 후 그런 갈릴리로 첫 행보를 잡으신 건 '다시 초심으로 돌아가자 너의 처음 사랑을 버리진 않았느냐(계2:4)' 이런 의미는 아니었을까요.

시골 땅 갈릴리, 그리스도가 어찌 갈릴리에서 나오겠느냐 하던 땅 갈릴리, 갈릴리 나사렛에서 무슨 선한 것이 날 수 있느냐 하던 시골 땅 갈릴리로 생각을 되짚어봐야 하겠습니다. 초라하고 화려할 게 없는 시골입니다. 그러기에 제자의 길을 걷는 분이라면 더욱 눈을 두어야 할 곳입니다.

어떤 선교사님은 24년간 지옥 같은 아마존 밀림에서 독충과 모기에 뜯겨가며 개미 소스와 원숭이 머리까지 먹으면서 선교했지만 나중엔 그게 자기 욕심을 위해 일한 것이었다며 눈물로 회개하는 참회록을 쓰기도 했습니다. 많은 한국 교회가 만신창이가 되었다고 합니다. 성경의 초심으로 돌아가야 합니다.

제11부

기독인의 술은
죄악인가

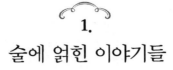

1.
술에 얽힌 이야기들

　신앙인의 음주에 대해 뭔가를 쓴다는 건 여간 부담스러운 일이
아닙니다. 성경에 긍정과 부정이 양존(兩存)한다고 하나 그냥 먹지 말
라고 하거나 아예 거론조차 안 하면 제일 편할 것을 음주해도 좋다
고 했다가 쏟아질 비난을 생각하면 더욱 조심스러운 일입니다. 그
래도 하도 설(說)이 분분하니 성경의 본뜻만은 확인해 봐야 하지 않
나 생각됩니다.

　신앙인의 음주에 대하여 혹자는 음식인데 조금 먹는 거야 무슨
문제냐는 분도 계시고 절대 해선 아니 된다는 분도 계시고 각자에
게 맡길 일이라고 하는 분도 계십니다. 그러나 아무튼 실제 현실에
선 술을 드시는 분도 꽤 있는 거 같습니다. 일반사회에서는 적당히
마시면 약, 과하면 독이라는 말이 회자됩니다.

　옛 선인(仙人)과 시인묵객들은 술이 주는 홍건함으로 잠시 세파를
벗어나 여유를 찾는 것이 신의 세계로 가는 길이라고 여기기도 했
습니다. 그래서 이태백은 유유자적한 시선(詩仙)이 되었고 송강 정철

은 관동별곡에서 그런 이태백이 술에 취해 황정경(黃庭經) 글자 한자를 잘못 읽은 죄로 인간 세계로 내려왔다고 읊었으니 술이 빚는 실수는 신선이나 사람이나 같은 모양입니다. 수천 년 이 땅의 고단한 서민들은 한 잔 술로 인생을 쉬어가기도 했습니다. 그게 술입니다. 그러니 종교적, 도덕적 잣대를 들이밀어 단칼에 일도양단할 수 있는 건 아니라 하겠습니다.

술과 여색, 노름 세 가지는 집안을 패가망신시키는 지름길이라는 말이 많았는데 구한말 이 땅에 기독교가 들어오면서 선교사님들의 가르침에 따라 신자들의 음주는 불가한 쪽으로 정리되었고 지금까지도 그 전통은 이어져 오고 있습니다.

성경의 술에 대하여 혹자는 술을 가리키는 히브리어 헬라어 단어의 다양한 의미를 잘 해석하지 못한 탓에 잘못 번역된 것일 뿐 성경의 모든 포도주 표현은 포도즙이 맞는 거라 주장합니다. 거룩하신 분께서 폐해 덩어리인 포도주를 장려하진 않았다고 하면서 가나 혼인잔치에서 예수님이 만드신 것도 포도즙이었다고 말합니다.

그러나 신구약 성경에 포도주란 단어가 상당히 많이 나오는 걸 생각하면 그냥 다 포도즙이라고 하기엔 다소 개운치가 않습니다. 물론 성경이 주로 쓰여진 중근동 지역이 식수가 부족하고 그나마 있는 물도 오염이 많아 포도즙을 식수 삼아 빵과 함께 들었다는 점을 감안해도 성경에 독주까지도 마시고 즐거워해도 좋다고 기록되어 있는 마당에(신14:26) 포도주가 아니라며 다 묵살하자니 뭔가 명료하지가 않습니다.

술은 인류의 역사와 함께 시작되었으니 인류와는 뗄 수 없는 사이입니다. 성경상 기록된 최초의 음주자는 노아입니다. 인류를 멸절시키지 않는 대역사의 주인공이었던 그분이 술을 마시고 벌거벗는 추태를 부렸을 뿐 아니라(창9:21) 이를 계기로 자기 손자 가나안을 저주까지 했으니 술이 끼치는 해악을 단적으로 보여주는 일이라 하겠습니다.

술이 수많은 폐해를 끼치는 것임은 강조할 필요도 없습니다. 누군가는 바다에 빠져 죽은 사람보다도 술에 빠져 죽은 사람이 더 많다는 말도 합니다. 유대 율법학자들이 집대성하여 모세오경 다음으로 중요시한다는 탈무드에도 술에 대한 여러 언급이 있습니다. 술에 대해 조금은 긍정적으로 쓰기도 했지만 대부분 악의 대명사처럼 썼습니다.

'악마가 인간을 찾아가기 너무 바쁠 땐 대신 술을 보낸다'라거나 '여성의 술 한 잔은 좋은 일이나 두 잔은 품위를 떨어뜨리고 석 잔은 부도덕하게 하며 넉 잔은 자멸하게 한다'는 말도 있습니다. 또 '최초의 인간이 포도나무를 심고 있었는데 악마가 찾아와 포도나무 밑에다 거름으로 양과 사자와 원숭이와 돼지의 피를 뿌렸다. 그래서 포도주를 마시면 처음엔 양같이 순하고 다음엔 사자같이 사나

워지며 그 다음엔 원숭이같이 춤추고 노래하다가 마침내는 돼지같이 토하고 뒹굴며 추해진다'는 말을 합니다.

술 자체는 죄악이 아닙니다. 살인, 간음 같은 행위 범죄도 아닙니다. 성경에 술 취하지 말라(엡5:18), 술을 즐기지 말라(딤전3:3), 술에 인 박이지 말라(딤전3:8) 하셨지 술을 아예 먹지 말라 하신 적은 없습니다. 물론 아주 특별한 경우는 술이 엄히 금지되긴 하였습니다.

술은 때론 조금은 유익할 때도 있으니 화학주나 증류주가 아닌 발효주는 발효식품이기 때문입니다. 아시다시피 발효식품은 유산균이 많아 면역력 증진에 도움이 됩니다. 발효식품의 대명사인 한국의 김치, 일본의 낫토, 독일의 사우어크라우트 같은 음식은 수천 년 동안 사랑받아온 음식입니다. 물고기 복에 있는 독이나 예쁜 양귀비의 열매나 벌의 침은 목숨을 앗아갈 만큼 위험하기도 하지만 잘 쓰면 좋은 식재료나 약재로도 쓰이니 술이 이와 같다 할 것입니다.

누군가가 성경의 포도주란 낱말을 세어 봤는데 부정적으로 표현된 게 51번, 긍정적으로 표현된 게 58번, 중립적으로 표현된 게 76번이라고 하는 걸 읽어 본 적이 있습니다. 성경을 읽어 보면 다 그런 건 아니겠지만 술에 대하여 시편 기자는 여호와의 주신 기쁨으로, 전도서는 평안한 삶을 영위하는 한 방편으로, 아가서는 로맨틱한 사랑의 표현으로, 잠언은 매우 부정적으로, 바울서신도 경계하고 삼가해야 할 대상으로 기록하지 않았나 생각됩니다.

외경으로서 지혜의 본질을 밝히고 있는 집회서의 31장에도 술 문제가 기록되어 있습니다. '술은 많은 사람을 망쳤다. 술은 알맞게 마시면 사람들에게 생기를 준다. 술 없는 인생이란 도대체 무엇인가. 술은 처음부터 흥을 위해 창조되었다. 제때에 술을 절제 있게 마시는 사람은 마음이 즐거워지고 기분이 유쾌해진다. 술을 지나치게 마신 자는 기분이 상하고 흥분하여 남들과 싸우게 된다'라고 했습니다. 공감이 가는 말입니다.

종이냐 자유인이냐

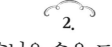

2.
예수님은 술을 드셨을까

예수님과 술이 관련된 기록이 성경에 나옵니다. 잘 알려진 대로 갈릴리 가나의 혼인잔치에서 예수님께선 물로 포도주를 만드는 기적을 베푸셨습니다(요2:1~11). 우선 이는 기적의 문제보다는 장차 그리스도의 신부인 교회를 맞아 어린 양의 혼인잔치를 치룰 예비 신랑으로서의 모습을 예표하는 의미가 있습니다. 또 묵은 포도주가 기존의 의식과 전통을 상징한다면 예수님의 새 포도주는 새로운 말씀을 상징한다고도 볼 수 있습니다.

여기서 짚어 봅니다. 당시 예수님이 만드신 건 포도주가 아니고 포도즙이었다는 주장이 있다고 소개했습니다만 그때 혼인잔치 술상이 벌어졌을 것이고 당초 준비한 술이 다 떨어져 예수님이 만드신 포도주를 내어왔을 때 연회장(宴會長)이 '지금까지 좋은 포도주를 두었도다'라고 경탄한 걸 보면 맛이 뛰어난 포도주였음이 확실한 것 같습니다. 만약 그게 포도즙이었다면 이미 술이 다 떨어질 만큼 많이 먹어서 술에 취한 자들이 많았을 텐데 이게 웬 물이냐며 싱겁다고 했을 것입니다. 물론 거기서 예수님이 술을 드셨다는 기록은 없습니다.

그런데 마태복음에는 예수님이 무리에게 이르시기를 '인자는 와서 먹고 마시매 말하기를 보라 먹기를 탐하고 포도주를 즐기는 사람이요 세리와 죄인의 친구로다 하니(마11:19)'라는 대목이 있습니다. 한마디로 자신이 술꾼이라는 소문을 들으신 바 있다는 것입니다. 여기서 '포도주를 즐기는 사람이요' 하는 부분에 대하여 히브리어 헬라어 직역성경(말씀의집 간행), 신약성경 회복역(한국복음서원 발행), 우리말 성경, 쉬운 성경에는 각기 모두 '술꾼'으로, 한글 킹 제임스 성경에는 '술을 즐기는 자'로, 한중성경에는 '好酒的人'으로, 한문성경에는 '嗜好酒'로 표기되어 있습니다.

그러면 분명치는 않지만 아마도 예수님께서 그때까지 술을 여러 번 드셔왔던 것 같은 결론에 도달하게 됩니다. 또 가나 혼인 잔칫집에서는 주위 사람의 술주정까지 들어가며 앉아 계셨을지도 모릅니다. 왜 그러셨을까요. 이는 하늘의 모든 것을 버리시고 인간들에게 지극히 낮게 오셔서 인자(人子) 즉, 사람의 아들로서의 생을 살아가면서 백성들과 함께 애환을 나누며 동고동락의 삶을 가지셨기 때문이라고 생각됩니다.

예수님께선 말구유 그 낮은 곳에서부터 생을 시작하셨고 공생애 시작하기 전까지는 5남 2녀 이상 되는 형제자매의 장남으로서 아버지 요셉을 도와 나사렛에서 십오 리쯤 떨어진 도회지 세포리스로 가서 힘든 목수 일을 거드셨을 것으로 추정되고 또 세리와 죄인의 친구라고 불리셨으니 그들과 어울려 포도주를 하셨을지도 모릅니다. 물론 혼인 잔칫집에서만 하셨을 수도 있습니다. 어찌했든 평범한 이들의 보통의 삶 속에 같이 뛰어 들어가 그들과 함께 일하며 기쁨과 슬픔을 함께 나누는 지극히 인간적인 모습을 보여주셨으니 그게 사람의 아들로서 오신 사명을 충실히 이행하는 길이었을 것입니다.

예수님께선 당시 주위를 외면하는 비정한 세태를 탄식하셨습니다. '이 세대를 무엇으로 비유할꼬 비유컨대 아이들이 장터에 앉아 제 동무를 불러 가로되 우리가 너희를 향하여 피리를 불어도 너희가 춤추지 않고 우리가 애곡하여도 너희가 가슴을 치지 아니하였다 함과 같도다(마11:16~17)'라고 말씀하셨습니다.

예수님은 당시 그러한 세태를 슬퍼하시며 사람 속으로 들어가 애환을 나누시고자 술을 하셨던 것으로 유추됩니다. 그러니 '즐거워하는 자들로 함께 즐거워하고 우는 자들로 함께 울라(롬12:15)'는 바울의 가르침을 예수님께서는 친히 벌써 실천해 보이셨던 것입니다. 예수님이 술을 드셨다면 술을 좋아하셔서가 아니라 인자로서 사람들과 같이 기뻐하고 같이 슬퍼하기 위해서 드셨음을 알 수가 있다 하겠습니다.

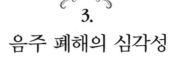

3.
음주 폐해의 심각성

　술은 담배와 같은 발암물질이요, 중독성 습관성 물질이며 뇌혈관 질환과 간질환 등 각종 질병의 원인임은 모르는 분이 없습니다. 하루 한 잔이면 약주(藥酒)여서 괜찮다고 하지만 그것 역시 의학적으로는 별 근거를 찾을 수 없다고 합니다. 초가을 햇곡식으로 빚은 맑은 술 역시 마찬가지일 것이니 술의 폐해는 사실 더 이상 거론할 것도 없습니다. 술이 거룩함과 경건함에 이르는 데 좋을 게 없다는 건 누구나 생각할 수 있는 일입니다.

　성경에서 술 먹는 걸 가장 크게 경계한 말씀들은 잠언 23장에 있습니다. 주요 대목만 옮겨 보겠습니다. '술을 즐겨 하는 자와 고기를 탐하는 자로 더불어 사귀지 말라 술 취하고 탐식하는 자는 가난하여질 것이다 재앙이 뉘게 있느뇨 근심이 뉘게 있느뇨 분쟁이 뉘게 있느뇨 원망이 뉘게 있느뇨 까닭 없는 창상이 뉘게 있느뇨 붉은 눈이 뉘게 있느뇨 술에 잠긴 자에게 있고 혼합한 술을 구하러 다니는 자에게 있느니라 포도주는 붉고 잔에서 번쩍이며 순하게 내려가나니 너는 그것을 보지 말지어다 이것이 마침내 뱀같이 물 것이요 독사같이 쏠 것이며 또 네 눈에는 괴이한 것이 보일 것이요 네 마음은 망령된 것을 발할 것이며 너는 바다 가운데 누운 자 같을 것이며 돛대 위에 누운 자 같을 것이며 네가 스스로 말하기를 사람이 나를 때려도 나는 아프지 아니하고 나를 상하게 하여도 내게 감각이 없도다 내가 언제나 깰까 다시 술을 찾겠다 하리라(잠23:20~35 중에서).'

또 성경은 말씀합니다. 술은 거만하게 하고 떠들게 만들며(잠20:1), 가난하게 만들고(잠21:17), 그 뜨거움으로 병이 나게 한다고 기록되어 있습니다(호7:5). '아침에 일찍이 일어나 독주를 따라가며 밤이 깊도록 머물러 포도주에 취하는 그들은 화 있을진저(사5:11)'라고 했으며 '포도주를 마시기에 용감하며 독주를 빚기에 유력한 그들은 화 있을진저(사5:22)'라고 했습니다. 심지어 초대교회 때는 주의 성만찬을 나누면서 포도주를 취하도록 마신 자도 있어 바울이 질책하기도 했습니다(고전11:21).

바울 사도는 심지어 술에 취한 자는 내어 쫓으라고까지 말씀하셨습니다(고전5:11, 13). 예수님께서도 술친구들로 더불어 먹고 마시게 되면 마지막 날을 준비하지 못한다고 경계하셨습니다(마24:49~51). 마르틴 루터와 존 칼빈 등 초기의 종교개혁주의자들은 철저한 금주를 주창했음은 물론입니다. 오늘날 우리에게 매일 쏟아져 나오는 뉴스만 봐도 술의 폐해는 이루 말할 수 없습니다.

4.
음주도 유익하고 필요할까

그러나 술의 폐해에도 불구하고 술만이 줄 수 있는 맛과 향, 너그러움과 혼연함, 낭만과 분위기, 흥건함과 여유와 향수(鄕愁) 같은 건 다른 무엇으로는 대치하기 어려운 것들입니다. 인생이라면 겪어야 하는 괴로움과 슬픔과 비애를 잊어버리고 떠나보내기에도 그만입니다. 방탕하고 방종한 음주가 아니라면 마음의 병도 조금은 달랠 수 있는 게 술일 것입니다. 저녁노을이 흐른다는 류하주(流霞酒)니 감홍로(甘紅露)니 하는 말들은 들어만 봐도 멋진 이름이며 가을철 잘 익은 벼를 수확하며 마시는 논두렁에서의 농주(農酒) 한잔은 인생의 풍요로움 속에 이웃과 더불어 정을 나누는 인간적인 모습의 하나일 것입니다.

성경에는 포도주를 좋게 언급하시며 즐기라는 표현도 적지 않습니다. 가장 대표적인 게 '곡식과 포도주와 기름'입니다(신14:23, 욜2:19). 이는 풍성한 축복을 상징하는 말로서 그 세 단어가 거의 항상 붙어 다니는데 구약에 툭하면 나오는 표현입니다. 이게 무엇을 뜻하는지 설명하는 구절도 있습니다. '사람의 마음을 기쁘게 하는 포도주와 사람의 얼굴을 윤택하게 하는 기름과 사람의 마음을 힘 있게 하는 양식을 주셨도다(시104:15)'라는 구절입니다. 또 이 세 가지를 가리켜 '여호와의 은사'라고도 하셨습니다(렘31:12).

이삭이 야곱을 축복할 때도 풍성한 곡식과 포도주를 빌었습니다 (창27:28). 성경 아가(雅歌)에서 솔로몬은 수넴 출신의 처녀로서 첫 번째 왕후로 추정되는 사랑하는 술람미 여인에게 '나의 누이 나의 신부야 내 포도주와 내 젖을 마셨으니(아5:1)'라고 했습니다. 다만 위장병이 있는 디모데에게 바울이 포도주를 조금씩 쓰라고 말한 건(딤전5:23) 술로서 먹으라 한 게 아니고 오염된 식수를 쓰지 말고 발효로 인해 살균효과가 있으니 마시라고 한 것으로 해석해야 할 것입니다.

술을 마셔도 좋다는 성경 말씀은 그 외에도 더 있습니다. '너는 가서 기쁨으로 네 식물을 먹고 즐거운 마음으로 네 포도주를 마실지어다. 이는 하나님이 너의 하는 일을 벌써 기쁘게 받으셨음이니라 (전9:7)', '잔치는 희락을 위하여 베푸는 것이요 포도주는 생명을 기쁘게 하는 것이나(전10:19)', '너희 목마른 자들아 물로 나아오라 돈 없는 자도 오라 너희는 와서 사먹되 돈 없이 값 없이 와서 포도주와 젖을 사라(사55:1)' 하시는 대목에선 포도주가 은혜의 산물임을 알 수 있습니다. 수금 타는 기쁨과 함께 노래하면서 포도주를 마시게 하는 것이 하나님의 마음입니다(사24:8~9).

스가랴 선지자도 '에브라임이 용사 같아서 포도주를 마심같이 마음이 즐거울 것이요(슥10:7)'라고 기술했고, 요엘 선지자도 '마당에는 밀이 가득하고 독에는 새 포도주와 기름이 넘치리로다(욜2:24)'라고 기록했습니다. 신앙심으로 충일하여 예루살렘 성벽을 재건한 총독 느헤미야도 한때 바사(페르시아)왕의 술 관원이었음을 감안할 때 술 자체를 악으로 보긴 어렵습니다(느1:11).

매 3년마다 드리는 제2의 십일조를 함께 먹으러 성전을 향해 갈 때 행로가 너무 멀면 네 마음에 좋아하는 것을 그 돈으로 사되 우양이나 포도주나 독주 등 무릇 마음에 원하는 것을 구하고 여호와 앞에서 너와 네 권속이 함께 먹고 즐거워하라고까지 말씀하신 바도 있습니다(신14:26). 포도주를 넘어 독주까지도 말입니다.

장차 천년왕국 때 하나님이 베푸시는 잔치를 묘사하면서는 '만군의 여호와께서 이 산에서 만민을 위하여 기름진 것과 오래 저장하였던 포도주로 연회를 베푸시리니 곧 골수가 가득한 기름진 것과 오래 저장하였던 맑은 포도주로 하실 것이며(사25:6)'라는 말씀도 있습니다. 또한 레위기 11장에선 먹을 수 있는 것과 그렇지 않은 것을 말씀하시면서 각종 짐승과 어류와 새와 기는 것들을 하나하나 자세히 설시하시면서도 술에 대하여는 금지하신 게 없습니다.

이 모든 구절을 종합해 보면 하나님께선 술을 들어도 좋다고 말씀하신 것으로 해석할 수 있습니다. 그건 풀잎 위에 맺히는 이슬과 같은 인생들을 측은히 여기시고 하나님 안에서 고단한 인생길에 잠시 즐거움을 맛보며 위로받게 하시려는 넓으신 손길이 베푸시는 은혜로 받아들이시면 좋을 것 같습니다. 마치 아버지가 직장 생활로 고생하는 아들이 퇴근길에 기분이 좋아 한잔 마신 것을 그냥 미소로 바라보는 것과 같은 심정이 아닐까 생각합니다. 그분은 정이 많은 아버지시기 때문입니다.

5.

절대 음주 불가의 경우들

그러나 절대 술을 해서는 아니 된다는 말씀도 있습니다. 하나님께 뭘 서원(誓願)을 하고 자기 몸을 구별해 드릴 때에는 포도주와 독주를 멀리하라 하셨습니다(민6:4). 레갑 족속은 조상의 명령에 따라 포도주를 엄금했습니다(렘35:8). 또한 여호와께선 아론에게 '너나 네 자손들이 회막에 들어갈 때에는 포도주나 독주를 마시지 말아서 너희 사망을 면하라(레10:9)'고 하셨으니 예배드릴 때는 술에 취한 상태여서는 절대 아니 됩니다. 또 제사장과 선지자들이 포도주와 독주에 빠져 옆걸음 치며 비틀거리는 것을 크게 질책하셨으니(사28:7) 영적 지도자의 신분에 있는 분은 술에 많이 취하지 않아야 합니다.

또한 음식으로 말미암아 하나님의 사업을 무너지게 하지 말라 하시면서 만물이 다 깨끗하되 거리낌으로 먹는 사람에게는 악한 것이니 고기든 포도주든 형제로 하여금 거리끼지 않게 하는 것이 아름답다고 하셨고(롬14:20~21), 고린도전서 8장 8~9절의 말씀도 이와 같은 취지이니 누군가 내가 술을 마심으로 인해 시험받을 환경이 되었다면 술을 먹지 말아야 합니다. 또한 양심이 마음의 율법이고(롬

2:14~15) 선한 양심이 하나님을 향하여 찾아가는 것이라 하였으니(벧전 3:21) 스스로의 양심에 거리낀다면 먹지 않아야 함은 물론입니다.

안 믿는 분들의 제사 후의 제주(祭酒)도 아니 드시는 게 좋겠습니다. '저희가 또 바알브올과 연합하여 죽은 자에게 제사한 음식을 먹어서 그 행위로 주를 격노케 함을 인하여 재앙이 그 중에 유행하였도다(시106:28~29).'

또 성경에 술에 대해 긍정적인 표현이 있긴 하지만 습관처럼 자주 해도 좋다는 말씀은 단 하나도 없습니다. 이는 바꿔 말하면 자주 습관처럼 술을 하는 것은 성경에서 허락지 않는다는 뜻으로 볼 수 있습니다.

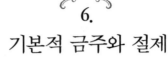

6.
기본적 금주와 절제

술에 대한 성경의 말씀들은 앞에서 살펴본 것처럼 양극단을 오가고 있습니다. 그래서 어떤 분들은 마시지 않으면 술로 인해 죄지을 일이 없으니 안 마시는 게 맘 편하다고 합니다. 맞는 말씀입니다. 그러나 정말 피하기 어려운 자리나 꼭 해야만 하는 자리라면 어떻게 해야 할까요. 그래서 일도양단하기 어렵다는 말씀을 이 글 모두(冒頭)에서 드렸던 것입니다.

다만 우리로선 술을 마주 대하면 제일 먼저 우선적으로 우리의 신분을 상기해야 합니다. 우리는 내 몸 안에 성령님을 모신 제사장입니다. 제사장은 제사드릴 때 음주상태여선 아니 됨을 기억해야 합니다. 술에 취하는 건 육체의 일이므로 술 취한 자는 하나님의 나라를 유업으로 받지 못한다고 했습니다(갈5:21, 고전6:10). '너희 몸을 거룩한 산제사로 드리라'고 했으니(롬12:1) 이 또한 술과는 거리를 둬야 한다고 새겨야 하겠습니다.

또한 우리에게 성령님이 내주하시게 된 신약시대의 신약성경에선 구약시대와 달리 술을 부정적으로만 보는 편입니다. 그러니 신약시대를 사는 우리는 기본적으론 술은 안 하시는 게 좋겠습니다. 기본적으론 금주(禁酒)입니다.

그렇다고 금주(禁酒)를 계율같이 생각하고 음주를 무슨 죄를 짓는 것인 양 의식하여 다른 술 먹는 신앙인을 비판하는 건 바리새 신앙일 수도 있습니다. 그건 만취하는 것만큼이나 나쁠 수 있습니다. 성경은 우리에게 지나치게 의인이 되지 말며 지나치게 지혜자도 되지 말라 하셨습니다(전7:16). 자기의 의를 내세우려는 분들에 대한 일종의 경고 말씀이지요. 그런 차원에서 자신만의 금주 계율을 강요해선 아니 되겠습니다. '너희가 먹든지 마시든지 무엇을 하든지 다 하나님의 영광을 위하여 하라(고전10:31)'는 말씀도 술에 적용될 수 있을 것입니다.

신자라도 사람마다 처지와 사정이 다릅니다. 사도 바울은 먹는 자는 먹지 않는 자를 업신여기지 말고 먹지 못하는 자는 먹는 자를 판단하지 말라고 했습니다(롬14:3). 그러니 신자라면 타인의 음주에 대해 가타부타 함부로 말하지 않는 최소한의 금도(襟度)를 갖춰야 하지 않을까요. 율법적 시각의 눈으로 타인을 바라보는 건 바리새파인들의 전유물이었습니다. 그런 시각은 조금 심하게 말하면 예수님이 포도주를 만드신 일도 잘못된 것이요 포도주를 즐기는 사람이라는 소문을 들을 만큼 술을 드신 것 자체가 잘못된 거라는 판단을 내린 것과 같습니다.

포도주를 포함한 모든 식물은 하나님께서 지으신 것입니다. 하나님의 지으신 모든 것이 선하매 감사함으로 받으면 버릴 게 없다 하셨습니다(딤전4:4). 포도주는 하나님께 제사 지낼 때 전제(奠祭)로 부어 드리는 예물이었습니다(출29:40, 레23:13). 어찌 불결하고 더럽다 하겠습니까. 또 신약에선 술에 부정적인 표현이 이어지고 있지만 술을 해도 좋다는 구약에 현출된 하나님의 뜻과 정신은 면면히 우리에게 살아 있음을 감안해야 합니다.

술은 기본적으로 안 하시는 게 좋겠다고 말씀드렸습니다. 그러나 필요하고 불가피할 때는 조금 하시는 것도 괜찮다고 생각합니다. 즉, 절주(節酒)입니다. 전술하였듯이 예수님도 백성들과 함께 기뻐하고 함께 우시기 위하여 포도주를 하셨듯이 우리도 필요할 땐 부담 없는 가벼운 한두 잔 정도 하는 건 무난하다 보겠습니다. 사도 바울도 서로가 한 몸이니 함께 고통도 받고 함께 즐거워하라고 하셨습니다(고전12:26).

그러므로 혼인을 즐거워하는 신랑 신부와 나누는 기쁨의 한잔, 부모님을 잃고 슬퍼하는 상주와의 눈물어린 한잔, 너무 힘들고 지친 친구의 등을 두드리며 사연을 들어주는 위로의 한잔, 길을 가다 뵌 시골 동네 어르신들이 아무개 집 아들하며 내리는 농주 한잔, 사랑하는 아내의 생일을 축하하며 함께 드는 와인 한잔, 직장 회식 때 고생한 온 직원들이 서로를 격려하며 다 함께 드는 건배 한잔, 존경하는 상사나 아끼는 부하와 오랜만에 만나 옛일을 더듬어 보는 추

종이냐 자유인이냐

억의 한잔 정도는 내주하신 성령님께서도 이해하시라 생각합니다. 아니 어느 땐 해야만 할 때도 있다고 생각됩니다.

그게 살며 사랑하는 방식입니다. 자신의 주변과 이웃에 침묵하거나 외면하지 아니하고 기쁨과 애환을 나누는 가난한 마음의 토로일 수 있습니다. 나눔과 긍휼과 배려는 이제껏 배워온 덕목들입니다. 그 술 한잔이 도리어 의식의 시계를 넓히고 인생을 혼연함으로 바라보는 계기가 되어 영원한 하늘나라밖에는 이 땅에 소망이 없음을 인식하는 기회로 남기 바랄 뿐입니다. 술 한잔의 지혜로 이웃의 고단함을 위로하면서 시간의 유한함과 땅의 것의 덧없음을 인식하여 영원을 사모하고 하늘의 것을 바라보는 계기가 되기를 희망해보는 것입니다.

다만 조심스러운 것은 그런 술 한잔이 땅의 일을 생각하고 땅의 것에 붙잡히는 계기가 되어선 안 된다는 것입니다. 그건 십자가의 원수가 행하는 일이기 때문입니다(빌3:19). 즉, 어떤 경우에도 술이 자기를 지배하게 해선 아니 됩니다. 명분과 이유와 경위가 어떻건 간에 술의 자기 지배는 영적 임계점(臨界點)을 넘는 것이므로 허락되어선 아니 됩니다. 술은 거기까집니다.

나의 몸의 주인은 성령님입니다. 성령님 대신 술이 그 자리를 차지해선 아니 된다는 말씀입니다. 그게 자신 없으면 평생 단주(斷酒)하시길 추천드립니다. 대부분의 만취자들은 자기가 술을 지배하는 게 아니라 술이 자기를 지배하는 단계에까지 이른 분들입니다. 그 건 술의 종이 되었다는 말입니다. 성경은 많은 술의 종이 되지 말라 했습니다(딛2:3).

우리는 자유자입니다. 하나님께선 믿는 이들에게 그리스도 안의 자유(自由)를 주셨습니다. 그 자유는 예수님의 피 값으로 사서 주실 정도로 귀한 것이니만큼 누구도 그 자유를 옥죄일 수 없습니다. 바울은 자유 때문에 모든 것이 내게 가하나 내가 아무에게든지 제재를 받지 아니한다고 했습니다(고전6:12). 하나님께서 명백히 금하신 것이 아닌 한 그 무엇에도 구속될 게 없습니다. 그렇다고 해서 자유를 방종하여 술 같은 물질에 자유를 빼앗기고 그 제재를 받게 된다면 그건 술의 종이 되는 것입니다.

내가 마땅히 술을 다스려야지 술이 나를 다스리게 해서는 아니 됩니다. 다시 말하면 성령님이 나의 주인이신데 술이 나를 지배함으로써 내가 술의 종으로 전락된다면 성령님은 어디 가서 거하시겠습니까. 한마디로 지금 바로 내 옆자리에 성령님이 앉아 계신다는 생각으로 술을 들라는 것입니다. 그러면 실수할 일 없으리라 생각됩니다.

술에 대한 좋은 비책(秘策)이 있으니 '절제(節制)'입니다. 전가지보도 (傳家之寶刀)입니다. 술을 들 때는 반듯한 내면의 절제를 풀가동해야 합니다. 절제는 성령의 아홉 가지 열매 중의 하나입니다. 성숙한 그리스도인은 절제를 잘 발휘합니다. 절제가 동행될 때만 술을 드시는 게 좋겠습니다. 그래야 사람의 마음을 기쁘게 하는 포도주(시 104:15)를 통해서 이슬 같은 인생들 위에 즐거움을 향유하게 하시려는 하나님의 자상하신 배려를 배신하지 않는 일이 될 것입니다.

술을 들어도 전혀 실수하지 않는다면 그분은 이미 판소리꾼으로 따지자면 득음(得音)의 단계에 오른 겁니다. 그런 분은 단단히 훈련되어 절제의 열매를 잘 맺어 온 고수라고 하겠습니다. 음주는 본의 아니게 자아의 절제를 훈련하는 기회도 되는 셈입니다.

제12부

이런저런 수상(隨想)

1.
세상과 죄

죄가 무엇일까요. 성경에서 말하는 죄는 하나님과의 관계가 끊어진 것을 죄라고 합니다. 세상이 말하는 범죄와는 큰 차이가 있는 것이지요. 외형상으로만 본다면 선악과라는 나무 열매를 따먹은 게 무슨 죄가 되겠습니까. 문제는 그 선악과가 순종과 불순종의 시금석이 되는 금단(禁斷)의 열매로서 하나님과 인간간의 언약을 상징하는 것인데 그걸 불순종의 마음으로 따먹었으니 하나님과의 관계가 끊어졌다는 것이지요.

그렇게 원죄가 인간 세상에 들어왔고 원죄 아래 있는 인간은 스스로 불법도 저지르게 되었으니 이를 자범죄(自犯罪)라고 합니다(요일 3:4). 죄를 범한 인간은 그 결과 하나님과 분리되고(사59:2), 양심이 타락하며 평강을 잃고, 영적으로 눈이 멀어 심판의 대상이 되어 사망에 이르게 되었습니다.

여기서 벗어나는 길은 내가 죄인임을 깨닫고 예수님의 보혈로 용서해달라며 내 죄를 자백하고 회개하는 길뿐입니다(행3:19). 원죄도

종이냐 자유인이냐

자범죄도 예수님이 다 해결해 주셨습니다. 남은 건 나의 자범죄뿐이니 그 자범죄 내용을 낱낱이 다 직고해야 모든 죄를 용서받을 수 있습니다. 죄를 용서받아야 깨끗해지고 순종을 다짐해야만 거룩하신 하나님께 속할 수 있습니다. 그래야 하나님과의 관계가 회복되고 그분의 자녀가 되어 영생을 얻게 됩니다.

그러므로 죄 사함을 받는다는 건 교회를 오래 다녔다고, 주일성수를 했다고, 성경을 많이 읽었다고, 형식적인 세례의식을 통과했다고, 십일조와 헌금을 꼬박꼬박 냈다고, 설교를 수천 번 들었다고, 목사님한테 기도 받았다고, 선행과 전도와 봉사와 구제를 많이 하였다고, 복음과 축복의 메시지를 많이 들었다고 이뤄지는 게 아닙니다. 오직 자기 입으로 자기 죄를 고백해야만 죄의 용서를 받을 수 있습니다. 죄 사함이 없으면 모든 신앙행위는 헛것입니다. 왜냐하면 죄 사함이 없으면 깨끗함을 받지 못해 더럽고, 더러우면 성령님이 내 안에 임하실 수가 없기 때문입니다.

성경을 읽고 예배에 참여하고 설교를 듣는 건 모두 율법이 무엇이고 죄가 무엇이며 순종과 불순종이 무엇이며 왜 내가 죄인이고 왜 예수님의 보혈만이 죄를 속량할 수 있으며 왜 그분을 믿어야 하는지 그 교리를 가르치는 것에 불과합니다. 교리를 안다고 사함을 받지 못합니다. 아무리 예수님을 믿는다고 말해도 자기 죄를 고백하지 않으면 그건 믿는다고 말할 수 없습니다. 무조건 자기 죄를 하나님께 직고하는 회개의 기도만이 용서받는 길임을 기억해야 하겠습니다(겔18:30, 행3:19).

세상은 어떠한 곳일까요. 하나님께선 천지만물과 인간을 창조하신 후 '하나님이 보시기에 좋았더라'고 거듭 흐뭇해 하셨으니 지금도 아름다워야 하는 게 정상입니다. 특히 하나님의 눈은 우리보다 훨씬 차원이 높으실 텐데 그분 보시기에 좋았다고 하셨으니 극상의 창작품이라 할 것입니다. 그러나 지금의 세상을 그렇게 보는 분은 별로 많지 않을 것입니다. 너무도 오염되고 파훼되었기 때문입니다. '그래도 세상은 아름답다'거나 '그래도 세상은 살 만한 곳이다'는 말은 모두 세상이 현재 그렇지 않다는 말과 다를 게 없습니다.

에덴동산에서의 범죄 이후 세상은 곧 육이요 육은 곧 죄라고 보는 게 성경적 시각입니다. 세상과 죄는 따로 떼어서 생각할 수 없습니다. 물론 세상에 아름다운 미담도 많고 훌륭한 인물도 있지만 근원적 출발부터 세상은 죄로 물든 곳입니다. '개똥밭에 굴러도 이승이 낫다'라는 말도 있고 성속(聖俗)에 달관한 솔로몬도 '산 개가 죽은 사자보다 낫다(전9:4)'라고 했지만 그 역시도 '내가 사는 것을 미워하였느니 이는 해 아래서 하는 일이 괴로움이기 때문이라(전2:17)' 토로하였습니다.

중요한 건 세상이 죄악에 물들었다는 점입니다. 세상은 숱한 전쟁과 온역, 간악과 패역, 겁탈과 강포, 기근과 부조리, 탐욕과 시기, 거짓과 음모, 범죄와 복술이 들끓는 곳입니다. 슬픔 많은 세상이라 꺼이꺼이 목놓아 오열할 때도 있고 숨죽여 흐느낄 때도 있는 세상입니다. 풀잎에 맺힌 이슬 같은 초로인생(草露人生)을 살면서도 간난신고(艱難辛苦)의 인생을 사니 그저 조금 먹고 살았다 한들 참으로 나그네의 풍찬노숙(風餐露宿)이 따로 없겠고 고성낙일(孤城落日)과도 같은 존재들이라 하겠습니다.

이런 고난과 절망이 있기에 혹자는 죽음에 이르는 병을 논했고 인간의 존재론적 불안을 말하기도 했으며 수백 수천의 종교를 만들기도 하였습니다. 그러나 인간들은 아무 해결책도 없었고 죄악은 갈수록 늘어만 가 온 세상에 편만하게 퍼졌으니 고조선 때만 해도 8조 금법으로만 다스려지던 세상은 지금 수천 가지의 법으로도 다스리기 어려워지고 말았습니다. 실낙원(失樂園)의 세상은 사라지고 복락원(復樂園)의 세상이 오기를 소망해 보지만 세상은 갈수록 죄악과 온갖 것으로 범벅이 되어갈 것입니다.

성경은 온 땅이 하나님 앞에 패괴하여 강포가 땅에 충만했다고 말합니다(창6:11). '여호와께서 사람의 죄악이 세상에 관영함과 그 마음의 생각의 모든 계획이 항상 악할 뿐임을 보시고 땅위에 사람 지으셨음을 한탄하사 마음에 근심하시고…(창6:5~6)'

그러나, 많은 사람들은 죄악에 상관없이 삶을 즐기기도 합니다. '너희가 땅에서 사치하고 연락(宴樂)하여 도살(屠殺)의 날에 너희 마음을 살지게 하였도다(약5:5).' 그런 지나친 일부의 모습을 보고 시편 기자는 구해달라고 호소합니다. '여호와여 금생에서 저희 분깃을 받은 세상 사람에게서 나를 주의 손으로 구하소서 그는 주의 재물로 배를 채우심을 입고 자녀로 만족하고 그 남은 산업을 그 어린아이들에게 유전하는 자니이다(시17:14).' 성경의 희년(禧年)의 정신을 생각하면 이러한 극과 극의 상존 자체가 죄악의 한 형태일지도 모릅니다.

죄의 문제는 전혀 신경 쓰지 않고 그저 배부르고 영광스러우면 족하다는 분들도 많습니다. '저희의 마침은 멸망이요 저희의 신은 배요 그 영광은 저희의 부끄러움에 있고 땅의 일을 생각하는 자라(빌3:19)'고 일갈했습니다. 또 이사야 선지자는 오늘날의 부동산 투기와 같은 당시의 세태를 보면서 '가옥에 가옥을 이으며 전토에 전토를 더하여 빈틈이 없도록 하고 이 땅 가운데에서 홀로 거주하려 하는 자들은 화 있을진저(사5:8)'라고 탄식합니다.

그러면 도대체 세상의 죄는 어떻게 생겨난 것일까요. 세상을 지은 후 곧바로 죄가 들어왔습니다. 마귀가 작업을 시작했기 때문입니다. 뱀의 유혹에 빠진 우리들의 할아버지인 아담 할아버지의 범죄는 엄청난 후폭풍을 가져왔습니다. 이를 두고 성경은 이렇게 표현합니다. '한 사람으로 말미암아 죄가 세상에 들어오고 죄로 말미암아 사망이 왔나니 이와 같이 모든 사람이 죄를 지었으므로 사망이 모든 사람에게 이르렀느니라(롬5:12).'

다시 말하면 아담으로부터 모세까지 아담의 범죄와 같은 죄를 짓지 아니한 자들 위에도 사망이 왕 노릇 하였다는 것입니다(롬5:14). 그 결과로 이루어진 '전에는 우리도 다 그 가운데서 우리 육체의 욕심을 따라 지내며 육체와 마음의 원하는 것을 하여 다른 이들과 같이 본질상 진노의 자녀이었더니(엡2:3)'라는 말씀이 이를 입증합니다. 아담 이래 아무도 죄에서 벗어나질 못하였으니 죄가 얼마나 끈질기며 심각한지를 보여주고 있는 것입니다.

그러한 죄로 인한 고통과 벗어나려는 몸부림을 시편 기자는 대표적 회개의 시라고 불리는 시편 51편을 통해 통렬하게 고백합니다. 그 일부만 싣습니다.

'하나님이여 주의 인자를 좇아 나를 긍휼히 여기시며 주의 많은 자비를 좇아 나의 죄과를 도말하소서 나의 죄악을 말갛게 씻기시며 나의 죄를 깨끗이 제하소서 대저 나는 내 죄과를 아오니 내 죄가 항상 내 앞에 있나이다 내가 죄악 중에 출생하였음이여 모친이 죄 중에 나를 잉태하였나이다 우슬초로 나를 정결케 하소서 내가 정하리이다 나를 씻기소서 내가 눈보다 희리이다 주의 얼굴을 내 죄에서 돌이키시고 내 모든 죄악을 도말하소서 피 흘린 죄에서 나를 건지소서.'

죄의 무거움이 얼마나 중한지 보여주는 시입니다. 이처럼 세상을 고통과 사망에 이르게 한 이 모든 죄악은 에덴동산에서 옛 뱀이라고도 하는 마귀가 들여온 것입니다. 그리곤 세상의 지배자가 되었습니다. 이는 그 자를 통해 생명에 있을 자와 사망에 있을 자, 선한 자와 악한 자, 알곡과 가라지를 분간하시려는 하나님의 원대하신 뜻이 있으셨기에 가능했던 일이었습니다.

마귀가 지배하는 세상의 모습은 어떻게 달라졌을까요. 마귀가 세상을 얻으니 칼춤을 추기 시작합니다. 칼춤은 때론 재미도 있어 보이고 드라마틱하고 사람을 불러 유혹하지만 결과는 처참하고 잔인합니다. 욕망과 무자비가 얽힌 중세 마녀재판이나 그 숱한 세계의 전쟁과 같은 끔찍한 사건들은 거론할 필요도 없습니다. 지금도 도저히 있을 수 없는 패륜부터 시작하여 막장 드라마가 매일같이 쏟아져 나옵니다.

이 모두는 어떤 부류의 인생들이 벌린 짓이니 그 배후에는 그들을 움직이는 마귀와 그의 졸개들이 도사리고 있습니다. 그 인생들은 영의 눈이 감겨 자신은 알지도 못한 채 불행히도 마귀의 뜻을 좇고 있으니 이는 이미 그의 종이 되어 지혜를 잃었기 때문입니다. 성경은 마지막 때 사람들의 성정과 성품이 어떻게 변할지 예언해주고 있습니다. 이는 수천 년 이상 마귀가 공들인 악의 금자탑(金字塔) 내용입니다.

'네가 이것을 알라 말세에 고통하는 때가 이르리니 사람들은 자기를 사랑하며 돈을 사랑하며 자긍하며 교만하며 훼방하며 부모를 거역하며 감사치 아니하며 거룩하지 아니하며 무정하며 원통함을

풀지 아니하며 참소하며 절제하지 못하며 사나우며 선한 것을 좋아
아니하며 배반하여 팔며 조급하며 자고하며 쾌락을 사랑하기를 하
나님 사랑하는 것보다 더하며 경건의 모양은 있으나 경건의 능력은
부인하는 자니 이 같은 자들에게서 네가 돌아서라(딤후3:1~5).'

어떻게 오늘의 이 세대에게 꼭 들어맞는 말씀만 하셨을까요. 특
히 무정하며 감사치 아니한 것은 범죄로까지는 이어지진 않지만 세
상을 메마르게 하는 큰 원인입니다. 선한 것이 뭔지, 고마운 게 뭔
지, 인간적인 따스함이 뭔지 이런 것에 귀 기울이는 이가 없으니 하
나님을 잘 기억하지 않는 세대에게 불어닥친 오늘의 모습입니다. 삭
막한 세상에 죄의 물결이 넘치니 그저 조심해서 살 수밖에 없는 시
절이 되었습니다.

2.
세상지배자 마귀

　독일 속담에 '하나님이 교회를 세우면 마귀는 그 옆에 예배당을 세운다'는 말이 있습니다. 예배당에 모인 사람들을 온 천하를 꾀는 실력으로(계12:9) 충동질하여 교회를 망하게 한다는 뜻이니 마귀가 하는 일을 단적으로 표현해주는 말이라 하겠습니다. 그만큼 마귀는 사람들에게 영향력이 있고 오늘의 이 세상을 지배하고 있는 자입니다. 이는 관념적, 추정적, 감정적 생각이 아니라 매우 분명하고 실재하는 성경의 말씀입니다. 성경은 하나님께서 하늘과 땅에서 보이는 것들과 보이지 않는 것들과 혹은 보좌들이나 주관자들이나 정사들이나 권세들이 다 하나님으로 말미암아 창조되었다고 말씀하고 있습니다(골1:16).

　마귀는 원래 피조물로 지어져 하늘에서 하나님을 보좌하는 아름답고 지혜로운 천사장(天使長)으로 있었습니다. 이름을 루시퍼라고 하며 찬양을 담당하였습니다. 그러나 너무 사랑받아 교만해진 나머지 하나님과 같이 되겠다며 반역을 일으켜 그와 함께 타락한 하늘의 천사 삼 분의 일을 거느리고 지상에 내려온 자입니다.

'너 아침의 아들 계명성이여 어찌 그리 하늘에서 떨어졌으며 너 열국을 엎은 자여 어찌 그리 땅에 찍혔는고(사14:12)', '너는 완전한 인(印)이었고 지혜가 충족하며 온전히 아름다웠도다(겔28:12)', '자기 지위를 지키지 아니하고 자기 처소를 떠난 천사들을(유1:6)', '그 꼬리가 하늘의 별 삼 분의 일을 끌어다가 땅에 던지더라(계12:4).' 이 말씀들이 그 근거입니다.

마귀의 다른 명칭은 붉은 용, 큰 용, 옛 뱀, 사탄입니다(계12:3, 9). 마귀는 성경에 이 세상의 신, 이 세상의 임금, 공중의 권세 잡은 자, 천하만국의 영광을 가진 자, 흑암의 권세자로 표현되고 있고 실제로 이 세상의 온갖 거짓과 악을 주관하며 엄청난 권세를 행사하는 자입니다. 예수님은 마귀를 가리켜 처음부터 살인한 자요 진리에 서지 못하고 거짓말쟁이로서 거짓의 아비라고 하셨습니다(요8:44).

'그 중에 이 세상 신이 믿지 아니하는 자들의 마음을 혼미케 하여 그리스도의 영광의 복음의 광채가 비취지 못하게 함이니(고후4:4)', '이후에는 내가 너희와 말을 많이 하지 아니하리니 이 세상 임금이 오겠음이라(요14:30)', '그때에 너희가 그 가운데서 행하여 이 세상 풍속을 좇고 공중의 권세 잡은 자를 따랐으니 곧 지금 불순종의 아들들 가운데서 역사하는 영이라(엡2:2)' 하신 말씀들이 다 이를 증거합니다.

다시 말씀드리면 마귀는 정사와 권세와 어두운 세상의 주관자입니다(엡6:12). 마귀는 지상으로 떨어질 때 자기 수하의 천사들과 함께 내려왔습니다. 그 타락천사들을 귀신이라고 보면 무난합니다. 귀신(鬼神)의 정의에 대하여 성경은 구체적으로 밝히지 않고 있으니 이는 복음을 받아들임에 있어 귀신에 대한 지식은 중요하진 않기 때문일 것입니다. 오늘날 어느 신학자 누구도 명확하게 귀신을 설명하진 못하고 있으며 설(說)만 난무합니다. 다만 예수님께서 귀신을 부르실 때 '더러운 귀신아'라고 부르셨으니(막5:8) 더러운 생각, 더러운 말, 더러운 행동, 더러운 주위, 더러운 생활환경은 피하시는 게 좋겠습니다.

마귀는 귀신을 시켜 사람을 억압하고 괴롭히며(막5:5, 9:20) 간질로 불과 물에 넘어지게 하기도 하고(마17:15) 사람들을 미혹하려고 갖은 복술을 행하며(행8:9) 놀라운 기적을 행하기도 합니다(출7:22, 계13:3). 또한 미혹케 하는 영과 귀신을 통해 믿음에서 떠나 배교하도록 하며(딤전4:1) 거짓 사도와 속이는 일꾼을 동원하고 광명의 천사로 가장하여 다른 예수 다른 영 다른 복음을 받게 하려 하며(고후11:4~15) 마귀는 우리의 원수요 좋은 씨가 열매 맺히지 못하도록 씨 뿌리는 곳마다 가라지를 심는 자입니다(마13:39). 마귀는 구원을 얻지 못하게 하려고 말씀을 그 마음에서 빼앗는 자입니다(눅8:12).

마귀는 자기의 영역인 온 세상을 두루 다니며 우는 사자같이 삼킬 자를 찾아다닙니다. '근신하라 깨어라 너희 대적 마귀가 우는 사자같이 두루 다니며 삼킬 자를 찾나니 너희는 믿음을 굳게 하여 저를 대적하라(벧전5:8~9)' 하셨습니다. 예수님이 공생애를 처음 시작하실 때도 마귀가 세 차례 시험한 것을 우린 잘 알고 있습니다(마 4:1~11).

그런 마귀는 종말에는 쫓겨나고 지옥불에 던져지게 됩니다. 마지막 때엔 에스겔서 38장~39장에 의한 곡과 마곡의 전쟁이 치러질 것이고 요한계시록에 의한 일곱 봉인, 일곱 나팔, 일곱 대접의 순으로 재앙이 진행되고 아마겟돈(므깃도) 전쟁도 치러지며(계16:16) 마귀는 끝내 그 정해진 불과 유황 못에 던져지게 됩니다(계20:10, 마25:41).

마귀를 이기는 길은 예수님의 보혈뿐입니다. 예수님께서 십자가에 달리신 것은 자신의 죽음을 통하여 죽음의 세력을 가진 자, 곧 마귀를 멸망시키시고 죽음을 두려워함으로 인하여 일평생 마귀의 노예로 속박되어 있는 자들을 놓아주시려 함입니다(히2:14~15).

그래서 우리는 예수님의 이름을 들어 마귀의 시험에 들지 않도록 깨어 기도해야 합니다(마26:41). 자칫하면 영혼이 강탈당하기 때문입니다. 성경은 마귀의 궤계를 능히 대적하기 위하여 하나님의 전신갑주를 입어야 한다고 말씀합니다. 전신갑주(全身甲冑)란 온몸을 감싼 갑옷과 투구를 말합니다. 진리의 허리띠, 의의 호심경, 복음의 신발, 믿음의 방패, 구원의 투구와 성령의 검 곧 하나님의 말씀을 말한다고 기록되어 있습니다(엡6:10~17).

생명의 경계를 듣는 귀는 지혜로운 자 가운데 있다고 하셨으니(잠 15:31) 지혜롭게 살펴야 허망한 마귀의 시험에 빠지지 않게 됩니다. 우리의 소중한 영혼을 마귀의 낚싯밥이 되게 할 수는 없는 일입니다.

특히 마귀의 최고 수법은 음란, 음행, 간음 같은 성적 타락임을 주목할 필요가 있습니다. 강도마귀, 살인마귀 소리는 못 들어 봤어도 음란마귀 소리는 많이 듣게 됩니다. 마귀의 가장 자신 있는 수법은 음행(淫行)입니다. 잘 믿는 신도들과 지도자들을 추락시켜 영혼을 빼앗는 데 성적 타락만큼이나 효과적인 게 없다는 걸 잘 알기 때문입니다. 마귀는 많은 경험으로 승리를 자신합니다.

이스라엘 백성을 멸망시킨 것도 이방신을 섬기는 제사뿐 아니라 그에 수반되어 자행되었던 산당의 모든 푸른 나무와 상수리나무 아래에서 여사제들과 벌였던 음행의 쾌락이었습니다. '무당의 자식, 간음자와 음녀의 자식들아 너희는 가까이 오라. 너희가 상수리나무 사이 모든 푸른 나무 아래에서 음욕을 피우며(사57:3, 5)'라는 말씀이 증거하고 있습니다. '푸른 나무와 상수리나무 아래'라는 표현은 구약에서 자주 보게 됩니다. 그만큼 하나님께선 음행으로 나가떨어지는 백성들을 뻔히 보고 계시자니 너무 속이 상해서 여러 번 자주 거론하셨던 단어입니다.

곳곳의 산당에서 여사제 수천 명이 풍요를 얻으려면 비를 많이 내리게 해야 한다며 땀 흘리는 걸 뜻하는 성행위를 자행하게 했습니다. 매음(賣淫)이었습니다. 산당을 폐지하라 수차례 명령했지만 잘 없어지지도 않았습니다. 그러니 오랜 시간 이스라엘 땅에서 대규모 매음 공창(公娼) 사업이 번창한 셈입니다. 그러니 어찌 망하지 않을 수가 있었겠습니까. 그 마귀는 현대의 우리 신자들에게 더욱 은밀하게 접근해오고 있습니다.

그자는 인간의 호기심을 십분 이용합니다. 하와한테서 재미를 봤었기 때문입니다. 하와는 그 전에도 동산 중앙에 있는 선악과나무를 봐왔으나 미동도 하지 않았지만 뱀의 유혹에 그만 호기심이 발동합니다. '여자가 그 나무를 본즉 먹음직도 하고 보암직도 하고…(창 3:6)' 관음증도 이런 호기심이 가져다 준 것입니다. 그 절대무기 호기심을 이용해 마귀는 지금도 우릴 유혹합니다. 마음의 무장을 하지 않으면 언제 어느 때 우리도 넘어갈지 모릅니다. 우리도 하와랑 별반 다를 게 없기 때문입니다.

마귀는 성적 타락에 관한 한 집요합니다. 역사적으로도 북 이스라엘과 남 유다에서 대성공을 거뒀기 때문에 자신감이 붙어 있습니다. 예나 지금이나 잘 버티던 신자들도 끝내는 많이 넘어지는 걸 경험을 통해 알고 있기 때문입니다. 베드로후서 2장의 짧은 장에서만도 호색, 음란한 행실, 더러운 정욕, 음심, 음란, 육체의 정욕이란 단어가 계속 이어질 정도로 마귀와 그 수하의 거짓 선지자, 거짓 선생들과 타락천사들은 육체적 방탕을 통해 신자들의 성결을 방해하고 타락시키는 데 집중하고 있습니다. 영혼을 탈취하여 자기들의 머릿수를 늘리자는 것입니다. 질기고 질긴 것이 벌써 수천 년을 이어오며 성(性)을 도구로 무너뜨리려 하고 있습니다.

오늘날 수많은 영화, 연극, 영상, 사진, 드라마, 만화, 소설, 음악, 미술, 공연, 무용, 전시, 신문, 잡지, 인쇄물, 개그와 만담에서 문화와 예술, 광고와 표현의 자유란 이름하에 수많은 성적 유희가 난무하고 있고 수많은 사람들은 호기심 가득한 눈길로 이를 즐깁니다. 야동과 몰카가 대표적입니다. 불륜카페, 불륜스캔들, 파격노출, 포르노, 파격멜로, 전라베드신, 스와핑, 변태, 피학성교, 마약약물성교, 수간, 근친간, 집단난교, 쓰리썸, 구강항문성교 등 자극적인 단어로 온통 도배가 된 세상입니다. 이것들이 상업성과 자극성을 타고 디지털 전자기기의 비약적 발전에 힘입어 번창일로를 달리고 있는 중입니다. 시니컬한 표현으로 말하자면 마귀는 인간시장(人間市場)에서 음행이란 종목을 골라 고수익을 거두고 있는 셈입니다.

육을 가진 인간이 육에 대하여 관심을 갖는 건 어쩌면 당연한 일입니다. 인간도 동물이기 때문에 그런 본성적인 이끌림은 이해할 수 있습니다. 이를 외면하면 도덕군자인 체한다는 비난도 듣습니다. 그러나 육에 대한 관심이 실제 행동으로 나아간다면 하등동물과 다를 게 없고 또 영(靈)과 선(善)에 빠져 있으면 육의 생각은 잘 나지 않습니다. 인간에게 영성과 지성과 더불어 절제라는 기능을 작동케 하신 건 이 때문입니다. 절제(節制)는 성령의 아홉 가지 열매 중의 하나입니다. 연약한 우리 힘으론 부족합니다. 그러나 기도 및 말씀과

더불어 절제의 기능을 발휘하고 십자가 보혈 찬송을 자주 부르신다
면 성령님의 도우심으로 마귀를 능히 대적할 수 있을 것입니다. 마
귀는 대적하면 피한다고 하셨기 때문입니다(약4:7).

3.
이방인의 수가 차기까지

　성경에서 말하는 이방인(異邦人)은 이스라엘 백성이 아닌 사람들을 총칭하는 말입니다. 신약에선 때론 불신자를 일컫는 말로도 사용되기도 하였습니다(고전5:1). 우리 같은 한민족은 당연히 이방인입니다. 하나님께서 B.C. 2091년 75세의 아브라함을 소명(召命)하실 때부터 이방인들은 약속 외의 사람으로서 구원과 복을 받음에 있어 이스라엘 백성 후순위로 밀려 있던 사람들입니다.

　지금도 그렇지만 이스라엘 백성들은 남달리 자신들만이 특별히 하나님의 선택을 받은 백성이라는 강한 선민의식(選民意識)을 갖고 있고 이방인들을 멸시의 대상으로 보아 그들과는 결혼도 교제도 하질 않았습니다. 바벨론 포로 이후 이방 민족과 혼혈이 되었다는 이유만으로 같은 민족이었던 사마리아 사람을 멸시한 게 좋은 증거입니다. 그 강한 선민의식은 이천 년간 나라 잃은 슬픔 속에서 전 세계를 유랑하며 핍박을 받으면서도 계속 혈통을 유지하려고 노력하고 드디어 나라까지 세우는 데 결정적인 원동력이 되었을 것입니다.

하나님께선 미리 선택하신 자기의 이스라엘 백성을 몹시도 사랑하셨습니다. 그들을 평소에 내 딸이라고 부르셨고(사62:11) 헵시바와라라는 이름을 지어주시기도 할 정도였습니다(사62:4) 구약을 읽어보면 자기 백성을 사랑하시는 정도가 절절히 끓고 있음을 알 수 있게 됩니다.

그러나 사랑의 하나님께선 이방인에게도 무심치 않으셨습니다. 이방인 역시 창세기 때부터 하나님의 은혜 안에 있는 사람들이었습니다(창12:3, 출12:49). 구약시대에 이미 여호와께서는 이방인도 구원하실 것임을 여러 차례 예고하셨습니다(렘12:16, 암9:12). B.C. 830년경 기록된 요엘서에도 내 신을 만민에게 부어주며 누구든지 여호와의 이름을 부르는 자는 구원을 얻으리라는 말씀도 이를 예고하신 것입니다(욜2:28,.32).

그 후 B.C. 740년경 활동하신 이사야 선지자를 통해서 여호와께 연합하여 섬기며 여호와의 이름을 사랑하며 안식일을 지켜 더럽히지 아니하며 그 언약을 굳게 지키는 이방인은 여호와의 성산으로 인도하여 기도하는 내 집에서 그들을 기쁘게 할 것이라고 말씀하심으로서 이방인의 구원을 거듭 약속하시기도 하셨습니다(사56:6~7).

신약시대에 이르러 이방인의 사도로 쓰임을 받은 바울의 사역을 통해 이방인들도 이스라엘 백성과 구별 없이 다 구원받는 것으로 정리가 되었습니다. 그리고 마침내 A.D. 49년 개최된 예루살렘 총회에서 공식적으로 구원 문제에 있어서는 그 둘 사이의 차별이 전혀 없음이 선언되었으니(행15:1~35) 그때부터 이방인들도 구원의 대열에 들어섰음이 확인되는 계기가 되었습니다.

'그때에 너희는 그리스도 밖에 있었고 이스라엘 나라 밖의 사람이라 약속의 언약들에 대하여 외인이요 세상에서 소망이 없고 하나님도 없는 자이더니 이제는 전에 멀리 있던 너희가 그리스도의 피로 가까워졌느니라 그러므로 이제부터 너희가 외인도 아니요 손도 아니요 오직 성도들과 동일한 시민이요 하나님의 권속이라(엡2:12~13, 19).'

로마서에서도 하나님은 홀로 유대인만의 하나님이 아니시며 진실로 이방인의 하나님도 되신다고 하였고(롬3:29) 예수님께서도 부활 승천하시면서 '모든 족속으로 제자를 삼아' 세례를 주라고 하심으로서(마28:19) 모든 족속, 곧 이방인에게도 구원의 문이 열려져 있음을 말씀하셨습니다. '이 그릇은 우리니 곧 유대인 중에서뿐 아니라 이방인 중에서도 부르신 자니라(롬9:24)'라는 말씀도 같은 취지입니다.

그러나 그런 결정에 이르기까지의 과정은 결코 순탄치 않았습니다. 사도행전을 통해 알 수 있듯이 바울과 그 일행은 이방인에게 선교하러 다닌다고 동족인 유대인들로부터 여러 번 죽을 고비의 위험을 겪었습니다. 또 이방인들에게는 로마서 9장과 11장, 에베소서 2장 등을 통해서 왜 이방인들도 구원의 반열에 들어설 수 있는지 힘들여 자세히 설명하기도 했습니다.

즉, 하나님께서 그 미리 아신 자기 백성 이스라엘 백성들의 완악함에 지치셨습니다. 참으로 목이 곧은 백성이었고 '너는 완악하며 네 목의 힘줄은 무쇠요 네 이마는 놋이라'라고 말씀하실 정도였습니다(사48:4). 그럼에도 그들을 다 버리신 건 아니요 은혜로 택하심을 따라 '남은 자'가 있다고 하셨습니다. 이는 구원이 본격적으로 이방인에게도 이르면 이스라엘 백성들로 하여금 시기하게 해서 그들로 부랴부랴 회개하고 구원의 대열로 뛰어들게끔 하시려는 것입니다.

'그들의 넘어짐이 세상의 풍성함이 되며 그들의 실패가 이방인의 풍성함이 되거든(롬11:12).'
'너희가 전에는 하나님께 순종하지 아니하더니 이스라엘이 순종하지 아니함으로 이제 긍휼을 입었는지라(롬11:30).'

그러면서 이방인들에게는 '돌 감람나무인 네가 그들 중에 접붙임이 되어 참 감람나무 뿌리의 진액을 함께 받는 자가 되었은즉 그 가지들을 향하여 자랑하지 말라(롬11:17~18)' 하시며 자긍함을 경계하셨습니다. 이는 이방인은 복의 근원이 아니라 하나님이 아브라함과 맺은 구원의 언약에 접붙임을 받은 것임을 환기시키는 말씀입니다(갈3:14). 시편 기자가 라합과 바벨론과 블레셋과 두로와 구스 등 여러 민족들의 구원을 말하면서 그 기지(基地)가 시온 성산에 있음을 강조하는 것도 그 때문입니다(시87:1~7).

그러나 이방인이 구원받는 건 시한부라고 봐도 무방합니다. 이방인이 구원받는 건 어디까지나 '이방인의 수가 차기까지'라는 시한에 걸려 있습니다. 로마서 11장의 말씀은 이스라엘의 남은 자 구원에 대한 메시지가 대주제입니다. 이방인 구원에 자극되어 이스라엘의 회심을 기대하고 계십니다. 그래서 이스라엘 백성들이 회개해서 하나님의 미리 정하신 수효가 완전히 성취되면 이방인에게 열려진 구원의 사역도 끝난다는 말씀입니다. 그러니 성도들은 늘 종말에 대비하여 시대를 분별하고 깨어 있어야 한다는 경고의 의미도 포함되어 있습니다.

'형제들아 너희가 스스로 지혜 있다 하면서 이 신비를 너희가 모르기를 내가 원하지 아니하노니 이 신비는 이방인의 충만한 수가 들어오기까지 이스라엘의 더러는 우둔하게 된 것이라 그리하여 온 이스라엘이 구원을 받으리라(롬11:25~26)'라는 말씀이 그것입니다. 킹 제임스 흠정 역 성경에는 '그것은 곧 이방인들의 충만함이 이를 때까지 일부가 눈머는 일이 이스라엘에게 생긴다는 것이라'로 되어 있고, 현대인의 성경에는 '하나님께 돌아오는 이방인의 수가 다 차기까지 일부 이스라엘 사람들이 불신앙을 고집하겠지만'으로 되어 있습니다.

이 말씀은 예수님의 메시아 되심을 거부하는 이스라엘의 영적인 완고함은 선택된 이방인의 수가 구원의 숫자에 다 채워질 때까지 계속될 거라는 뜻과 함께 어느 땐가 이스라엘의 큰 회심이 있을 것이고 그때 하나님의 정하신 수효가 차면 자연히 이방인에 대한 구원의 사역도 끝이 난다는 뜻입니다. 이방인의 숫자가 갈수록 충만해지는 모습을 본 이스라엘로 하여금 속히 예수님의 메시아 되심을 깨달아 어서 돌아오라는 뜻인 것입니다.

로마서 11장은 기승전결(起承轉結)의 네 단계로 이스라엘 백성의 회심과 구원을 전개해 나가고 있습니다. 즉, 11장의 1절~10절은 은혜로 보존된 이스라엘의 남은 이들을 설명하고, 11절~24절은 이스라엘이 걸려 넘어짐으로서 이방인들이 구원을 받게 됨을 설명하고, 25절~32절은 이방인이 긍휼을 받음으로 이스라엘이 회복됨을 설명하고, 33절~36절은 그런 하나님의 구원 과정에 대한 찬양으로 이뤄져 있습니다. 정연한 논리구조라 아니할 수 없습니다.

하나님께선 '충만한 수'라는 수적, 시간적 한계성을 밝히시고 그 둘 모두에게 어서 완악한 마음의 띠를 풀고 시선을 여호와께로 돌려 구원을 이루라고 부르십니다. '이방인의 수가 차기까지' 이 한 구절은 하나님 나라의 완성을 위하여 목이 곧은 이스라엘 백성과 불신앙의 근원을 가진 이방인을 서로 대척점에 놓으시고 서로가 서로를 견주어가며 분발케 해서 그 모두를 구원시키고자 하시는 하나님의 놀라운 섭리이자 오묘한 사랑의 방정식(方程式)이라 하겠습니다. 그래서 바울 사도께서 비밀이라 말씀하셨던 게 아닌지 모르겠습니다(롬11:25).

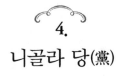

4.
니골라 당(黨)

니골라(Nicolas)라는 말은 우리에게 별로 익숙하지 않은 단어이지만 오늘날 현대 교회에 있어서는 매우 중요한 말입니다. 니골라를 추종하는 무리가 파를 이뤘으니 그게 니골라 당입니다. 니골라라는 말은 요한계시록 2장 6절과 15절에 두 번 나옵니다. 6절에서는 니골라 당의 행위라고 했는데 15절에서는 니골라 당의 교훈이라고 했으니 니골라 당의 행위가 점차 교리, 교훈으로까지 발전했음을 알 수 있습니다. 결론부터 말씀드리자면 니골라 당은 성직자 계급주의와 영적 혼탁 범벅주의라고 보시면 되겠습니다.

니골라는 초대 예루살렘 교회에서 구제와 봉사를 위해 선출된 일곱 집사 중의 한 사람으로 안디옥 출신의 이방인입니다(행6:5). 어떤 신학자들은 이 사람이 타락해서 니골라 당의 원조가 되었다고 주장하지만 확실한 근거는 없는 말이며 그가 뽑혔을 때 믿음과 성령과 지혜가 충만하여 칭찬받는 사람이었음을 볼 때(행6:3~5) 쉽게 동의하기 어렵습니다.

니골라 당은 헬라어로 지배하다, 정복하다는 뜻의 니카오와 일반 백성, 평범한 사람이라는 뜻의 라오스가 합쳐진 단어라고 합니다. 즉, 평범한 사람을 지배한다는 뜻입니다. 자기들은 지배자이고 일반 인은 평신도이니 자기들의 지배를 받아야 한다는 '성직자 계급주의' 를 주창하고 있는 것입니다. 교회에 있어 윗사람인 자기들이 아랫 사람인 평신도를 지배하겠다는 것입니다. 이는 '내가 윗자리에 있을 테니 넌 나의 지배와 감독을 받아!'라는 말과 똑같습니다. 군림하고 지배하자는 것입니다.

　　'평신도(平信徒)'는 성경에도 없는 단어입니다. 출처도 혹자는 교부 이자 초기 신학교리를 집대성한 글레멘드(빌4:3)나 안디옥 교회의 감 독 이그나티우스가 각자 쓴 서신이라고도 하는 등 분명치 않습니다 만 A.D. 2세기 무렵 나온 건 확실한 거 같습니다. 햇수로 이천 년을 견디어 온 끈질기고도 악한 단어가 '평신도'입니다. 예수 그리스도의 수난의 의미를 말살하는 지극히 부적절한 단어입니다. 평(平)은 상급 (上級)의 하위 개념입니다. 예수님은 피 값으로 우릴 사셨고 우린 하 나님의 자녀가 된 신분이자 왕 같은 제사장인데 어떻게 누구의 지 배를 받는 사람이 되겠습니까. 복음의 진리를 훼손하는 말이지요.

　　예수님께서도 '너희는 랍비라 칭함을 받지 말라 너희 선생은 하나 요 너희는 다 형제니라 땅에 있는 자를 아버지라 하지 말라 너희의 아버지는 한 분이시니 곧 하늘에 계신 이시니라(마23:8~9)' 말씀하셨 습니다. 형제는 서로 우애하고 존경하기를 서로 먼저 해야 하는 사이라고 말씀합니다(롬12:10). 그러니 성직자 계급주의는 예수님의 교훈을 전적으로 무시하는 발상이고 계시록에서 니골라 당을 질책하신 이유입니다. 너희끼리 아버지란 말을 쓰지 말라 하셨으니 신부(神父)도 적절치 못한 단어라 하겠습니다. 우린 평신도란 단어 절대 쓰지 않아야 합니다.

성경은 니골라 당을 크게 질책합니다. '오직 네게 이것이 있으니 네가 니골라 당의 행위를 미워하는도다 나도 이것을 미워하노라(계2:6)', '네게 두어 가지 책망할 것이 있나니 거기 네게 발람의 교훈을 지키는 자들이 있도다 발람이 발락을 가르쳐 이스라엘 자손 앞에 걸림돌을 놓아 우상의 제물을 먹게 하였고 또 행음하게 하였느니라 이와 같이 네게도 니골라 당의 교훈을 지키는 자들이 있도다 그러므로 회개하라(계2:14~16)' 하셨습니다.

하나님의 일을 하다 보면 각자 사역이 나눠집니다. 어떤 이는 목사와 교사로 세워지고 어떤 이는 예언, 봉사, 위로, 구제하는 자로 세워집니다(엡4:11, 롬12:6~8). 그러나 서로 맡은 일의 차이일 뿐 그들 간에 상하관계나 주종관계는 인정되지 않습니다. 모두가 지체가 된 한 몸이니 다 함께 협력하여 그리스도의 몸을 세우는 것만이 중요합니다(롬12:4~5, 엡4:16). 오늘날 수많은 교인들이 자신들을 평신도라고 자칭하고 지도자들은 상위 직급에 있는 사람인 양 행세한다면 이는 모두 니골라 당이 이천 년 전에 뿌린 씨앗에 물들어 있기 때문입니다.

니골라 당의 더 악한 일은 영지주의(靈知主義)를 내세우며 순수한 복음을 훼손하고 신자들의 예배를 혼합주의와 범벅주의로 바꿨다는 것입니다. 영지주의 소리만 하면 철학 용어로 골치 아프다고 외면하는 분도 계시는 것 같습니다만 너무도 중요하므로 분별할 필요가 있겠습니다.

　　영지주의는 교회사 최초의 이단이며 신약 교리가 자리 잡는 과정에서 치열한 공방을 주고받으며 복음에 크게 해악을 끼친 교리입니다. 이들은 정신과 물질의 이원론을 기반으로 정신은 선하고 물질은 악하다고 하면서 신자의 경우 영적 구원만 얻으면 육체로 무슨 죄를 짓더라도 괜찮다는 주장을 펴고 있습니다. 또 자기들은 특정한 소수에게만 알려져 있는 더 높은 진리, 곧 향상된 지식을 가졌다는 자긍심으로 계급적인 우월적 지위를 주장합니다. 그러나 구원은 누구에게나 미치는 전적인 은혜이므로 그런 주장은 타당하지 않음은 물론입니다.

　　또한 이들은 예수님의 성육신은 실제가 아닌 잠깐 보였을 뿐이라는 가현설(假現說)을 주장합니다. 요한이서 1장 7절의 '미혹하는 자가 세상에 많이 나왔나니 이는 예수 그리스도께서 육체로 오심을 부인하는 자라 이런 자가 미혹하는 자요 적그리스도니'라는 말씀이 바로 이를 경계하는 말씀입니다. 니골라 당 주의자들은 버가모(현재의 터키 베르가마)에 있는 로마황제의 신전에 절하게 하면서도 이는 정치행위지 영적인 문제가 아니라고 하는가 하면 영적으로만 좋으면 육신은 멋대로 해도 된다고 주장하며 음행과 부도덕한 일을 자행케 함으로서 순결한 영적 예배를 잡된 것으로 범벅시키는 일을 서슴지 않았습니다. 그것은 마치 발람이 벌렸던 영적행음(靈的行淫)과 같은 것임을 성경은 지적하고 있습니다(계2:14).

발람은 출애굽 당시 유브라데 강가 브돌에 사는 거짓 선지자요 복술가였습니다. 그는 모압 왕 발락의 요청에 따라 꾀를 내어 이스라엘 백성이 싯딤 광야에 머물 때 그모스 신을 섬기는 모압 여자들을 동원해 이스라엘 남자들과 행음하도록 시켰습니다(민25:1~2, 31:16). 이에 진노하신 하나님께선 염병으로 이만 사천 명을 죽이셨고 이때 제사장 아론의 손자 엘르아살의 아들 비느하스가 행음 중인 남녀를 죽임으로서 염병이 그치게 됩니다(민25:9). 그런 영적음행으로 이스라엘을 범죄하게 한 사람이 발람입니다.

따지고 보면 겉으로 다 드러나도록 대놓고 죄악을 범하게 하는 것이 아니라 은근슬쩍 모압 여자만 붙여주는 것으로도 목적을 달성한 셈입니다. 하나님께선 그 사악하고 교묘한 방법으로 이스라엘을 범죄하게 한 발람의 꾀를 크게 증오하셨는데 이런 발람의 꾀가 초대교회 시절 니골라 당을 거쳐 성직자 계급주의와 혼합신앙 범벅주의로 오늘날까지 뿌리를 뻗치고 있는 것입니다.

'그들이 바른 길을 떠나 미혹되어 브올의 아들 발람의 길을 따르는도다 그는 불의의 삯을 사랑하다가(벧후2:15)', '화 있을진저 이 사람들이여 가인의 길에 행하였으며 삯을 위하여 발람의 어그러진 길로 몰려갔으며…(유1:11)' 발람의 꾀가 얼마나 가증하고 은밀하게 신자들을 악의 길로 유혹하고 있는지 보여주는 대목입니다.

발람의 꾀는 성결하여야 할 신자들의 행동을 있는 듯 없는 듯 살며시 죄악으로 물들여 추락하게끔 유혹하는 일입니다. 그러므로 오늘의 어떤 신자가 일주일에 한 번 예배만 드리면 모든 죄를 사함받는 것으로 생각하고 예배 따로, 죄악된 행동 따로 하면서도 그 부끄러움을 모른다면 이는 발람의 교훈을 따르는 자요 니골라 당의 교훈을 좇는 것이라 봐도 지나치지 않겠습니다.

예수 믿는다고 하면서도 영적 범죄에 무감각하고 덤덤하고 뻔뻔해진다면 이는 발람의 해악이요 니골라 당의 해악입니다. 기독교 신앙과 이교(異敎)에 물들어있는 세속의 숱한 문화를 같이 섞어 혼합, 혼용하는 것도 니골라 당의 행위로 봐도 무관할 것입니다.

발람의 교훈과 니골라 당의 교훈은 오늘도 교묘하고 은밀하게 신자들로 하여금 영적 범죄를 저지르도록 유혹합니다. 이 시대를 사는 우리 교회 안에도 이런 무리들의 침투는 계속되고 있으니 참으로 경성하여야 하지 않을까요. 어쩌면 출애굽 과정에서의 그저 일회성일 것 같았던 발람의 꾀 사건은 수천 년을 이어져 내려오며 아직도 현재진행 중에 있으니 믿음의 길은 그저 험난하기만 합니다.

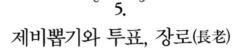

5.
제비뽑기와 투표, 장로(長老)

　제비뽑기와 투표 모두는 아마도 인류 역사와 함께 존재해 왔을 것입니다. 고대 그리스 아테네에서는 기원전 5세기경 도편투표를 실시하여 공직 담당자를 선택했음을 우린 고교시절부터 배웠습니다. 민주적 의사표시였던 셈이지요. 교회라는 조직을 운영하다 보면 사람을 선택해야 하는 일이 발생합니다. 국가 사회조직에선 투표가 일상화되어 있어 제비뽑기는 잘 택하지 않는 것 같습니다.

　제비뽑기를 '뭔가를 택함에 있어 운에 맡겨 결정하는 방식'이라고한다면 제대로 표현한 것인지 모르겠습니다. 그러나 만약 제비뽑기에 구약시대처럼 하나님께서 관여하신다면 그건 제비뽑기가 아니라 하나님의 선택이라고 해야 마땅하겠습니다. 그렇다면 교회는 전적으로 하나님의 일을 하는 곳이니 교회가 어떤 선택하는 일에 맞닥뜨렸을 때 하나님의 선택을 따르는 것이 마땅하다고 주장하는 건어떠할까요.

　그러나 현대 교회에 있어서 청지기 일꾼을 선택할 때 쓰는 방식은 대부분 투표입니다. 다소 듣기 불편한 표현으로 말하자면 인기 투표적 요소도 조금은 들어있다고 보여집니다. 물론 투표하기 전에 기도를 하시는 분도 있고 교회 공적으로도 기도를 드릴 것이니 만약 그 기도를 하나님께서 들으시고 응답하신다면 투표도 하나님의 결정이라고 할 수 있겠습니다. 또 투표 과정에서 출석과 헌금과 봉사와 교회 내 활동 상황과 실적 등이 교인들에게 투표의 참고자료로 제시되어 평가에 반영될 수도 있어 긍정적 선택의 결과를 도출할 수도 있을 것입니다.

그러나 이는 내면의 영적인 면보다는 외형으로 노출된 마일리지로 평가되는 것이라 할 수 있으니 진정한 일꾼을 선발하기엔 한계가 있다고 봐야 할 것이고 하나님이 기도에 응답하신지의 여부는 사실 어느 누구도 알기 어려운 게 사실이라 하겠습니다. 더욱이 교인 수가 많은 교회의 경우 누가 누구인지도 잘 모르는 실정이어서 디모데전서 3장에 정한 교회 일꾼의 자격을 갖추었는지는 확인하지 못한 채 그저 오래 다녔다거나 나이가 많으면 찍어주고 아는 사람이면 찍어주고 여러 번 나왔다가 떨어진 사람이면 찍어준다는 식이거나 또 주변에 그 사람 어떠냐고 물어 투표하고 있는 실정이니 인기 투표 성향이 없다고 말할 수는 없을 것입니다.

그렇게 뽑은 직분자들이 교회에 덕을 끼치는 일도 많겠지만 그렇지 못한 경우도 적지 않을 것입니다. 겉모습만으로 또는 인기로 뽑는 경우도 없지 않고 그러다보니 기본적 인성조차 부족하여 사회에

물의를 일으키고 심지어 교도소 가는 사람도 있습니다. 혹자는 교회를 비난하며 교도소에 있는 장로 집사만 모아도 교회 하나 차리고도 남는다는 말을 할 지경이 되었습니다.

제비뽑기는 장점이 있습니다. 공정하고 공평하며 성인 교인이라면 누구나 참여할 수 있고 겸손과 사양지심이 많아 드러나지 않았던 분들이 뽑힐 수 있는 대신 하나님만이 아는 악한 사람이나 준비가 아니 된 이는 배제될 수 있으며 누구에게나 열려 있는 상호 기회의 균등과 형평성도 있다 하겠습니다.

오늘날 교회 내에는 직분이 서열화되어 있습니다. 아니라고 부인할지 몰라도 그게 쉽게 부인할 일이 아님은 누구나 다 압니다. 당회장 목사로부터 일반 신도까지 사실상 계급화, 서열화되어 있음은 누구도 부정하기 어려울 것입니다. 대위가 대령으로 바로 뛸 수 없듯이 일반 신도에서 장로로 바로 뛸 수 없는 건 바로 계급서열이 있기 때문입니다. 오늘 장로로 있는 분한테 내일부터는 집사로 봉사하라고 한다면 어떤 반응을 보일까요. 언성을 높이지 않으면 다행일 것입니다. 그러기에 교회 내에도 계급과 서열이 있다고 주장하는 것일 겁니다.

그러나 예수님께서는 너희는 다 형제니라 하셨습니다(마23:8). 우린 한 분 한 분이 왕 같은 제사장들이요 하나님의 귀한 자녀들입니다. 계급과 서열은 당치 않은 일입니다. 그럼에도 상위 계급과 서열에의 욕망을 가지고 투표 경쟁을 벌이니 이게 과연 성경적인가 하는 의구심이 생기게 됩니다. 만약 투표로 하지 아니하고 제비뽑기를 통해서 어떤 직분자가 선정되었다면 자기 지위를 뽐내거나 내세우질 못할 것입니다. 자랑이고 말고 할 아무 근거가 없으니까요. 감투싸움도 자리다툼도 자고함도 없을 것이며 종신직이 아니라 2~3년마다 제비뽑기를 한다면 더더욱 그럴 것입니다. 그러므로 투표라는 경쟁체제를 도입하는 것 자체가 하나님과는 상관없이 기존 조직의 틀을 고착화하고 그 위계질서의 서열화를 공고히 한다는 인상을 갖게 하기도 합니다.

교회 내 서열화는 결코 성경적이지 않습니다. 악하기 짝이 없는 니골라 당이 뿌린 성직자 계급주의가 낳은 부산물일 수도 있습니다. 교회 내 계급체계는 부정적인 면이 많습니다. 특히 한평생 신앙생활의 명예가 걸린 장로 선거는 경쟁이 치열하여 여러 번 낙방하신 분 중에는 교인들이 자기를 좋아하지 않는다고 여겨 우울증과 자괴감에 빠지는 경우도 있다고 하니 안타까운 일이라 하겠습니다.

직분자를 뽑는 일은 성경의 방식대로 제비뽑기로 하면 어떨까요. 제비뽑기를 하되 준비 없이 갑자기 진행할 일은 아니고 하나님께 무슨 일로 제비뽑기를 하게 되었다고 신고하고 기간을 정하여 공중이 합심으로 기도한 후(행1:24) 뽑기를 행한다면 어떠할까요. 존 칼빈을 비롯한 종교개혁자들은 중세 교회의 성직매매라는 타락상을 근절하고자 제비뽑기를 주장한 사실을 기억할 필요가 있습니다.

구약의 대제사장이 여호와께 그 뜻을 묻는 신탁도구인 우림과 둠밈(레8:8)은 인간의 뜻이 전혀 개입하지 못하니 제비뽑기와 비슷하다 볼 수 있으며 여호수아는 누가 죄지은 자인지를 하나님께 묻는 데도 이 방법을 사용했고(수7:14) 열두 지파에 가나안 땅을 분배할 때도 여호와의 명령에 따라 인구수를 감안하되 이 제비뽑기 방법을 사용했음을 알 수 있는데 이때 여호와께서 '제비뽑아'라고 지시하셨습니다(민26:52~56). 여호와의 도는 완전한데(시18:30) 시대가 달라졌다고 제비뽑아 정하는 방법도 달라질 수 있는 걸까요. 사사기에선 심지어 군대 일도 제비뽑아 결정했다는 기록이 나옵니다(삿20:9). 사울 왕도 기도하고 이 방법으로 하나님의 뜻을 물었습니다(삼상14:41).

또 다윗 왕은 제사장과 레위인의 24계열 중 성전의 일을 다스리는 자와 하나님의 일을 다스리는 자를 제비뽑기를 통해서 차등이 없이 나누었고(대상24:5), 찬양대의 반열을 나눌 때도 이 방법으로 했으며(대상25:8), 성소의 문지기를 뽑을 때도 이 방법으로 했습니다(대상 26:13). 가룟 유다 때문에 비어 있는 열두 자리 중 하나에 맛디아를 뽑을 때도 이 방법을 사용했습니다(행1:26).

성경 잠언은 사람이 제비를 뽑으나 일을 작정하시는 분은 여호와라고 언급하면서(잠16:33) 제비뽑는 것은 다툼을 그치게 하여 강한 자 사이에 문제를 해결하게 한다고 말씀하고 있습니다(잠18:18).

세상의 일도 그렇지만 교회의 일도 하나님의 전적인 간섭과 인도

하심으로 진행됩니다. 하나님의 하시는 일의 시종을 사람이 측량할 수 없습니다(전3:11). 하나님께선 사람을 정직하게 지으셨으나 사람 자신이 꾀를 내어 스스로의 덫에 걸려 힘들어 하는 경우가 많습니다(전7:29). 무슨 일이건, 사람이건 간에 시기(時機)와 우연(偶然)이 임하는 것이고 지혜자의 마음은 시기와 판단을 분변한다고 했습니다(전 9:11, 8:5). 인생의 일이나 교회의 일이나 하나님의 손 아래서 이뤄지는 것으로서 그분이 정하신 때 정하시는 우연과 기회의 방법으로 씨줄과 날줄이 이뤄지고 직조(織造)되어지는 것이라 하겠으니 투표만 고집부릴 일은 아닌 것 같습니다. 하나님께 기도하고 맡기는 단순한 제비뽑기 방식도 좋은 방법의 하나일 테니까요.

세상에서도 다툼의 소지가 많을 땐 제비뽑기 방법을 사용합니다. 그러면 모두 다 승복하고 뒤끝이 깨끗합니다. 만약 교회에서 제직을 세울 때 제비뽑기로 인물을 뽑는다고 할 때 신앙역량이 부족한 사람이 뽑혔으면 그런 자기를 하나님이 세워주심에 대하여 감사하고 더 정진 분발할 것이고, 신앙역량이 뛰어난 분이 뽑히지 않았다 하더라도 주위에 부끄러워할 것 없이 내 신앙이 부족하다고 하나님이 그러시는 모양이구나 생각하고 더 정진 분발할 것이니 이 사람에게나 저 사람에게나 교회에게나 모두 윈윈(win-win)하는 일이라 생각됩니다.

혹자는 제비뽑기는 오래된 원시적 방법이며 심지어 미신적인 요소가 있다고 혹평하면서 민주사회에선 투표가 맞다고 하는 것 같습니다만 그건 어제나 오늘이나 동일하신 하나님의 엄위하심을 펌훼하는 말일 것입니다. 뿐만 아니라 민주주의는 주권이 국민에게 있고 모든 권력은 국민으로부터 나온다는 헌법 하에 성립하는 것이나 교회는 주권이 하나님께 있고 모든 권력은 하나님으로부터 나오는 것이니 교회 일에 민주주의를 거론할 수는 없는 일입니다.

장로 투표 이야기가 나왔으니 차제에 장로직을 살펴봅니다. 투표로 선출하는 일반 신자 중의 최고의 직분은 장로(長老)입니다. 장로는 디모데전서 3장에 나와 있는 매우 엄격한 자격을 갖춰야 얻을 수 있는 자리입니다. 신약성경의 장로와 감독은 그 당시의 사도, 곧 오늘의 목사를 말하는 것이나 오랜 전통과 관례와 교단 내 헌법으로 일반 신자 중 사회에서도 일정한 명성과 지위를 갖추고 인품과 신앙도 좋은 분이 장로로 택함을 받아 왔습니다. 물론 디모데전서 4장 14절 및 5장 17절의 말씀을 들어 목사처럼 가르치는 일이 아닌, 원래부터 다스리는 장로도 있었다는 주장을 하는 분도 있습니다.

교회를 조금 다녔다 하는 분들은 장로의 꿈을 꾸어 봅니다. 장로 그분들은 전혀 취득하는 이권 없이 나름대로 최선을 다해 신앙생활하려 하고 있습니다. 신도들에게 모범을 보이려 하고 봉사도 많이 하고 초보 신자를 권면 지도합니다. 또 교회 일의 선도적 역할을 자임하고 정신적, 시간적, 물적으로 많은 기여를 해가며 목회자를 잘 도와 교회를 운영하려고 합니다. 만약 그분들이 없다면 교회 운영에 많은 지장이 있을 건 틀림없는 사실입니다.

장로는 원래 구약시대에 지파의 족장이나 원로로서 공동체의 행정과 재판 등을 행하며 백성을 인도해 온 지도자 중의 하나였습니다. 그때의 장로는 나이 드신 원로란 뜻의 엘더(elder)입니다. 이들은 이스라엘 백성들이 광야 생활을 할 때 모세를 도와 하나님의 사역 지원에 나섰던 사람들이었습니다. 그리고 이 장로들, 즉 12지파의 24명 대표가 나중에 오늘날의 국회 격인 이스라엘 산헤드린 공회의 구성원으로 발전하게 됩니다. 모세 시대 장로들은 한때 단체로 성령 강림을 경험하기도 했습니다. 이는 일반 백성에겐 없는 일이었으니 그만큼 장로는 하나님의 사역에 크게 참여하는 직분이라고 하겠습니다.

'여호와께서 구름 가운데 강림하사 모세에게 말씀하시고 그에게 임한 신을 **칠십** 장로에게도 임하게 하시니 신이 임하신 때에 그들이 예언을 하다가 다시는 아니하였더라(민11:25).'

물론 장로들 개중에는 주식회사의 이사(理事)인 양 교만한 모습으로 작은 권세 비슷한 것을 휘둘러 신자 위에 군림하려 하거나 목회자를 힘들게 하는 등 목소리 큰 분들도 없지는 않습니다. 그러나 이는 인간사회라면 어디서든 있는 일이요 극소수에 불과하니 크게 개의할 일은 아니라 하겠습니다. 나중 하나님께서 정리하실 일입니다.

장로들은 자기들도 같은 형제로서 계급이 높은 사람이 아니요, 교회와 신자들의 심부름꾼이며 매사 겸손해서 신앙의 덕을 세워야 한다는 걸 잘 아는 분들입니다. 그분들은 자기들이 제도권 교회에서 기득권층의 반열에 올랐기에 바리새 모습을 보인다던지 교조적 형식의 틀과 권위의식에 얽매이면 아니 된다는 것도 다 지득하고 있는 분들입니다. 겸비(謙卑)의 비(卑)자는 비굴 비천이라는 말에도 쓰일 만큼 낮다는 걸 아시는 겸비한 장로님들은 신자들의 존경을 배나 더 받을 것입니다. 신도들은 투표든 제비뽑기든 어떤 방식으로 뽑았든 상관없이 교회의 장로를 존경하며 함께 동행하는 좋은 풍토를 이뤄나가는 것이 아름다운 일이라 하겠습니다.

6.
법궤

법궤(法櫃)는 언약궤, 여호와의 궤, 증거 궤 등으로도 불리는 하나님의 임재를 상징하는 상자입니다. 광야시대에 모세가 하나님 명령에 따라 만들었는데 길이는 약 113센티미터에 폭과 높이는 68센티미터 정도 되는 장방형 상자로서 조각목(아카시아나무)으로 만들어 정금으로 쌌습니다. 또 정금으로 속죄소를 만들어 궤 위에 얹었는데, 그 속죄소를 하나님께서 사람을 만나 은혜를 베푸시는 곳이라 하여 시은좌(施恩座)라고도 불렀습니다(출25:22, 민7:89). 궤의 양쪽 끝에는 금으로 만든 그룹천사가 날개를 펴 속죄소를 덮으며 서로 마주 대하게 했습니다(출25:18~20).

모세가 시내 산에서 받은 십계명 두 돌판은 법궤에 넣어져 (출25:16) 성막의 지성소에 안치되었습니다. 십계명 돌판 외에 아론의 싹 난 지팡이와 만나도 법궤 속에 함께 들어 있다고 하는데 이는 좀 불분명합니다. 히브리서 9:4에는 같이 들어 있다고 했으나, 출16:33과 민수기17:10에서는 아론의 지팡이와 만나는 법궤 앞에 두라고 하셨지 법궤 속에 넣으라는 말씀이 없기 때문입니다. 실제로 아론은 만나를 담은 항아리를 증거판 앞에 두어 간수했다는 기록이 있습니다(출16:34). 물론 광야 40년간 계속 이동해야 했으므로 잠시 법궤 속에 함께 넣어 운반했을 가능성도 있으므로 히브리서 기자가 그렇게 표현한 게 아닌지 모르겠습니다. 이후 솔로몬 성전에 법궤를 들였을 때도 법궤 안에 두 돌판 외에는 없었다고 기록되어 있습니다(왕상8:9).

법궤는 여호수아 시대에 길갈 진영을 거쳐 잠시 벧엘에 있다가(삿20:27) 이후 실로회막에 모셔지게 됩니다(수18:1). 이때부터 사사시대 엘리 제사장 때까지 법궤는 계속 실로에 머물러 있었습니다. 그 후 블레셋과 싸우던 이스라엘 백성들이 에벤에셀에 진을 치고 법궤의 힘을 빌려 적을 물리치고자 싸움터로 법궤를 가져왔으나 아벡 전투에서 빼앗기고 맙니다(삼상4:11). 이후 법궤로 인해 블레셋이 재앙을 당하자 돌려주게 되고 블레셋 땅 아스돗 가드 에그론을 거쳐 벧세메스에 이르고 마침내 기럇여아림 아비나답의 집에 도착하여 이십 년간 머물게 됩니다(삼상7:1~2).

이후 다윗이 시온 산성을 빼앗고 다윗 성으로 바꿔 부르며 법궤를 다윗 성으로 모셔오고자 하지만 운반하던 중의 잘못으로 잠시 중지하고 오벧에돔의 집에 석 달간 두게 됩니다(삼하6:10~11). 그 후 누군가가 법궤로 인하여 하나님이 오벧에돔의 집에 복을 주셨다는 소리를 하자 B.C. 1003년 다윗은 용기를 내어 법궤를 자기의 시온 성으로 모셔오고 장막을 친 후 그곳에 법궤를 모시고 번제와 화목제를 드리게 됩니다(삼하6:17, 대상16:1).

  이후 법궤는 B.C. 959년 솔로몬 성전이 완공되면서는 성전 안에
모셔지게 되고 B.C. 586년 예루살렘이 멸망할 때까지 그곳에 존치
하게 됩니다(왕상8:6). 물론 중간에 악한 왕 므낫세가 법궤를 다른 곳
으로 빼돌리고 그 자리에 목상을 세우기도 했지만 곧 요시아 왕이
다시 되돌려놓는 일도 있었습니다(대하33:7, 35:3). 그게 법궤의 마지막
기록이고 그 이후 법궤의 행방은 불분명하게 됩니다.

  왜 더는 법궤의 행방이 나타나지 않는 걸까요. 눈에 보이는 법궤
에 쏠린 지나친 우상화 때문에 더 기술하지 않은 것인지 하나님 외
에는 알 수가 없습니다. 다만 학개 선지자가 솔로몬 성전 파괴 후에
두 번째로 지은 스룹바벨 성전의 초라함과 그 안에 법궤가 없음을
두고 백성들이 실망하자, '너희가 애굽에서 나올 때에 내가 너희와
언약한 말과 나의 신이 오히려 너희 중에 머물러 있나니 너희는 두
려워하지 말지어다(학2:5)'라고 함으로서 언약의 말씀과 성령님이 법
궤보다 훨씬 중요하다고 일러주는 것을 보게 됩니다.

  사라져 버린 법궤에 대한 궁금증 때문에 영화나 소설의 주제가
되기도 했습니다만 하나님은 그런 호기심 차원의 접근을 좋아하진
않으실 것 같습니다. 혹자는 역대하 9장1~12절 스바(시바) 여왕의 이
야기를 하면서 솔로몬 왕과 사랑에 빠졌던 시바의 여왕이 귀국해서
왕자를 낳았고 그 왕자가 커서 아버지 솔로몬을 찾아 예루살렘에서

3년을 머문 후 돌아갈 때 솔로몬이 법궤와 함께 많은 성직자와 학자를 보냈으며 그때 온 법궤가 지금도 에티오피아의 소도시 악숨의 성모 마리아 시온교회에 비밀리에 보관되어 있다고도 합니다.

또 혹자는 바벨론의 느브갓네살이 예루살렘을 멸망시켰을 때 골고다 언덕 땅속 깊은 동굴에 법궤를 감춰 두었는데 주님이 십자가에서 운명하실 때 땅이 진동하고 바위가 터지며 생긴 틈으로 예수님의 보혈이 법궤 위 속죄소 부분에 뿌려지게 되었다는 말도 합니다. 또 정경으로 인정받지 못하는 외경에는 예루살렘 멸망을 앞두고 선지자 예레미야가 법궤와 장막과 분향제단을 느보 산 동굴에 넣고 봉했다고 기록되어 있습니다(마카베오하 2:1~8). 그러나 이 모두 확인할 수는 없는 일입니다.

분명한 건 성경 마지막 부분 요한계시록에 법궤가 등장한다는 사실입니다. '이에 하늘에 있는 하나님의 성전이 열리니 성전 안에 하나님의 언약궤가 보이며(계11:19)'라는 말씀이 있습니다. 하나님께서는 언약궤를 허투루 내버려 두실 분이 결코 아니십니다. 언약을 상징하는 궤가 잘 보관되었다가 마지막 모든 것이 완성되는 날 증거로서 내보이는 건 당연한 일이기 때문입니다. 어디든 법궤는 잘 보존되어 있는 것만은 틀림없는 사실일 것입니다.

7.
봉헌금과 십일조

　말도 많고 탈도 많은 게 십일조입니다. 말도 많다 함은 구약의 폐지된 율법을 왜 자꾸 신약시대에 거론하느냐는 것이며 탈도 많다 함은 신자가 교회 다니며 제일 고민하는 게 바로 돈 문제인 십일조라는 것입니다. 필자의 졸저 『아모스의 눈물』에서도 이 주제를 다뤄보았습니다만 거의 모든 교회가 아직도 십일조를 강조하는 실정이니 많은 신자 분들은 꽤 혼돈스러워 하시는 것 같습니다.

　결론부터 말씀드리자면 십일조 율법은 폐지되었으니 굳이 의무삼아 내지 않으셔도 됩니다. 대신 지금 신약시대에는 연보(捐補)를 내실수 있는데 연보를 내는 것도 기준을 정하셨으니 스스로 원해서 즐거운 마음으로 풍성하고 힘에 넘치도록 많이 내라는 것입니다. 구약의 십분의 일 정도가 아니라 힘에 넘치도록 많이 내라는 게 신약의 말씀입니다. 물론 연보는 의무적 강제사항은 아닙니다.

　만약 지금도 율법시대의 성전을 짓겠다고 성전 건축 헌금을 요구하거나 율법의 십일조를 내라고 한다면 잘못된 일입니다. 폐지된 십일조를 언급하는 것 자체가 적절치 않다는 말씀입니다. 신구약을 통틀어 '헌금'이란 낱말은 없습니다. 그 많은 성경을 세밀하게 기록한 사도 바울도 십일조 내라는 말은 전혀 하지 않았습니다. 하나님께 내는 봉헌금을 구약 때는 예물이라고 했고 신약 때는 연보라 했습니다.

구약시대엔 십일조와 제2의 십일조, 제3의 십일조를 드렸습니다. 만약 십일조를 내라고 가르친다면 일부만 말할 게 아니고 제2의 십일조, 제3의 십일조도 내라고 가르쳐야 제대로 율법 조항을 가르치는 겁니다. 십일조는 토지소산이나 가축 증가분에 대한 십일조를 레위인에게 드렸고 레위인은 그것의 십일조를 제사장들에게 드렸습니다(레27:30~33, 민18:21~30). 제2의 십일조는 십일조를 드리고 난 후 남은 십 분의 구에서 다시 십 분의 일을 떼어내 중앙 성소에 가서 가족, 친지, 레위인 및 종들과 함께 먹고 즐기는 걸 말합니다(신14:22~27).

제3의 십일조는 제2의 십일조로 거둔 것 중 매 3년 끝 그러니까 매 3년째와 6년째 되는 해는 중앙 성소로 가져가지 말고 자기가 있는 성읍에서 레위인과 객(외국인)과 고아와 과부와 함께 먹고 즐기는 걸 말합니다(신14:28~29, 26:12). 그리고 제 7년에는 토지가 쉬므로 십일조가 없었습니다(레25:4). 제3의 십일조는 별도로 따로 걷는 게 아니고 제2의 십일조를 어디서 사용하는지에 따라 구별된 명칭입니다.

이스라엘 백성들은 그런 십일조 말고도 곡물과 양털의 처음 수확한 것도 드렸고, 때에 따라 번제, 소제, 속건제, 화목제 등 제사 때도 드렸으며 명절 절기 때도 물질을 드렸습니다. 즉, 남자는 해마다 세 차례, 곧 유월절(무교절)과 맥추절(칠칠절) 및 초막절(수장절, 장막절)에 중앙 성소에 나아와 자기의 몫을 바쳐야 하는데 이때 빈손으로 나오지 말고 각 사람이 여호와의 주신 복을 따라 그 힘대로 물건을 드리라고 한 명령을(신16:16~17) 따라야 했습니다. 그러니 구약의 봉헌 예물은 결코 적지 않았던 셈입니다.

구약의 십일조 정신은 물질로서 하나님의 성전을 유지하는 체제를 지속시키고 가난한 이웃을 돌보라는, 하나님 경외와 이웃 사랑의 정신입니다. 이걸 돈 문제로 보면 곤란합니다. 내가 십일조를 드렸으니 내게 복 달라는 것은 좀 유치하다고 할 수 있습니다. 왜냐하면 십일조 다 낸 후에 하나님께 고하는 기도가 내 복, 내 가정의 복을 내려달라는 말이 아니고 백성 전체, 이 나라 이 땅에 복을 내려달라는 드높은 차원이기 때문에 그렇습니다.

'주께서 내게 명령하신 대로 다 행하였사오니 원컨대 주의 거룩한 처소 하늘에서 하감하시고 주의 백성 이스라엘에게 복을 주시며 우리 열조에게 맹세하여 우리에게 주신 바 젖과 꿀이 흐르는 땅에 복을 내리소서 할지니라(신26:14~15).'

신약의 연보(捐補)는 마음에 정한 대로 하되, 인색하거나 억지가 없이 즐거이(고후9:7) 풍성하고 넘치게(고후8:2) 번성케 하신대로(고전16:2, KJ 성경) 드리라고 했습니다. 과부의 두 렙돈을 눈여겨보신 예수님의 말씀(막12:41~44)을 새겨 보고 그리고 보물을 하늘에 쌓아두라 하시며 네 보물이 있는 그곳에 네 마음도 있다고 하신 말씀을 생각하면 연보는 많으면 많을수록 좋다고 하겠습니다(마6:19~24).

　하나님께 봉헌하는 건 성경적인 일이요 당연한 의무이자 특권입니다. 내가 지금 갖고 있는 재물은 하나님이 맡겨주신 것으로 나는 청지기에 불과합니다. 사실 내가 가진 모든 건 원래 주의 손에서 온 것으로 주의 것입니다(대상29:16). 그러니 바꿔 말하면 내가 십 분의 일을 바치는 게 아니라 하나님의 소유를 내가 십 분의 구를 얻어 쓰고 십 분의 일만 돌려드리는 것입니다. 온 땅에 있는 게 다 하나님의 것이기 때문입니다(시24:1, 50:12). 또 내가 잘나서 돈을 많이 번 것 같지만 재물을 얻을 능력을 주신 분은 여호와라고 했습니다(신8:18). 그러니 아무리 많이 낸다 해도 주신 것을 돌려드리는 일에 불과하니 헌금 많이 낸다고 위세 부릴 것도 없습니다.

　바울은 고린도 교회에 편지하면서 마게도냐 지방의 교회 신자들의 연보 사례를 거론합니다. 마게도냐는 로마 식민지로서 수탈을 많이 당하던 상태였고 특히 그리스도인들은 박해를 받던 때라 경제적으로 곤핍한 상태였습니다. 그럼에도 그들 여러 교회, 곧 바울이 2차 전도여행 때 세운 마게도냐 지방의 빌립보 교회(빌4:15)와 데살로니카 교회와 베뢰아 교회가 얼굴도 모르는 예루살렘 교회의 가난한 성도들을 위하여 넘치게 연보하였으니 너희 먹고 살 만한 고린도교인들은 이를 본받으라 했던 것입니다.

> '형제들아 하나님께서 마게도냐 교회들에게 주신 은혜를 우리가 너희에게 알리노니 환난의 많은 시련 가운데서 그들의 넘치는 기쁨과 극심한 가난이 그들의 풍성한 연보를 넘치도록 하게 하였느니라 내가 증언하노니 그들이 힘대로 할 뿐 아니라 힘에 지나도록 자원하여 이 은혜와 성도 섬기는 일에 참여함에 대하여 우리에게 간절히 구하니…(고후8:1~4)'

그러면서 바울은 '너희는 믿음과 말과 지식과 모든 간절함과 우리를 사랑하는 이 모든 일에 풍성한 거 같이 이 연보하는 은혜에도 풍성하게 하라'고 말씀하면서 너희 사랑의 진실함을 연보로 증명하라고 했던 것입니다(고후8:7~8). 그냥 말로만 하지 말고 연보로서 입증을 하라 했으니 대단히 솔직하고 직설적인 권면이었습니다.

바울은 아울러 연보는 착한 것이며(고후9:8), 의가 영원토록 있게 하는 의의 열매를 맺는 것이며(고후9:9~10), 풍성함의 보상을 얻게 하는 것이며(고후9:10), 하나님께 영광을 돌리는 길이며(고후9:13), 도움 받는 이들의 사모함을 받는 것(고후9:14)이라고 하였습니다.

구약 때는 계율에 따라 할 수 없이 십 분의 일을 했지만 신약 때는 십 분의 팔, 십 분의 구도 괜찮습니다. 구약의 백성들이 받은 은혜보다 새 언약, 새 약속에 거하는 신약의 백성들이 훨씬 더 크고 넘치는 은혜를 받았으니 양심상, 도리상 십 분의 일이 아닌 십 분의 삼을 바쳐도 과한 게 아닐 겁니다.

그러나 봉헌금은 즐겁게 자원해서 낼 때만이 봉헌금이지 요구받아서 내거나 아까운 마음으로 낸다면 아무리 헌금 주머니에 넣고 주보에 이름이 올라왔다 한들 그건 이미 봉헌금이 아니며 갹출하는 돈에 불과합니다. 하나님은 우리의 물질을 받으시는 분이 아니라 우리의 마음과 정성을 받으시는 분이기 때문입니다.

성경은 돈 정도가 아닌 너희 몸 전체를 산제사로 드리라고 요구하십니다(롬12:1, 고후8:5). 그런데도 십 분의 일만 바친다면 은혜는 훨씬 커졌는데 헌금은 그대로인 셈이니 많다고도 할 수 없습니다. 다만, 그렇다 하더라도 십일조 운운하여 성도들로 하여금 구속사의 흐름에 대한 혼동을 주는 건 아니 되겠습니다.

구약에서 중간기를 거쳐 신약으로 흐르는 이 거대한 구속사의 흐름은 성도라면 알아야 할 하나님의 놀라운 섭리와 계획이십니다. 그러므로 옛 언약인 율법의 십일조 문제에 매여 도도히 흐르는 구속사의 큰 흐름을 바라보지 못한다면 구약에 머무는 거랑 다름이 없으니 안타까운 일이라 하겠습니다.

8.
구약과 신약의 맛

　오래된 친구가 좋은 친구고 술은 오래 묵어야 맛이 있다는 말이 있습니다. 사람은 옛것을 그리워하고 죽을 때까지 옛날 옛정을 품고 삽니다. 시간이 지날수록 더욱 그렇습니다. 그게 이슬 같은 인생을 사는 우리들의 한계이자 축복일 수도 있습니다.

　구약은 옛것입니다. 구약은 하나님의 깊은 인자하심과 긍휼하심과 참고 기다리심과 원대하신 계획, 그리고 말씀하시고 틀림없이 이루시는 모습들을 수많은 사건들을 통해서 대하(大河)드라마처럼 면면히 보이시는 이야기입니다. 구약 곳곳에서도 예수 그리스도께서는 안 보이게 활동하고 계셨습니다. 신약은 오래전부터 약속하신 예수님이 드디어 오셔서 환히 드러나게 사역을 펼치시는 내용과 사도들의 행적과 교훈 및 장래에 대한 계시가 주된 이야기입니다. 구약과 신약은 다 같은 하나님 말씀이요 하늘 목표는 같지만 쓰인 배경과 과정은 이처럼 다릅니다.

　구약을 통해 신약을 조명하면 훨씬 더 깊이 있게 신약을 이해할 수 있고 신약을 통해 구약을 반추하면 구약을 더 잘 이해할 수 있습니다. 성경 말씀에 그 짝이 없는 게 하나도 없다고 하시면서 짝을 찾아보라고 하셨는데(사34:16), 구약과 신약의 짝을 찾아보는 것도 성경의 이해를 돕는 일입니다. 예를 들어 임마누엘이란 단어가 구약 이사야 7장 14절에도 나오고 신약 마태복음 1장 23절에도 나오는 식입니다. 구약과 신약은 서로 조화를 이뤄가며 죄의 무서움과 그 죄 가운데 빠진 인생에 대한 하나님의 긍휼과 구속의 역사를 잘 이해하게 만들어줍니다.

구약이 오래 묵힌 된장의 구수한 된장찌개 같다면 신약은 새로 선보이는 서양의 요리가 가지런히 차려진 것과도 같습니다. 양쪽을 다 먹어 보시면 몸에도 좋고 질리질 않습니다. 구약이 진수성찬이 배설된 잔칫상과 같다면 신약은 영양가 잘 갖춰진 맛깔스러운 밥상과도 같습니다. 구약은 이런저런 이야기를 엿가락처럼 펼쳐 보이며 때론 재미있고 때론 가슴 아픈 할아버지의 인생사 같지만 신약은 다소 엄한 형님의 교훈 같습니다. 구약은 울고, 흐느끼고, 오르고, 내리고, 환하고, 어둡고, 감정의 기복이 심하다면 신약은 좀 더 차분하고 논리적입니다.

구약은 글 가운데 훈훈함과 인간적인 정이 풍길 때가 많지만 신약은 겟세마네 기도와 바울의 밀레도에서의 눈물어린 고별사 빼고는 감성적인 면이 덜한 편입니다. 구약의 이야기는 크고 원대하고 질펀하지만 신약은 다소 건조하고 단출한 인상을 받습니다. 구약은 흉용하는 바닷물 같지만 신약은 잔잔한 호수 같습니다. 구약은 이런저런 신발을 다 차려놓은 큰 신발장 같지만 신약은 몇 가지 안 되어도 필요할 때는 아무 염려 없이 쓰기에 충분한 작은 신발장 같습니다. 구약은 예언이 가득하고 감추어둔 보물이 많으며 보일 듯 말 듯 신비한 데가 많지만 신약은 계시록을 빼고는 순탄하게 술술 넘어갈 뿐 신비한 데는 적은 편입니다.

구약이 인생사의 지혜가 넘치는 할아버지 선생님이라면 신약은 젊고 활달한 총각 선생님입니다. 할아버지 선생님한테도 배워 보고 총각 선생님한테도 배워 봐야 균형 있게 자랄 수 있습니다. 옛날 분한테도 얻을 게 있고 신식 분한테도 얻을 게 있습니다. 그래서 온고지신(溫故知新), 법고창신(法古創新)이란 말도 있을 겁니다. 구약이 감성적인 글이라면 신약은 이지적인 글입니다. 구약에 매끄러운 문학적 표현이 많다면 신약의 표현은 다소 사무적입니다. 구약은 인생이란 공간에서 비춰지는 신약의 등불을 도와 또다시 멀리서 넓고 은은하게 조명해주는 뒷배경의 호롱불 같은 존재라 하겠습니다.

이런 표현들은 그저 쉬어가며 가볍게 느껴본 걸 적은 겁니다. 다 맞지도 않고 정교함은 더더욱 없습니다. 다만 구약, 신약이 연인처럼 친근하게 느껴져 그려 봤을 뿐입니다. 마치 잘 알지도 못하고 첫눈에 반한 연인을 머릿속에서 그려 본 것처럼 말입니다. 오로지 필자 개인의 느낌을 잠시 술회한 것에 불과하니 적절치 않으시더라도 혜량하여 주시길 바랄 뿐입니다.

9.
바리새인

　바리새인(Pharisee)은 분리된 자, 거룩한 자란 뜻입니다. 바리새파는 사두개파, 엣세네파와 함께 유대 3대 종파 중의 하나인데, 당시 예루살렘 인구 3만여 명 중 6,000명 정도가 바리새파 사람이었다고 할 정도로 가장 큰 세력을 가졌던 무리였습니다. 사도 바울도 바리새파 출신이었고 니고데모(요3:1)나 가말리엘(행5:34)도 바리새인이었습니다. 바리새라는 말은 B.C. 2세기경 유대 역사가 요세푸스가 처음 사용했다고 합니다.

　이들은 율법연구와 준수 및 조상들의 유전, 곧 장로들의 전통을 중시하고 하나님의 선민(選民)으로서 성결하게 살자며 세속과의 분리를 통해 정결을 이루고자 노력했습니다. 특히 예루살렘 멸망 이후 흔들리는 유대인들을 하나로 집결시키는 주역을 담당하여 유대인들의 신망과 존경을 받았고 후대의 유대교 랍비들로부터도 이스라엘 율법과 전통의 진정한 옹호자로 찬양받았습니다.

　그러나 이들은 자기들만의 독단에 빠져 있는 교조주의자(教條主義

者)들이었습니다. 예수님 당시 이들은 형식주의, 율법주의, 극단적 분리주의와 권위주의, 특권의식에 빠져 예수님으로부터 크게 일곱 가지의 질책을 받았습니다. 그게 바로 마태복음 23장에 나오는 사항인데 언행불일치, 무자비함, 외식주의, 교만, 교리상의 우맹함과 소경됨, 십일조를 한다면서도 그보다 더 중한 의와 인과 신을 버린 것, 외식에 곁들인 탐욕과 방탕이 그것입니다. 예수님은 그들을 독사의 자식, 맹인, 뱀, 마귀라고까지 하며 야단치셨습니다.

그들은 자긍하며 교만하며 무정하며 선한 것을 좋아하지 아니하며 자고하며 경건의 모양은 있으나 경건의 능력, 곧 야고보서 1장 27절에서 말하는 '하나님 아버지 앞에서 정결하고 더러움이 없는 경건은 곧 고아와 과부를 환난 중에 돌아보고'라는 경건의 능력은 부인하는 자들이었습니다(딤후3:1~5). 요즘 말로 말하면 자긴 잘났다고 말하나 옆에 붙어 있으면 참 피곤한 사람들이었다고 할 수 있겠습니다.

예수님은 '수고하고 무거운 짐 진 자들아 다 내게로 오라 내가 너희를 쉬게 하리라(마11:28)'라고 말씀하신 바가 있으셨습니다. 이는 백성들이 먹고 사느라 수고한 것을 위로하시는 것뿐 아니라 무거운 짐, 곧 바리새인들이 그들의 어깨에 얹어놓은 율법의 613개 조문과 장로들의 전통이란 무거운 멍에를 내려놓게 하시겠다는 것이었습니다. 다윗이 예수님을 '날마다 우리 짐을 지시는 주'라고 찬송했던 것과 같이(시68:19) 예수님은 그들의 힘거운 짐을 벗게 해주시고자 했던 것입니다. 바리새인들의 옥죄는 무자비함을 잘 읽을 수 있는 대목입니다. 그러기에 예수님은 그들을 더욱 강하게 질책하셨을 것입니다.

바리새인에 대한 예수님의 질책은 우리에게 많은 걸 가르쳐 줍니다. 그건 진솔하고 꾸밈없고 거짓 없이 살아가라는 것이 첫째요, 긍휼과 인자의 마음으로 이웃을 대하라는 것이 둘째요, 교만하고 권위주의적이 되지 말라는 것이 셋째요, 율법적이고 교조적인 틀에 묶이지 말고 보다 넓고 자유롭게 생각하라는 것이 넷째요, 복음의 진수를 헷갈리지 말고 지혜롭게 잘 알아야 한다는 것이 다섯째입니다.

물론 바리새인들은 나름대로 율법 잘 지키려 하고 구약에 밝으며 하나님을 기억하며 도덕적으로 행동하려고 했던 사람들입니다. 그들은 토색(討索), 불의, 간음을 하지 않는다고 자부했습니다(눅18:11). 오늘날의 국회의원 격인 산헤드린 회원이자 바리새인인 니고데모의 경우를 보면 이해할 수 있습니다(요7:50, 19:39).

그럼에도 그들이 질책당한 건 겉과 속이 다른 이중성과 백성을 옥죄는 무자비함 때문이었습니다. 당시로서는 그래도 사회적 지위가 있었을 관리조차도 예수님을 믿는 사람들이 많았으나 바리새인들 때문에 출교(黜敎)를 당할까 두려워 믿는다는 말도 꺼내지 못했으니(요12:42~43) 바리새인들의 위세가 충분히 짐작됩니다.

그들은 자기를 높여 상좌를 차지하려는 거만함을 보였고 특히 무엇보다도 메시아로 오신 예수님을 몰라보고 죽이려 한 어리석음을 보였으니 오순절 성령 강림 이후 사도들의 복음전도에 허다한 제사장의 무리가 과거를 회개하고 복음을 따를 때에도(행6:7) 따르질 않았습니다. 만약 바리새인과 서기관들이 전부 회개하고 복음의 도를 전했다면 그 높은 백성들의 신망에 힘입어 이스라엘은 예수님을 믿는 최초의 기독교 국가로서 지금쯤 최강국이 되어 있었을지 모릅니다.

우리는 흔히 어떤 원칙과 틀에 묶여 자기만의 판단과 기준을 고수하면서 이를 근거로 남을 판단하는 사람을 가리켜 바리새인 같다고 합니다. 원만하게 살지 못하고 자기만이 도덕적인 삶을 살아가고 있다고 여기는 사람들을 일컫는 말일 것입니다. 문제는 이런 바리새인이 교인들 중에 은근히 많다는 말이 들려온다는 사실입니다. 만약 그런 분이 계시다면 생각의 폭이 의외로 협량(狹量)하고 고집스러워 남의 것을 잘 받아들이지 못하는 분들이라 하겠습니다.

심지어 주일성수조차도 어떤 일이 있어도 목숨 걸고 지켜야 한다면서 만약 못 지키면 하늘이 무너질 것처럼 말씀하는 분이 있습니다. 주일에 예배드려야 한다는 걸 모르는 신자는 아무도 없습니다. 그러나 불가피한 사정으로 지키질 못하게 되었다면 하나님께 사유를 고하고 어디에 있든 혼자라도 무릎 꿇고 기도하고 찬양하고 감사하면 될 일입니다. 그럼에도 그 거룩한 주일을 안 지켰다고 정죄시한다면 그건 예수님이 안식일에 병 고쳐주신 걸 힐난하였던 바리새인이나 하등 다를 게 없을 것입니다.

신자들은 이미 성령님께서 내주하셔서 그가 어디에 있든지 그 있는 현장이 예배의 현장입니다. 일상의 삶으로 드리는 예배, 언제든 성령님과 동행하는 예배가 중요한 것이지 바리새인 사고는 불행한 생각이라 하겠습니다. 바리새인 사고는 마치 소경이 소경을 인도하면 둘이 다 구덩이에 빠지리라는 예수님의 말씀과 같습니다(마15:14).

바리새인의 악함을 정리해 보면 오직 자기만의 논리에 빠져 복음의 진리를 오해하여 남들도 구원에 못 들어가게 하고 교만한 마음으로 스스로 자고(自高)하며 상좌를 차지하고 자기의 허위는 감춘 채 겉으로는 깨끗한 것처럼 외식하고 그 마음에 긍휼과 자비함이 없고 힘이 없는 백성에게 무거운 율법의 멍에를 메어 옥죄며 기회 닿는 대로 탐욕의 과실을 취하려는 데 있었습니다. 그들은 하나님의 의를 내세웠지만 거짓뿐이었습니다.

오늘날 교회 밖과 교회 안에 거짓과 위선의 바리새인들이 넘치진 않는지 살펴볼 일입니다. 미국사회에선 제일 용서받을 수 없는 게 거짓말입니다. 대한민국은 거짓말 천국이 되었고 거짓과 위선으로 범벅이 되었다고 말을 합니다. 영화와 드라마, TV연속극만 보더라도 거짓말하는 대사가 너무 많고 다들 거기에 익숙해서 그냥 웃고 지나가는 시대가 되었습니다. 속이고 속는 게 스릴 있고 재미있다 합니다.

거짓과 위선은 바리새인들의 특기였습니다. 그 특기를 자주 쓰면 바리새인을 닮아가게 됩니다. 사람은 다 거짓되되 오직 하나님은 참되시다 하셨습니다(롬3:4). 그리스도는 세상의 빛이십니다. 그저 우리 신자만이라도 거짓 없이 참되려 애를 쓰고 어두움 가운데의 빛으로 남으시면 좋겠습니다. 바리새인들에게 내리신 그 질책을 우리가 받지 않도록 우리 자신을 경성하고, 순전함을 사모해야 하겠으니 그게 바리새인들이 우리에게 남긴 교훈이라면 교훈이겠습니다.

10.
잔인함이라는 것

잔인(殘忍)하다는 말이 있습니다. 인정이 없고 아주 모질다는 뜻이지요. 몰인정하고 악독하다는 이야기입니다. 세상의 모든 악을 통틀어 가장 악한 것이 무엇일까 생각해 본 적이 있습니다. 흔히들 자살 또는 살인이나 강도, 강간, 어린이 유괴 같은 범죄를 떠올리기도 하지만 잔인함만큼 악한 것도 없을 것입니다.

잔인함이란 단어는 성경에 나오는 낱말입니다. 디모데후서 3장 3절에 말세의 사람들의 성정을 이야기할 때 나오는 '사나우며'가 바로 그것입니다. 갸우뚱하실지 몰라도 쉬운 성경과 히브리어 헬라어 직역성경에는 '잔인하며'로 각각 표기되어 있고 한문성경(漢文聖經)에는 잔혹(殘酷)으로, 한중성경에는 흉폭(凶暴)으로 각각 표기되어 있습니다. NLT 영어 성경에는 cruel(잔혹한, 잔인한)으로, NIV, ESV, NKJV 영어 성경에는 brutal(잔혹한, 잔인한, 악랄한)으로 각각 표기되어 있습니다. 그래서 잔인함이 성경에 나온다고 말씀드리는 것입니다.

처음 성경을 읽을 때 하나님께선 출애굽한 이스라엘 백성이 가나안 땅에 들어가면 제일 먼저 그 땅에 사는 이방족속들을 진멸하되 어린아이까지 다 죽이라고 명령하시는 대목을 읽었을 때는 아무것도 모르는 어린아이까지 죽이실 필요가 있을까 좀 잔인한 거 아니신가 하는 생각을 가져 본 적이 있습니다.

'지금 가서 아말렉을 쳐서 그들의 모든 소유를 남기지 말고 진멸하되 남녀와 소아와 젖 먹는 아이와 우양과 약대와 나귀를 죽이라 하셨나이다(삼상15:3).'

'오직 네 하나님 여호와께서 네게 기업으로 주시는 이 민족들의 성읍에서는 호흡 있는 자를 하나도 살리지 말지니(신20:16).'

왜 모두 진멸하라고 하셨을까요. 그들을 조금이라도 살려놓으면 이스라엘 백성이 그들에게 물들어 이방신을 섬기게 될 게 분명하기 때문이었습니다. 위 말씀에 뒤이은 구절이 이를 설명합니다. '그렇지 않으면 그들이 자기 신들을 경배하면서 하는 그 모든 가증스러운 짓들을 너희에게 따르도록 가르칠 것이고 그러면 너희는 너희 하나님 여호와께 죄를 짓게 될 것이다(신20:18, 우리말성경).'

그들 이방족속은 잔인했습니다. 자기 아이들을 그들의 신 몰렉(몰록)에게 불로 태워 바치고 울부짖는 아이들의 비명소리를 안 들리게 하기 위해 큰 북을 두들겼습니다. 사람을 죽이는 것만큼 악랄한 것은 없습니다. 그러나 죽이는 것도 영혼을 죽이는 게 더 나쁘고 잔인합니다. 육신이 죽어도 영혼은 때론 안 죽을 수 있지만 이방신을 섬기면 영혼까지 멸하게 되니 이방신을 섬기게 하는 건 더 잔인한 행위라고 볼 수 있기 때문입니다(마10:28).

성경에는 잔인함의 정도가 지나쳐 심장이 떨리는 대목도 있습니다. 사사기 19장에 기록되어 있는 소위 '레위인의 첩 사건'입니다. 하나님의 일을 하는 레위인이 유다 땅 베들레헴에서 첩을 취하였다는 것부터 심상치 않더니 베냐민 지파에 속한 기브아 땅에 이르러 첩과 함께 유숙하였다가 그곳 불량배들한테 봉변을 당하게 됩니다. 그 과정에서 레위인은 자기 첩을 강간하라고 그들에게 내어줌은 물론 그 첩이 새벽에 문지방에 엎드려져 죽은 시체로 발견되자 그 복수를 하겠다며 칼로 그 시체를 열두 덩이로 토막내고 그 살덩어리를 이스라엘 각 지파에 보내 지파 간 대대적인 전쟁을 일으키게 한다는 내용입니다.

처음 성경을 읽었을 때 어쩌면 이토록 잔인한 일이 벌어지고 성경에 이런 것까지 기록하였을까 하는 생각을 해 본 적이 있었습니다. 아무리 첩이라 해도 자기와 몸을 섞은 여인을 강간하라고 내어주고 게다가 시신으로 발견되자 이젠 시신을 난도질하여 열두 조각으로 나누고 복수심에 불타 동족상잔(同族相殘)을 부추기는 그 잔인함에 진저리가 쳐집니다. 잔인함이란 그런 것입니다. 성경은 그대로 기록함으로서 인간의 잔인함의 끝을 보여주어 인간들을 경성케 하고 있습니다.

마귀의 목표가 바로 이 레위인의 첩 사건처럼 사람의 영혼을 진저리치도록 멸하는 일입니다. 그 사건의 불량배들도 레위인도 모두 마귀의 도구가 되었습니다. 사람이 잔인함을 경계하지 않으면 마귀의 도구로 쓰임을 받게 됩니다. 마귀는 잔인함 그 자체입니다. 마귀는 애초부터 살인자요, 진리가 없고, 거짓의 아비라고 예수님이 말씀하셨습니다(요8:44). 그러니 하나님께선 이방신을 쫓은 까닭으로 어쩔 수 없이 죽게 되는 이방족속들을 진멸하면서까지 이스라엘 백성의 영혼을 구원하고자 하셨던 것입니다. 자기 백성이 이방신에 물들어 영혼이 멸해지는 걸 그냥 놔둔다면 그처럼 잔인한 건 없을 것이기 때문입니다.

이 시대는 영혼이 불안한 시대입니다. 이천 년 전이나 마찬가지입니다. 부활하신 예수님도 무덤가에서 놀란 여인들에게 하신 첫 말씀은 '평안하뇨'였고(마28:9) 제자들에게 나타나셔서도 두 번이나 '너희에게 평강이 있을지어다'라고 말씀하셨습니다(요20:19, 26). 바울 서신의 첫머리나 마지막엔 대부분 '은혜와 평강'이 서술되어 있습니다. 평안과 평강은 그처럼 절박한 소망입니다.

이렇듯 평강을 원하는 인생들에게 불신앙의 잡초를 심어놓고 가라지를 키우는 게 바로 마귀의 잔인함입니다. 그런 흔들림과 방황, 불안과 두려움은 세상을 지배하는 잔인한 마귀가 주는 악한 것들입니다. 마귀가 주는 건 우리 인생과 영혼을 빼앗고 멸망시키려는 것이나 하나님이 주는 것은 평안과 생명입니다.

'도적이 오는 것은 도적질하고 죽이고 멸망시키려는 것뿐이요 내가 온 것은 앞으로 생명을 얻게 하고 더 풍성히 얻게 하려는 것이라(요10:10).'

그러므로 불안과 두려움은 잔인함에서 비롯된다고 말할 수 있습니다. 잔인함이 모든 것의 근원입니다. 마귀는 잔인하고, 잔인한 건 마귀의 속성이기 때문입니다. 잔인한 영혼 탈취, 잔인한 이념, 잔인한 사고, 잔인한 언사, 잔인한 행동방식, 잔인한 지배의식이 다 마귀의 것입니다. 사납고 흉폭하고 난폭하고 악랄합니다. 도무지 온유함이나 겸손함, 자비와 사랑, 정의와 공의로움은 찾아보기 어렵습니다.

그런 잔인한 모든 행동은 인간이 행하는 것 같으나 그 이면에는 숨은 마귀의 충동질이 있습니다. 이 어둠의 세상 주관자는 마귀이기 때문입니다(엡6:12). 에덴동산에서 하와에게 나타난 간교한 뱀은 호기심을 유발하는 부드러운 말로 미혹하지만 그 속에는 인류를 죄짓게 하여 영혼을 멸하게 하려는 잔인함이 자리 잡고 있었고 결국 그 잔인한 목적을 이뤘습니다. 잔인한 생각과 잔인한 유혹으로 잔인한 목적을 이룬 셈입니다. 이때 거짓의 본성도 함께 발휘되었음은 물론입니다.

이 어둠의 세상 주관자인 마귀가 잔인하기 때문에 그 졸개인 악한 영의 세력들도 잔인한 성품을 가졌습니다. 그 악한 영의 세력들은 그럴싸한 달콤한 명분을 내세우며 거짓과 위선의 탈을 쓰고 나타납니다. 양두구육(羊頭狗肉)이 따로 없습니다. 역사상 히틀러의 나치즘이나 파시즘, 볼셰비키와 전체주의하의 일본제국이 말할 수 없는 잔인함을 펼쳤다는 건 다 아는 사실입니다.

달콤한 연설의 귀재 히틀러는 독일 국민의 절반도 안 되는 표를 얻고도 선출되어 유대인 600만 명을 학살하고 온 유럽을 전쟁으로 몰아넣는 광기를 보였습니다. 일제가 중국과 동남아를 포함, 수십만 의 위안부를 동원한 일은 인두겁을 쓰고는 도저히 할 수 없는 극악 무도함의 극치를 보여줍니다. 이 모두가 잔인함에서 나온 일입니다.

지배층에 있는 사람들은 국민을 행복하게 한다며 갖은 미사여구 를 늘어놓지만 그 이면에는 자기들의 목표를 기필코 이루겠다는 잔 인함이 숨어 있습니다. 만약 그들에게 잔인함이 없다고 한다면 인 간으로서의 존엄과 가치, 인륜과 상식, 양심과 도덕, 이성과 합리, 대화와 절충, 상호이익의 균형과 조정, 절제와 타협을 중요시할 것입 니다. 그러나 히틀러와 같이 선출된 권력이란 이유만으로 자긍하며 전체주의, 독재주의로 나가길 서슴지 않는다면 그 이면에는 자기만 이 다 옳고 다른 사람은 다 틀리다는 잔인한 사고가 깔려 있는 것 입니다. 잔인함은 이처럼 잔인합니다.

이들이 툭하면 내세우는 게 정의입니다. 정의(正義)는 소중한 것입 니다. 그러나 정의라고 일컫는 것도 만약 정의를 실행하는 과정에서 잔인해진다면 이는 이미 정의가 아닙니다. 정의가 잔인함의 모습으로 실현될 때 이미 정의는 죽은 것입니다. 국가고 사회고 개인이고 간에 정의를 내세우며 잔인한 행동을 취한다면 지극히 불행한 일이 될 것입니다.

아무리 고상한 정의도 잔인해지면 그 존재 가치를 잃는 법입니다. 잘못한 자식에게 정의를 가르친다고 잔인하게 골프채로 때린다면 그건 정의가 아닌 것과 마찬가지입니다. 그만큼 잔인한 것은 악한 것입니다. 또한 인간이 정하는 정의는 하나님의 정의와는 거리가 많은 경우가 많으니 정의라는 말이 나오면 과연 정의로운 것인지 아닌지 성경에 비춰봐야 할 일입니다.

잔인하고 과격한 세상이 되었습니다. 투쟁과 쟁취, 폭동과 학살, 혁명과 깃발, 척결과 청산, 선동과 세뇌, 투사와 열사 같은 선혈이 뚝뚝 떨어지는 섬뜩함이 몰려오는 세상입니다. 전 세계가 숨어 있는 세상 지배자 마귀의 잔인함에 휘둘리고 있습니다. 상대를 사정없이 짓밟고 사람을 옥죄는 잔인함, 목적을 위해 수단과 방법을 가리지 않는 잔인함, 그건 마귀와 공산당이나 할 수 있는 일입니다.

잔인한 마귀는 세력을 확장코자 광분 중입니다. 인간이 즐겨 찾는 수많은 영화와 드라마에서 스릴과 쾌감을 맛보게 한다면서 온갖 변태에, 폭력에, 마약에, 학대에, 테러에 물든 수많은 잔인한 행동들을 빚어내고 엄청난 제작비도 불사하고 재물 신 맘몬을 추앙합니다. 잔인한 영상물로 돈이 일만 악의 뿌리라는 말을 입증하며 재미를 봅니다.

잔인함은 돈과 섹스, 권력과 거짓말로 이어져 교회 지도자와 교인을 추락시키는 매황유하(每況愈下)의 길로 들어섭니다. 잔인함은 이제 오락이 되었고 문화의 일부가 되었습니다. 잔인함은 잔인함을 낳고 학습되면서 새끼를 치며 면면히 이어져갑니다. 마귀가 원하는 순환 구조를 이룬 셈입니다.

긍휼과 자비의 반대말이 잔인함이듯 정의의 반대말도 불의가 아니라 잔인함입니다. 왜냐하면 잔인함은 지옥의 불길같이 타올라 그 모든 것을 삼키기 때문입니다. 착함과 의로움도, 진실함도, 사랑도, 희락도, 화평도, 온유함도, 양선도, 긍휼도, 절제도, 공의도 다 훨훨 태워버리기 때문입니다. 공의는 하나님이 아끼시는 것입니다.

'오직 공법을 물같이 정의를 하수같이 흘릴지로다(암5:24).'

그런 공의로움과 성령의 열매들을 다 태워버리고 하나님께 끝까지 대항하는 게 잔인한 마귀의 꿈입니다. 마치 우주의 모든 걸 포식하는 블랙홀처럼 사랑과 공의와 진리조차 다 빨아들여 그 흔적들을 없애려고 광분하니 잔인하기 이를 데 없는 자입니다.

하나님의 속성은 사랑과 공의입니다. 사랑과 공의에 대항되는 말은 무자비함과 불의입니다. 마귀는 하나님께 대항합니다. 그러니 마귀의 속성은 무자비함과 불의입니다. 잔인함은 무자비함과 불의를 모두 포함하는 단어입니다. 그러니 마귀는 곧 잔인함입니다. 잔인함이라는 용광로(鎔鑛爐)에서 사랑의 모든 것인 희락과 화평과 온유를 불태울 수 있고 공의의 모든 것인 진리와 정의도 불태울 수 있기 때문입니다.

잔인함은 하나님의 대표적 속성인 사랑과 공의를 다 불태울 수 있는 비장의 무기입니다. 그래서 마귀는 잔인함을 제일 아끼고 소중히 합니다. 마귀는 모든 걸 불태우는 잔인함 자체입니다. 그래서 하나님께선 마지막 심판 날 마귀가 평생 잔인함으로 모든 걸 불태워 왔던 그 행동 그대로 마귀를 불타는 유황불 못에 던진다고 예고하셨습니다(계19:20, 20:10). 잔인한 인간은 우리가 가장 피해야 할 대상입니다. 왜냐하면 그는 마귀의 속성을 가진 사람이기 때문입니다. 화로(火爐)를 가까이하면 언젠가는 불에 뎁니다. 잔인하기가 불과 같고 언젠가는 유황불 못에서 사라질 마귀를 멀리하라는 게 성경의 가르침입니다.

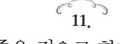

11.
좋은 것으로 함께하라

　우리는 예수님의 양떼이고 예수님은 우리의 목자이십니다. 예수님은 우리들을 보호하고 구원, 성장시키시기 위하여 몸 된 교회를 세우셨습니다. 교회는 그리스도의 신부라고 하셨으니 그만큼 소중하다고 하겠습니다. 그 교회가 곧 회중(會衆)이요 회중을 이루는 무리는 신자들입니다. 신자 한 분 한 분은 그토록 소중한 것이요, 우리는 예수님을 머리로 한 지체로서 함께 성전을 지어간다 하겠습니다.

　예수님은 베드로에게 '내가 이 반석 위에 내 교회를 세우리니'라고 말씀하심으로써 교회는 예수님의 교회임을 분명히 하셨습니다 (마16:18). 또 부활하신 예수님은 시몬 베드로에게 '내 어린 양을 먹이라', '내 양을 치라', '내 양을 먹이라' 세 번이나 거듭 당부하셨습니다 (요21:15~17). 베드로에게 세 번이나 '내 양'을 먹이라 하심으로써 양도 예수님의 양임을 분명히 하셨습니다.

　그러므로 오늘날 어떤 분들이 예수님의 교회가 아니라 자기가 고

생해서 세운 자기 교회인 양 생각하거나 예수님의 양이 아닌 자기의 양인 양 여긴다면 이는 불행한 일이라 하겠습니다. 그래서 예수님께서 훗날의 삯꾼들을 염려하여 세 번씩이나 내 양, 내 양이라고 강조하셨는지도 모르겠습니다.

극히 일부를 뺀 수많은 목사님들은 맡겨진 교회와 맡겨진 양 떼를 위하여 혼신을 기울여 목양에 전념하고 있습니다. 예수님이 자신을 선한 목자라고 하셨는데(요10:11) 그런 예수님을 본받아 선하게 목회하려고 노력하는 분들입니다. 그분들의 수고의 대가는 심판대에서 다 정산하게 되겠습니다만 이 땅에 그들과 함께 있는 동안 그분들을 어떻게 대하여야 하는지 성경은 가르쳐주고 있습니다.

출애굽한 이스라엘 백성들이 가나안 땅에 들어간 이후 지도자 여호수아는 열두 지파에 땅 분배를 시작합니다. 그러나 레위 제사장에게는 하나님의 명령에 따라 분깃도 없고 기업으로 세울 땅 분배도 없었습니다. 여호와께서 여호와 자신이 그들의 기업이 되신다고 하셨습니다.

'너는 이스라엘 자손의 땅에 기업도 없겠고 그들 중에 아무 분깃도 없을 것이나 내가 이스라엘 자손 중에 네 분깃이요 네 기업이니라 내가 이스라엘의 십일조를 레위 자손에게 기업으로 다 주어서 그들이 하는 일 곧 회막에서 하는 일을 갚나니…(민18:20~21).'

여호와 자신이 기업이 되신다는 말씀만큼 영광스러운 일은 없을 것입니다. 그것은 봉급 받고 일하는 직책이 아니라는 말과 같습니다. 값으로 매기기에는 너무도 귀하고 값진 일이어서 그 값을 측정할 수 없다는 의미입니다. 목회자에게 매월 주는 돈을 급여나 봉급이라 하지 않고 사례금이라고 하는 이유는 이 때문입니다.

대통령도 월 급여의 이름으로 녹봉을 받고 의사는 대부분 자영업으로 월수입을 올립니다. 목회자의 일은 하나님의 위임을 받아 사람의 영혼의 영생(永生)을 다루는 영적인 일을 합니다. 대통령도 국가를 경영하지만 세속의 일이고 의사도 사람의 생명과 건강을 다루지만 역시 세속의 일입니다. 그런 의미에서 영생이란 하나님의 일을 하며 월급이나 월수입이 아닌 월 사례금을 하나님으로부터 받는 목회자는 영광스럽다 하겠습니다.

하나님께선 모든 길이 정의롭고 진실하시며 올바르신 분입니다(신 32:4). 하나님께선 성전의 숟가락 하나와 불집게 하나까지도 챙기신 분입니다(출25:29, 38). 끝도 없는 우주를 만드신 분인데 숟가락 하나까지 챙기시다니 믿지 않는 분들은 상상하기조차 어려울 것입니다. 그토록 상황을 다 아시는 분이니 그분의 분깃을 정함에 있어 하나님께 누가 되는 일이 있어선 아니 될 것입니다.

전체 교회 중 재정자립교회는 절반 정도에 그치고 있어 절반 정도 교회의 목회자들은 최저생계비에도 못 미치는 사례금을 받고 있는 실정입니다. 목회자는 적정한 생계비를 얻어야 합니다. 넉넉하진 못해도 목회에 전념할 수 있는 수입은 되어야 할 것입니다. 받을 것을 못 받아 생계유지가 안 되자 성전에서 일해야 할 레위인과 찬양하는 직무를 행할 사람들이 모두 떠나버린 일(느13:10)을 생각하면 더욱 그렇습니다. 성경은 당연히 마땅한 삯을 주어야 한다고 거듭 강조합니다.

> '성경에 일렀으되 곡식을 밟아 떠는 소의 입에 망을 씌우지 말라 하였고 또 일꾼이 그 삯을 받는 것은 마땅하다 하였느니라(딤전5:18).'
> '성전의 일을 하는 이들은 성전에서 나는 것을 먹으며 제단에서 섬기는 이들은 제단과 함께 나누는 것을 너희가 알지 못하느냐(고전9:13).'

목회자가 얼마의 수입이 있어야 적정한지에 대한 성경의 기준은 없습니다. 다만 목회자는 오로지 기도하는 일과 말씀 사역에 힘쓰는 것이 원칙인 분들이니(행6:4) 여기에 집중할 수 있도록 정신적 압박과 물질적 궁핍을 겪지 않도록 해야 합니다. 소수의 목회자들 때문에 사회로부터 목사님들에 대한 비난이 있는 것도 사실입니다만 감정적 차원에서 사례금을 결정하는 건 성경적인 게 아닙니다.

기준을 책정할 때 목회자는 잡역부가 아닌, 가르치고 마음의 병을 치유하는 전문직임을 감안해야 합니다. 가르치는 교수, 교사나 병을 치료하는 의사와 비슷한 전문인임을 감안해야 할 것으로 보이고 또 24시간 대기하는 처지도 참고해야 합니다. 병원에서 24시간 응급대기실은 고생도 많고 수당도 많은 편입니다. 정신적 육체적으로 고단한 게 24시간 대기조이니 이를 감안하는 건 상식선의 일이라 하겠습니다. 또 은급(恩給)이 나오는 건 일부 소수에 불과할 뿐 은퇴 후의 생계도 마땅치 않은 현실을 고려해 볼 필요가 있고 사정이 허락한다면 멀리 유가족까지도 생각해볼 수 있을 것입니다.

사례금은 영적, 정신적, 육체적 건강 유지에 필요한 만큼은 되어야 합니다. 너무 작아도 너무 넉넉해도 아니 될 것 같습니다. 독일 속담에 '선행의 보상은 선행 그 자체에 있다'라는 말이 있긴 하지만 그렇다고 너무 작으면 이중 직업을 갖는 등 생계에 신경을 쓰느라 기도와 말씀에 전념하기 어려울 것이요, 너무 넉넉하면 허리띠 풀려 해이해질 수 있기 때문입니다.

목회자 사례금 결정의 기준은 하나님이 되어야 합니다. 하나님의 영광과 기림은 교인뿐 아니라 사회 일반인들로부터도 오는 것입니다. 초대교회 시절 온 백성이 칭송을 했다는 말씀이 있습니다(행 2:47). 교회와 교인의 행동이 하나님께 영광을 올렸다는 말씀입니다. 성경은 '너희가 먹든지 마시든지 무엇을 하든지 다 하나님의 영광을 위하여 하라'고 했습니다(고전10:31). 성경에 목자의 삶에 대한 기준이 정해져 있지 않은 것도 하나님께 영광이 되는지 안 되는지에 따라 결정하라는 의미도 될 것입니다.

개별 지역 교회마다 사정이 구구하니 일률적으로 정할 수는 없는 일입니다. 성경을 봐도 제사장은 아니지만 초기 족장시대의 하나님의 역사에 동원된 욥, 아브라함, 이삭, 야곱은 부자였으며 길갈과 벧엘 및 여리고 세 군데에 선지자 학교까지 운영한 엘리야나 열두 거릿소, 곧 소 24마리를 앞세우고 밭을 갈던 엘리사는 넉넉했던 것으로 추정되지만 많은 선지자들은 경제적 여유가 없던 것으로 보이니 성경상 어느 정도라고 말하는 것도 쉽지 않습니다.

다만 하나님께선 풍성하시며 인색하지 않으신 분임을 기억해야 합니다. 창세로부터 지금까지 한결같으시니 지금도 풍성하시며 인색하지 않으십니다. 사도 바울은 물질에 대하여 명료한 말씀을 하셨습니다.

'네가 이 세대에 부한 자들을 명하여 마음을 높이지 말고 정함이 없는 재물에 소망을 두지 말고 오직 우리에게 모든 것을 후히 주사 누리게 하시는 하나님께 두며 선한 일을 행하고 선한 사업에 부하고 나눠주기를 좋아하며 동정하는 자가 되게 하라 이것이 장래에 자기를 위하여 좋은 터를 쌓아 참된 생명을 취하는 것이니라(딤전6:17~19).'

즉, 헌금이 돈의 문제가 아니라 하늘나라 생명의 문제임을 짚고 있는 것입니다. 이런 차원에서 생명을 다루는 목회자들의 사례금도 생각해 봐야 합니다. 구약에선 곡식의 첫 수확과 양털의 처음 깎은 것은 제사장에게 주라 하시면서 이는 그가 하나님의 택하신 자라 말씀하신 바 있습니다(신18:4~5). 신약에선 잘 다스리는 장로들을 배나 존경할 자로 알되 말씀과 가르침에 수고하는 이들을 더할 것이라 하면서(딤전5:17) 가르침을 받는 자는 말씀을 가르치는 자와 모든 좋은 것을 함께 하라(갈6:6)고 하셨으니 목양을 하시는 분에 대한 기본 입장은 존경과 마음과 정성이라고 해야겠습니다.

조금 더 말씀드리자면 ① 목회자가 신도를 위해 쉼 없이 잘 가르치고 기도해주고 ② 신도는 그 덕분에 영적 성장을 이루면서 범사가 잘 되어 물질의 복도 받아 연보를 넘치도록 풍성히 내고 ③ 목회자는 신자를 위한 양육과 기도에 응답을 받았으니 신이 나서 더욱 목회를 잘하고 ④ 교회는 재정이 풍요로워져 선교와 구제를 잘 하면서 사례금도 넉넉히 지급하고 하는 식의 영육 간의 '복의 선순환(善循環) 고리'를 이루는 게 사례금 문제에 있어서도 하나님이 원하시는 방법이 아닐까 생각해 보게 됩니다.

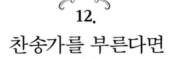

12.
찬송가를 부른다면

찬송가를 많이 부른다면 어떻게 될까요. 찬송가를 잘 모르는 일반인들은 그저 예수쟁이들이 부르는 노래 정도로 알고 계실 것입니다. 그러나 찬송가를 부르면 인생이 바뀌고 삶이 바뀐다고 자신 있게 말씀드릴 수 있습니다. 심지어 어떤 분은 찬송가만 부르고 또 불러서 자기의 병든 몸이 기적같이 나았다는 간증을 하기도 했습니다. 찬송가는 그냥 노래가 아닙니다. 찬송가는 하나님께 감사하고 구세주를 찬양하는 노래 또는 하나님의 사랑과 은총을 기리는 노래입니다. 그러니 찬송가는 하나님께의 고백이고 호소이고 몸부림이며 대화입니다. 누군가가 저쪽에서 간절히 부르고 있는데 쳐다보고 대답하지 않을 사람이 어디 있겠습니까. 그래서 하나님께선 찬송가에 귀 기울이시며 응답을 해주고 계신 것입니다.

찬송가는 하나님께 드리는 편지이며 사랑의 고백이며 회개이며 탄원이자 감사의 표시입니다. 때론 영적 충만이 이루어진 기쁨 가운데 부를 수도 있고 때론 처절한 절망과 울음 속에서도 부를 수 있습니다. 건강할 때도 부를 수 있고 아플 때도 부를 수 있으며 괴로울 때도 부를 수 있고 금식하면서도 부를 수 있습니다. 내가 의지로 부를 수도 있고 내 몸 안의 내주하신 성령님이 부르게 하실 수도 있습니다.

'수금으로 여호와께 감사하고 열 줄 비파로 찬송할지어다(시33:2).'
'시와 찬송과 신령한 노래를 부르며 감사하는 마음으로 하나님을 찬양하고…(골3:16)'

하나님은 찬송 중에 거하시는 분입니다(시22:3). 찬양은 하나님이 가장 기뻐 받으시는 것이며 찬양할 때 어둠이 떠나가고 기도가 응답되며 외로움과 상처가 치유됩니다. 다윗처럼 찬양과 찬송하기를 좋아하는 분은 일찍이 없었습니다. 그는 하나님께서 내 마음에 합한 사람이란 칭찬을 들었던 인물입니다(행13:22). 찬송을 부르면 절망이 희망으로, 외로움이 위로로, 좌절이 용기로, 슬픔이 기쁨으로 바뀌는 기적이 일어납니다.

찬송가는 예배 송, 성부 성자 성령 찬송 송, 행사와 절기 예식 때 부르는 찬송, 교회 및 구원과 관련된 찬송, 그리스도인의 삶과 관련된 찬송 등 다양한 제목의 찬송으로 구분됩니다. 찬송가는 대부분 공중예배를 통하여 배우니 공중예배의 중요성은 그 때문입니다. 시간이 가면서 신자라면 누구나 좋아하는 찬송을 반드시 갖게 됩니다. 그건 그 신자의 처지와 상황에 딱 들어맞는 찬송이기 때문입니다. 왜냐하면 자기가 선호하는 곡 같아도 성령 받으신 신자의 경우엔 성령님의 감화 감동 역사하심으로 그 처한 상황에 맞게 찬송토록 하시기 때문입니다.

요즘 교회 주변에서 자주 들을 수 있는 찬송가 비슷한 노래가 있으니 가스펠 송과 CCM 송이라는 것입니다. 이것들은 찬송가와 비슷해 보이나 많이 다릅니다. 가스펠 송(Gospel Song)은 오래전 19세기 후반에 세계적 부흥전도사 무디 목사님의 음악 동역자에 의해 대중적 호소로 청중을 불러 모으려고 시작된 노래입니다. 고난 받는 미국 흑인들의 영가(靈歌)를 뿌리로 대중적 호소의 가락을 넣어 탄생한 음악으로 흔히들 '복음성가'라고도 합니다.

CCM(Contemporary Christian Music)은 대중음악 형식의 기독교 노래로서 1970년대 들어서 확산되었고 팝, 록, 힙합 등 오락성 곁들인 대중적 장르의 음악과 결합되면서 인기를 끌었습니다. 그러나 CCM은 사람을 대상으로 감정을 이입(移入)하고 감성에 호소하는 등 기본적으로 영적인 감화 감동을 기반으로 성삼위 하나님을 찬양하는 것과는 많이 다르다 하겠으며 개중에는 기독교 노래라고는 할 수 없는 것들도 적지 않아 조심해야 할 필요가 있다 하겠습니다. 그냥 잠시 중간에 먹는 영양 간식거리 정도라고 생각하면 적당할 것으로 보입니다.

그러나 간식도 간식 나름이어서 잘 가려먹지 않으면 체할 수도 있으므로 가급적 영성이 풍성한 찬송가를 많이 사랑하는 것이 좋겠다고 하겠습니다. 인간적 감성으로 흥거워 복음성가나 CCM 노래를 부르는 것도 나쁘진 않겠지만 찬송가는 기본적으로 하나님을 기리고 경배하는 기도의 한 장르라고 새기시는 게 더 좋겠습니다.

'이 백성은 내가 나를 위하여 지었나니 나의 찬송을 부르게 하려 함이니라(사43:21).'

신자들은 저마다 살아가면서 자기가 좋아하는 찬송가가 세월에 따라 바뀌고 있음을 알게 됩니다. 그냥 자기 좋아하는 몇 곡만 평생에 걸쳐 부르는 법은 별로 없습니다. 나이 들어가며 또 인생의 수많은 굴곡을 겪다 보면 거기에 맞춰 찬송가 선호곡이 달라지는 건 자연스러운 일이라 하겠습니다. 즐거움과 애환, 쓰라림과 곤고함, 궁박함과 기쁨, 병든 몸과 시련, 평안과 감사 등 종잡을 수 없는 인생사가 펼쳐지면 그에 따라 좋아하는 찬송가도 바뀌게 됩니다. 이는 변덕쟁이라서 그런 게 아니라 그 상황과 처지에서 자기 내면의 심령이 가장 하나님께 진솔하게 있는 그대로 고백하는 것이기에 그렇습니다.

필자는 열아홉 앳된 청년 시절 인천 어느 달동네 자그마한 산 중턱에 있는 교회의 멀리서 들려오는 차임벨 찬송가 소리에 끌려 자진해서 교회를 나가게 되었습니다. 왜 나왔냐고 설문지를 주는데 '인격수양'이라고 표시한 게 아직도 기억납니다. 그때 필자를 이끈 그 차임벨 찬송은 '멀리멀리 갔더니(387장)'였습니다. 그 찬송이 필자의 인생을 바꾼 찬송입니다. 그리곤 교회 바닥에 엎드려 많이 울기도 했고 위로도 많이 받았습니다. 찬송가가 있기에 가능한 일이었습니다. 진펄에서 마다치 않으시고 건져주신 분이 예수님이셨고 그때 필자를 부르신 방법은 필자도 처음 들어보는 찬송가 소리였습니다.

그 후 생활의 애환에 따라 그리고 신앙의 변모에 따라 자연히 즐겨 부르는 찬송가의 곡목 패턴도 바뀌어 갔습니다. '멀리멀리 갔더니'로 불러주신 주님은 필자가 찾아가자 믿음이란 선물을 주셨고, 그 후에 곤고한 심정이었을 때는 '나 주의 도움 받고자'를, 신앙이 좀 더 성장한 후에는 '예수를 나의 구주 삼고'와 '어제께나 오늘이나'를, 직장 생활과 청장년 시절을 보내면서 죄의 심각성을 깨닫고는 '나의 죄를 씻기는'을, 중년을 넘은 요즘은 '내 영혼이 은총 입어'를 자주 부르게 됩니다. 이런 식으로 변해가는 건 신자라면 누구나 겪는 일입니다.

어느 날 필자가 아무 생각 없이 동네 슈퍼마켓을 가느라 단지 내 오솔길을 걸을 때 몇 번이나 나도 모르게 입속에서 튀어나온 '나 속 죄함을 받은 후' 찬송을 하는 자신을 바라보곤 놀란 적이 여러 번 있었습니다. 전혀 내 의사와는 상관없이 내 속의 성령님께서 부르게 하신 것임을 이제야 깨닫습니다. 찬송은 이처럼 부르는 사람마다 시기마다 그에 맞게 바뀌고 자신도 모르게 변화됩니다. 세상의 숱한 노래가 있지만 오로지 찬송가만이 줄 수 있는 특권이라 하겠습니다. 그런 의미에서 특별히 좋아하는 찬송은 하나님의 대응하심이라고도 할 수 있겠습니다.

　물론 세상 노래도 즐거운 게 많습니다. 가요, 가곡, 민요, 팝송, 샹송, 칸초네, 파두, 캐럴, 클래식 등등 너무 많습니다. 공자도 시(詩), 예(禮)와 더불어 악(樂)을 중시하고 사랑했다는 건 잘 알려진 이야기입니다. 필자도 슈베르트의 세레나데와 동요 '오빠생각', '엄마야 누나야', 남인수의 노래 같은 것을 즐겨 들었습니다. 물론 요즘도 좋아합니다만 예전 같진 않으니 찬송가는 그런 것과는 아예 차원이 다른 찬양의 세계이기 때문일 것입니다. 하기야 찬송가의 역사는 무려 삼천 년이 넘으니 여타 음악과는 비교하기 어렵습니다.

　찬송가, 그것은 하나님께서 우리에게 내리신 복의 통로입니다. 마르틴 루터는 말씀 다음으로 중요한 게 찬양이라고 했습니다. 찬송은 성령 충일(充溢)한 영적 입신(入神)의 경지를 희원(希願)하는 일입니다. 그래서 찬송은 지순지고한 상선(上善)의 음악입니다. 찬송가를 부르면 영이 살아나고 하나님께 가까이 다가가며 우리 인생은 갈수록 풍요로워지고 위로받고 영화로워질 것입니다.

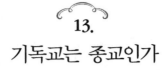

13.
기독교는 종교인가

    세상 사람들은 기독교는 세계 4대 종교의 하나라고 말합니다. 이슬람교, 힌두교, 불교와 더불어 네 가지 중의 하나라는 것이지요. 초등학교 다닐 때부터 그런 식으로 배워왔기 때문입니다. 그러나 이 말은 옳은 말이 아닙니다. 기독교는 종교가 아닙니다. 생명입니다. 수많은 종교학과 철학이 어떻게 가르치는지는 알 수도 없는 노릇이지만 오로지 성경에 근거하여 말씀드리면 기독교는 현재 살아계신 하나님을 하루 스물네 시간 온종일 만나고 대화하는, '하나님과의 실시간 생명현상'입니다.

    기독교 핵심의 본질은 예수 그리스도이십니다. 그분을 알고 그분을 내 마음속에 영접하지 아니하면 백 년을 성경 공부하고 인생을 송두리째 투자하였다 한들 아무 소용이 없습니다. 기독교는 그분을 24시간 동행하고 모시는 실시간 생명현상입니다. 이는 마치 피가 24시간 흐르고 심장과 맥박이 24시간 뛰는 것과도 같습니다.

    기독교는 다른 종교와는 많이 다릅니다. 종교학을 공부하지 않은 필자가 혹 잘못 아는지는 모르지만 필자가 아는 바는 이렇습니다. 즉, 기독교는 하나님께서 인간에게 먼저 찾아오셨지만 다른 종교는 인간이 신에게 찾아가는 종교입니다. 기독교는 믿음에 기초하여 하나님의 전적인 은혜로 구원을 받지만 다른 종교는 많은 것을 바치고 수련과 고난 등을 수행하는 마일리지를 쌓아야 구원을 좋게 받는다고 말합니다. 기독교는 하나님께서 인간을 만드셨다고 하지만 다른 종교는 자기 신이 인간을 만드셨다고 하지 않습니다. 기독교는 회개하면 죄 사함을 받는다고 하지만 다른 종교는 그런 것이 없습니다.

기독교는 부활하신 예수님이 계시어 장차 인생들의 부활을 증거하셨지만 다른 종교는 내세는 외치나 분명한 증거를 제시하진 못했습니다. 기독교는 인간의 죄 때문에 신이 자기 목숨을 버렸지만 다른 종교는 그런 적이 없습니다. 기독교는 인간의 구원을 위해 신이 자기 목숨을 버렸지만 다른 종교는 그 어떤 신도 인간의 구원을 위해 자기 목숨을 버린 이가 없었습니다. 기독교는 신이 머무는 건물 공간이 없지만 다른 종교는 신이 머무는 장소가 대체로 있습니다. 기독교는 성령님이 내주하셔서 24시간 예배하나 다른 종교는 예배 시간이 정해져 있습니다.

기독교는 다른 종교와 달리 하나님께서 그 고귀한 자리를 버리시고 낮고 천한 인간의 모습으로 내려오셨으며 지금도 지금 살아 숨쉬고 있습니다. 당대 최강의 로마제국으로부터 수많은 핍박을 받고

서도 결국 그 나라의 국교까지 된 게 기독교의 힘입니다. 하나님이 하시니까 가능한 일이지 인간이 한 일이라면 불가능했던 일입니다. 많은 종교가 생겼다가 사라져갔습니다. 정말 그들에게도 신이 있었다면 그 종교가 사라질 순 없는 일입니다. 기독교는 살아 있는 생명입니다. 그래서 기독교는 다른 종교와 다르다고 하는 것입니다. 오직 기독교의 예수님만이 길이요 진리요 생명이기 때문입니다(요14:6).

'다른 이로서는 구원을 얻을 수 없나니 천하 인간에 구원을 얻을 만한 다른 이름을 우리에게 주신 일이 없음이니라(행4:12).'
'만방의 신은 헛것이요 여호와께서는 하늘을 지으셨음이로다(시 96:5).'

하나님은 태초부터 스스로 존재하시는 분입니다. 그분은 시간과 공간을 다 초월하시는 절대적인 분입니다. 신의 영역에 오로지 홀로 계신 분인데 다른 종교가 그 신의 영역을 말하고 자기도 신이라면서 서로 견주자고 하니 도저히 용납하실 수가 없는 일이며 그래서 십계명에서 다른 신들을 두지 말며 우상을 만들지 말라고 엄명하셨습니다. 나치 히틀러에 대항해 '악을 보고도 침묵하면 그 자체가 악이다'라는 말로 유명한 본 훼퍼(Bonhoeffer)도 기독교 메시지는 근본적으로 도덕 및 종교와 관계가 없다고 하였습니다. 기독교는 생명이기 때문입니다.

하나님은 홀로 하나이신 하나님입니다(딤전1:17, 유1:25).' 다른 신도 있다고 하는 어떤 사람의 철학과 논리와 아집도 하나님을 이길 수 없습니다. 성경은 '사람으로 주를 이기지 못하게 하옵소서(대하14:11)'라고 하였습니다. 사람의 편견과 인식과 고집은 쉽게 바뀌지 않습니다. '네가 어려서부터 내 목소리를 청종하지 아니함이 네 습관이라(렘22:21).'

그렇다고 다른 종교라 해서 무시하거나 도외시하거나 비난하라는 말씀이 아닙니다. 다른 종교에도 도덕과 덕성과 자비와 수양을 권장하고 욕망과 탐욕을 버리며 극기를 가르치는 수준 높은 철학적 대목도 있을 수 있습니다. 인륜을 가르치고 덕을 쌓으며 죄와 방탕으로 나아가기 쉬운 인간을 제어해서 그 도덕성을 키우고 심성을 바로잡게 하는데 때론 이로울 수 있습니다. 특히 유교나 도교의 철학이 그렇습니다.

그러나 도덕과 구원은 하늘과 땅 차이만큼이나 큽니다. 도덕은 인생이 존재하는 팔구십 년에 불과한 유효기간을 갖지만 구원은 시간의 끝이 없는 영원이라 유효기간이 없습니다. 그러니 도덕과 구원은 감히 비교될 수 없는 일입니다. 많은 종교가 도덕이나 철학에 머문다고 생각되기에 기독교는 구원에 이르는 믿음에 관한 한 다른 종교와 양립하기를 거부하는 것입니다.

이런 타 종교와의 양립을 인정하는 혼합신앙을 하나님께선 극도로 싫어하셨습니다. 가나안 땅에 들어가 그 이방족속들을 어린아이까지 다 진멸하라고 하신 이유도 그 때문이었습니다. 여호와도 섬기고 이방신도 섬기는 범벅 신앙으로 얼버무리는 일을 결코 용납지 않으셨고, 이를 계속하는 이스라엘 백성들을 결국 다 버리시어 바벨론 포로로 끌려가게 하셨습니다.

그러나 신앙적 차원에서 양립할 수 없다는 말이지 인본적 차원의 현 실존 사회에서는 다른 종교도 인정하고 수긍해야 합니다. 인간이 사는 다양한 모습의 하나이므로 그분들을 용납하고 존중해주어야 하기 때문입니다. 하나님께서도 너희들이 들어가 거주할 가나안 땅의 기존 이방민족의 신들을 타파하라고 했지 국력을 크게 신장시켜 그 인접한 이방들, 곧 이집트며 다른 여러 나라들과 전쟁을 벌려 그쪽 신들을 멸하라고 하진 않으셨습니다. 상대의 신앙도 인정하여야지 총칼로 위협하여 내 쪽 신앙을 강요하는 일은 잘못된 것입니다. 물론 내 쪽의 신앙을 소개하고 말해줄 수는 있겠으나 개종을 강요하는 건 공존해야 할 인간사회에선 있을 수 없는 일입니다.

그러므로 배타적이란 말은 그 쪽 신앙의 대상을 나의 신으로서는 받아들일 수 없다는 말이지 인간에 대한 말이 아님을 기억해야 합니다. 그런 의미에서 '기독교인은 배타적이다'라는 말은 억울한 누명을 쓰고 있는 셈입니다. 인간에 대해 배타적이면 지구는 전쟁터로 변하고 맙니다. 그들 종교의 존재를 인정하되 그걸 믿는 그들을 존중하고 내 종교를 내가 간직하되 그들로부터도 나도 존중받는 게 중요합니다. 그건 사상과 신념이 다르고 피부색이 다르고 언어가 달라도 서로 존중하며 이 땅에서 살아가야 하는 것과 마찬가지입니다.

　그분들도 인정해 주어야 합니다. 그들을 배척하고 미워하고 떠밀어서는 아니 됩니다. 그분들도 소중한 인생이요 이 사회의 구성원이요 헌법상 인간으로서의 존엄과 가치를 누리며 행복을 추구할 권리가 있기 때문입니다. 예수님께서도 원수를 사랑하며 핍박하는 자를위해 기도하라고 하셨습니다(마5:44). 내가 그 종교는 인정하지 않으나 그를 신봉하는 사람은 존중해 주어야 그쪽에서도 내 종교는 인정하지 않으나 나를 존중해 줄 것입니다.

　만약 선거철이 다가와 어떤 신앙인이 불가피하게 신앙이 다른 쪽을 예방할 일이 있다면 사전에 서로가 종교가 다름을 분명히 말하고 그런 종교적인 면에서는 적극 양해를 구한 후 내가 신봉하는 신의 방식이나 내 방식으로 머리 숙여 인사하고 상대를 존중하며 대화하면 되겠습니다. 식자(識者)간의 사이에선 누구를 대하든 진실하게만 대한다면 종교를 떠나 소통에 아무런 문제가 없을 것입니다.

　다만 그렇다고 다른 종교인들과의 수인사(修人事)에서 더 나아가 다른 종교와의 화합이나 평화, 이해와 공존, 연합과 유대, 상생과 조화, 통합과 하나됨 등 각종 미사여구를 늘어놓으면서 종교 다원주의나 혼합주의, 통합주의를 꾀한다면 하나님의 크신 진노가 계실 것입니다.

14.
사차원(四次元) 인생

수학이나 건축학에서 일차원은 선, 이차원은 면, 삼차원은 공간, 그리고 사차원은 삼차원의 공간에 시간을 더한 것이라고 말을 합니다. 인생도 비슷하게 나눠 볼 수 있습니다. 원초적인 1차원 인생, 이성적인 2차원 인생, 2차원 인생보다 한 단계 뛰어넘은 질 높은 수준의 3차원 인생, 그리고 영적인 4차원 인생으로 나눠 보는 것 말입니다. 다만 이것은 물질적, 유물론적, 형이하학적(形而下學的) 가치에서가 아닌 정신적, 관념론적, 형이상학적(形而上學的) 가치에서의 구분임을 전제해드립니다.

인생을 살아가는 사람은 겉으로 보긴 하나여도 속은 영과 혼과 육으로 이뤄져 있습니다(히4:12). 하나님께선 처음 흙으로 사람을 빚으시고 하나님의 숨결인 영을 불어 넣으셨습니다.

'여호와 하나님이 흙으로 사람을 지으시고 생기를 그 코에 불어 넣으시니 사람이 생령(生靈)이 된지라(창2:7).'

하나님께선 이처럼 자신의 영을 우리에게 주셨습니다. 영(靈)은 이처럼 원래 하나님 것이므로 하나님을 의식하게 됩니다. 혼(魂)은 지정의(知情意)를 말하는 것으로서 자기를 의식합니다. 흙덩어리인 육(肉)은 오감(五感)을 갖고 육신의 정욕, 안목의 정욕, 이생의 자랑(요일2:16)을 따라 세상을 의식합니다(골3:5). 다시 말하면 영은 하나님을 의식하고 혼은 자기를 의식하며 육은 세상을 의식합니다. 또한 영은 혼을 지배하고 혼은 육을 지배합니다. '신령한 자는 모든 것을 판단하나(고전2:15)'라는 말씀이 있으니 영은 모든 걸 지배한다는 말씀입니다.

영과 혼과 육은 이처럼 근원이 다르고 따라서 역할이 다릅니다. 예를 들어 기쁨과 즐거움을 생각해보면 분명해집니다. 첫째로 영의 기쁨은 높고 깊으며 그윽하고 평안하며 오래가는 등 가히 설명하기 어렵습니다. 삼층천(三層天)을 본 바울의 환희 같은 것이 대표적이나 (고후12:4) 일반 신자들이 성령의 감동으로 눈물을 흘리며 맛보는 감화 감동도 그런 기쁨에 속합니다. 둘째로 혼의 기쁨은 평상의 삶 속에서 흔히 맛보는 즐거움입니다. 자식이 좋은 대학에 들어갔다든지 보너스를 두둑하게 받았다든지 하는 지정의로서 느끼는 즐거움입니다. 성취감의 기쁨입니다. 셋째로 육의 기쁨은 오장육부나 성기나 혀와 같은 육체를 통해 느끼는 즐거움으로 맛있는 음식을 대했다거나 술이나 담배, 섹스, 심지어 말초적 흥분과 쾌감을 일으키는 마약 같은 것을 먹을 때 맛보는 동물적 즐거움입니다.

육(肉)에 비중을 둔 인생은 1차원 인생이요, 혼(魂)에 비중을 둔 인생은 2차원과 3차원의 인생이요, 영(靈)에 비중을 둔 인생은 4차원 인생이라 하겠습니다. 이 세 가지, 영과 혼과 육으로 된 몸을 가지고 어느 것에 더 큰 비중을 두고 살아가느냐에 따라 그 인생 사는 모습도 달라집니다. 1차원보다는 2차원, 2차원보다는 3차원, 3차원보다는 4차원의 인생을 사는 게 더 성공적이요, 더 원대한 미래를 바라보고 사는 보람된 인생입니다. 그런데도 3차원 인생의 인간적 성취를 다 이루면 최고의 삶을 산 것으로 생각하는 경우가 많으니 그게 혹 가치전도(價値顚倒)된 건 아닌지 한번쯤 생각해 볼 필요는 있지 않을까요.

사람들은 동일한 생로병사(生老病死)를 겪으며 세상을 살아가고 있지만 그 사는 모습은 천차만별입니다. 그 사는 모습을 평가하는 기준도 구구각색이지만 대개는 얼마나 공부하고 출세하고 돈 벌었으며 자식농사는 잘 지었는지 강남 고급 아파트에 사는지 변두리에 초라하게 사는지 등 주로 물질이나 명성, 지위와 같은 외견으로 보이는 현상에 치우쳐 판단하는 경우가 많습니다. 그걸로 행복을 측정하고 그 인생의 성공여부를 재단(裁斷)하는 경우가 많습니다.

성경은 전혀 그런 것에는 개의치 아니합니다. 심지어 사도 바울은 자기가 세상의 더러운 것과 만물의 찌꺼기같이 되었다고 말합니다 (고전4:13). 성경에도 축복이란 개념이 있어 축복, 축복 하긴 하지만 물질 축복이 아닌 영적인 축복을 말하는 경우가 많습니다. 하나님과 더 가까이 하여 그분께 쓰임 받으면 그게 복인 것으로 평가됩니다.

예수님의 열두 제자들을 비롯한 거의 모든 신앙의 선배들은 한평생 헐벗으면서도 주의 일을 하고 나중엔 순교의 길을 갔으니 인간이 생각하는 복의 개념과는 거리가 멀어도 한참 멉니다. 하나님의 최고 관점은 인생살이의 행복이나 물질적 풍요보다는 그의 영혼의 잘됨에 있기 때문입니다. 그런 시각을 가져본다면 주의 이름으로 말미암아 순교하신 분들이 얼마나 큰 복을 받았는지 알 수 있습니다. 세상의 기준과는 달라도 너무 다른 것입니다.

1차원 인생은 원색적으로 표현하자면 태어나서 그저 동물적 감각과 태도로 살아가는 인생입니다. 거칠고 원시적인 삶을 살아가는 것이니 동물의 모습과 별로 다를 게 없습니다. 부족하면 빼앗기도 하고 화가 나면 흥분해 소리 지르고 힘센 자가 최고입니다. 마치 동물의 세계 같습니다. 사나운 폭언도 마다치 않고 즉흥적이고 무절제하며 방탕합니다. 보는 시야나 생각도 좁고 약육강식의 본능에 충실하고 범죄도 불사합니다. 이런 분들은 식욕과 색욕과 권력욕 같은 육체의 소욕에 따라 살아갑니다(갈5:17~21). 예수님께선 살리는 것은 영이니 육은 무익하다 말씀하셨으니 이들의 삶은 안타까운 인생입니다(요6:63).

이런 1차원 인생에서만 머무는 분도 적지 않습니다. 악이 창궐하고 편만한 세상입니다. 최소한의 기본적 예의도 없이 거칠고 무례하여 주위를 불편하게 만들며 보통의 상식 수준의 삶도 살아가지 못하는 분들입니다. 범죄자들과 사회의 지탄을 받는 사람들은 아예 1차원에 있던 사람들이거나 2~4차원의 인생을 살다가 본능에 좌지우지되거나 육에 유혹되어 1차원 인생으로 추락한 사람들입니다.

4차원에 산다고 자긍하는 신자 중에도 1차원 수준의 모습을 보이는 인생도 적지 않습니다. 자기는 4차원에 산다고 하나 실제는 1차원의 인생에 머무는 것인데도 4차원 인생으로 착각하고 있으니 안타까운 일입니다. 4차원 인생이라면 성령을 받았을 텐데 도저히 성령 받은 모습이라곤 발견할 수 없으니 그저 1차원에 머물러 있다 하는 것입니다. 이들은 교회당만 부지런히 드나들었을 뿐 초대교회 시절 성만찬 때 주의 살과 피를 상징하는 떡과 포도주를 배불리 먹고 취해 물의를 일으킨 사람들과 다를 게 없기 때문입니다(고전 11:20~22).

이 부분을 유진 피터슨의 메시지 성경에서 그대로 옮겨 봅니다. '여러분은 예배를 드리러 와서도 서로 갈라진 채 있다고 하더군요. 한자리에 모여서 주님의 만찬을 나누기는커녕 오히려 밖에서 많은 음식을 가져와 돼지처럼 먹는다고 하더군요. 그래서 어떤 사람은 따돌림을 당해 아무것도 먹지 못한 채 집으로 돌아가고 어떤 사람은 걷지 못할 정도로 술에 취하여 실려 가기까지 한다더군요.' 그러니 4차원 인생에 산다고 자고하는 분들은 자신이 혹 1차원 인생에 살고 있지 않은지 살펴봐야 할 일입니다. 이런 분들이 많을수록 교회는 사회에서 도매금으로 비난 받을 것입니다. 아무튼 그런 1차원 인생들은 우리 사회를 그늘지게 하고 공동체를 무너뜨립니다.

2차원 인생은 인간의 지정의(知情意)에 따라 사는 분들입니다. 지성(知性)과 감정(感情)과 의지(意志), 이 세 가지 심적 요소에 의해 혼(魂)의 지배를 받으며 살아가는 인생입니다. 지혜와 지식, 교양과 지성, 덕망과 상식, 순리와 양해, 양보와 순리, 구제와 봉사, 화목과 화평과 같은 수많은 가치와 덕목들이 2차원 인생의 요소들입니다. 다만 그 성취가 보통이나 미흡 수준에 머물며 살아가는 게 2차원 인생입니다. 수많은 인생들 중에 1차원에서만 살다 가는 분들도 적지 않지만 2차원 인생을 사시는 분이 대부분입니다. 그저 갑남을녀(甲男乙女) 장삼이사(張三李四)로 평이하게 사시는 분들입니다.

3차원 인생은 2차원 인생들이 갖는 위와 같은 요소들을 수많은 노고와 의지 끝에 매우 많이 성취하신 분들입니다. 사회로부터 성공했다는 평가를 받으며 존경과 흠모를 한 몸에 받습니다. 명성도 높아지고 영화도 누립니다. 최고의 노벨상도 수상하고 인간 세상에서 줄 수 있는 모든 영예를 받을 수 있습니다. 물질이 넘치는 경우도 많습니다. 남들이 다 부러워하고 이들이 처한 3차원 인생을 목표 삼아 사람들은 자기도 나아가고 자식들도 가르칩니다. 당연히 그 숫자는 매우 소수입니다.

3차원 인생은 세상에선 다 이룬 성공한 인생들입니다. 더 부러워

할 게 없는 최상의 삶을 사신 것처럼 보이기도 합니다. 그러나 그러기에 교만해지고 하나님을 부정할 가능성도 제법 높은 인생입니다. 세상은 3차원 인생에 박수치고 열광하지만 성경은 그런 인간적 성취로는 구원을 얻을 수 없고 종국에는 멸망 받는다고 말씀하고 있습니다. 3차원 인생도 흑암의 권세 아래 있기 때문입니다(골1:13).

3차원 인생도 죽음 이후엔 1차원과 2차원에 머문 인생과 하나도 다를 게 없습니다. 그가 4차원의 인생으로 오르는 방법은 예수님 영접밖에는 없습니다. 영접하기만 하면 내 노력이 아니라 오로지 하나님의 은혜로 구원을 받게 됩니다.

'영접하는 자 곧 그 이름을 믿는 자들에게는 하나님의 자녀가 되는 권세를 주셨으니…(요1:12)'
'너희가 그 은혜를 인하여 믿음으로 말미암아 구원을 얻었나니 이것이 너희에게서 난 것이 아니요 하나님의 선물이라(엡2:8).'

4차원 인생은 하나님을 경외할 줄 아는 분들의 인생입니다. 이들이 4차원으로 높은 건 오로지 이유가 하나인데, 높으신 하나님을 알고 그분을 닮아가기 때문입니다. 3차원에도 이르지 못한 2차원의 인생들도 하나님을 받아들이고 4차원으로 건너뛸 수 있습니다. 이들에게는 하나님을 아는 지혜와 지식이 있습니다. 하나님을 아는 지혜와 지식은 하나님을 모르는 지혜와 지식과는 하늘과 땅 차이가 있습니다. 하늘이 땅에서 먼 것과 같이 그냥의 지혜와 지식도 좋지만 하나님을 아는 지혜와 지식이 필요합니다.

하나님을 아는 지혜에 있어서의 '지혜'는 곧 예수 그리스도이십니다(고전1:24, 골2:3). 잠언에선 그 지혜이신 예수님이 태초부터 하나님과 함께 계셨고 창조의 동역자로 세움을 입어 함께 창조하시었음을 말씀해 주고 있습니다(잠8:22~31). 그러면서 지혜가 부르지 아니하느냐 하시면서(잠8:1) 지혜를 얻으라고 말씀하십니다. 지혜를 얻는 건 인생의 전부를 얻는 것이기 때문입니다.

'지혜를 얻는 것이 은을 얻는 것보다 낫고 그 이익이 정금보다 나음이니라 그 우편 손에는 장수가 있고 그 좌편 손에는 부귀가 있나니 그 길은 즐거운 길이요 그 첩경은 다 평강이니라 지혜는 그 얻은 자에게 생명나무라 지혜를 가진 자는 복되도다(잠3:14, 16~18).'

이런 지혜를 얻은 4차원의 인생은 구원을 얻고 더 나아가 성화와 영화의 단계를 차곡차곡 밟아가는 분들입니다. 이들에게는 평안이 있으며(요14:27) 크든 작든 빛의 세 가지 열매와 성령의 아홉 가지 열매가 달려 있습니다. 3차원 인생은 자기 나름의 목표치에 이른 분도 많지만 4차원 인생은 목표치를 정할 수도 없고 끊임없이 성화(聖化)되어야 합니다. 행함이 없는 믿음은 죽은 거라고 야고보 사도가 말씀하였듯이 성경이 요구하는 열두 가지 열매를 맺어가야 하니 2차원 인생에 있는 여러 덕망의 요소들도 당연히 갖춰가야 합니다. 그래야 사회로부터 칭송을 받을 수 있습니다.

그렇다고 해서 이를 3차원 인생처럼 세상의 모든 것을 욕심껏 얻고 추구하라는 게 아님은 잘 아실 수 있습니다. 그건 3차원이 아닌 2차원만도 못한 1차원 인생으로 가는 길입니다. 모든 걸 얻는 게 아니라 존경받는 도덕적 가치를 빼곤 오히려 모든 걸 버려야만 하는 게 4차원 인생입니다(눅18:22). 세상의 명예와 부귀영화를 누리는 건 4차원의 인생과는 정반대의 인생입니다. 성경의 가르침에 따라 비우고 내어놓고 사도 바울처럼 만물의 찌꺼기같이 되어(고전4:13) 오로지 하늘의 것만 추구하는 인생이 4차원 인생입니다.

육을 버리고 세상의 자랑을 버리고 하늘을 취하는 게 4차원 인생입니다. 사회에서 존경받는 2차원 인생의 고매한 가치와 덕목들을 다 성취하면서 하늘의 것을 지향하라는 말씀입니다. 3차원에 이르기까지의 실력 발휘를 못 했어도 어린아이와 같은 마음으로 예수님을 영접하고 착하고 선하게 사는 인생이 4차원의 인생입니다. 단순하여도 예수님 잘 믿는 성실한 신앙인들이 4차원 인생입니다. 그러나 4차원의 인생도 삼가고 조심하지 않으면 한순간에 1차원의 인생으로 급전직하할 수 있으니 성경의 가룟 유다나 후메내오, 빌레도, 알렉산더, 부겔로, 허모게네, 디오드레베 같은 인물이 그렇습니다(딤전1:20, 딤후1:15, 2:17, 4:14, 요삼1:9). 물론 그들이 실제 4차원 인생이 아닌, 흉내만 낸 4차원 인생이었을 수도 있습니다.

반면에 1차원의 인생이나 2차원의 인생도 자기들로선 도저히 이루기 어려운 3차원을 거치지 않고 4차원 인생으로 직행할 수도 있습니다. 예수님 십자가 못 박히셨을 때 한쪽 편의 강도가 그렇습니다. 최후의 마지막 단계에서 예수님을 믿어 오늘 네가 나와 함께 낙원에 있으리라는 구원을 얻었기 때문입니다(눅23:43). 그 강도는 처음엔 다른 편의 강도와 같이 예수님을 비난했던 자이었으나(마27:44) 십자가에 매달려 고통을 받으면서도 끝까지 예수님을 주목하여 보니 진실로 그분이 그리스도임을 깨닫고 정말 마지막 순간 1초를 앞두고 예수님을 영접해 구원을 받은 인생이 되었습니다. 낮고 보잘것없는 2차원의 인생을 살고 있다 해도 주님은 희망을 주십니다. 오히려 2차원에 머물면 마음 가난한 경우가 많으므로 4차원 인생으로 오를 확률은 높습니다. 세상의 낮은 자를 택하사 믿음에 부요하게 하시기 때문입니다.

'하나님께서 세상의 미련한 것들을 택하사 지혜 있는 자들을 부끄럽게 하려 하시고 세상의 약한 것들을 택하사 강한 것들을 부끄럽게 하려 하시며 하나님께서 세상의 천한 것들과 멸시받는 것들과 없는 것들을 택하사 있는 것들을 폐하려 하시나니…(고전1:27~28)'

모든 인생은 천금같이 소중하여 차등으로 대할 수 없으며 누구도 각 인생을 재단하여 등급으로 나눌 수는 없습니다. 신앙 여부를 떠나 모든 국민은 인간으로서의 존엄과 가치를 가지며 행복을 추구할 권리를 가지기 때문입니다(대한민국 헌법 제10조). 그럼에도 1~4차원의 인생을 논한 것은 절대적으로 구원을 받으셔야 한다는 충정에서입니다. 이 땅에서뿐 아니라 영원한 구원을 바라보는 더 드높은 차원의 고아(高雅)한 삶을 회구하셨으면 하는 소망에서 우견(愚見)을 개진한 것이라 말씀드리겠습니다.

15.
자식에의 최상의 선물

자식을 아끼지 않는 분은 이 세상에 존재하지 않습니다. 부모는 그 사랑하는 자식에게 모든 걸 주고 싶어 합니다. 자기의 몸이라도 떼어주고 싶을 정도로 사랑하는 자녀들을 위해선 무어라도 할 수 있는 게 부모의 심정입니다. 할 수만 있다면 언제나 최고의 선물을 주고 싶어 합니다. 돌아가신 필자의 장모님은 어쩌다 필자가 아프기라도 하면 그 아픈 거 다 나한테 주고 자네는 건강하게 살라고 하시던 말씀이 생각납니다. 예수님께서도 너희가 악한 자라도 좋은 것으로 자식에게 줄 줄 알거든 하물며 하늘에 계신 너희 아버지께서 구하는 자에게 좋은 것으로 주시지 않겠느냐고 말씀하셨습니다(마 7:11).

자식을 위한 지극정성은 언제나 현재진행형입니다. 인류 역사와 함께 시작된 게 자식 사랑이니 세상이 아무리 바뀌어도 이 법칙은 변하지 않을 것입니다. 최근 뉴스를 들어 보면 많이 가진 분들은 어린 자녀들에게 거액의 예금 통장을 만들어주고 아파트를 증여해주고 있다고 하더군요. 충분히 이해가 가는 일입니다.

자녀에게 물려줄 것은 재산만이 아닙니다. 지혜입니다. 시야를 넓게 해주고 방향을 잘 가르쳐주고 의가 아닌 곳으로 가지 않게 하는 지혜입니다. 하나님을 아는 지혜는 예수 그리스도를 아는 지혜입니다. 지혜는 곧 예수님이시기 때문입니다(고전1:24). 지혜를 얻으면 자식에게 주고 싶은 부귀, 장수, 평강, 은총, 명철, 도략(韜略), 재물, 참지식도 함께 줄 수 있습니다. 지금 거론한 이 종목들은 성경 잠언 3장과 8장에 기록된 걸 그냥 옮긴 것입니다. 또 하나님께선 나를 사랑하고 내 계명을 지키는 자에게 천대까지 은혜를 베푸신다고 하셨으니(출20:6) 집안 대대로 길이 복 받는 길입니다.

시편 기자는 하나님께서 자기의 걸음을 넓게 하셨고 실족하지 않게 하셨다고 고백했습니다(시18:36). 살아생전 자녀에게 하나님을 알게 해주면 하나님께선 자녀의 시야를 넓혀주십니다. '하나님이 솔로몬에게 지혜와 총명을 심히 많이 주시고 또 넓은 마음을 주시되 바닷가의 모래같이 하시니…(왕상4:29)'

그래야 자녀는 헛걸음 내딛지 않고 큰 시야로 세상을 내다보며 지혜롭게 헤엄쳐 나아갑니다. 하나님 경외를 몸소 가르치고 나중 이 세상을 떠날 때 유산으로 신앙을 남겨주는 게 진정한 자식 사랑이라 하겠습니다.

언더우드와 아펜젤러가 이 땅에 개신교를 들여온 지 130여 년이 넘었습니다. 그러니 그때 믿음을 받아들인 가정이 대를 이어 유산으로 물려주었다면 그 믿음이 4~5대에 이른 가정도 있을 것입니다. 이루 말할 수 없는 복을 받은 집안입니다. 1885년 인천 제물포항에 첫 발을 디딘 푸른 눈의 선교사 두 분은 이 땅에 내려온 하늘의 천사 같은 분들입니다. 그들이 뿌린 복음의 씨앗이 자라고 자라 일천만의 기독인들을 탄생시켰기 때문입니다.

물론 그분들보다 더 먼저 들어오신 유태계 독일인 선교사 칼 귀츨라프와 대동강변에서 순교하신 영국인 토머스 선교사와 미국인 알렌 선교사도 있긴 하지만 한국 교회는 공식적으로는 그 두 분들로부터 개신교가 시작되었다고 선언하고 있습니다.

보릿고개를 넘기기 힘들어하고 굶기를 밥 먹듯 하던 시절에도 우리의 많은 신앙의 선조들은 믿음을 지켰고 자식 대대로 믿음을 이어가는 훌륭한 신앙의 유산을 남겼습니다. 그 깡말라 아무것도 먹을 것이 없던 시골에 사시는 우리의 어머니들은 새벽마다 십 리 길을 걸어 교회당에 나가 자식의 구원과 앞날과 나라를 위해 하나님께 빌고 또 빌었습니다. 그들은 재산은 못 남겨주었어도 신앙을 남겼고 유품으로 성경책을 남기는 부모님도 많았습니다. 연세대학 김동길 교수님 같은 분도 어릴 때 먹을 것이 하나 없어도 그 어머님이 삯바느질 해가며 자식들을 키울 때 반드시 신앙을 지키도록 가르치셨다는 간증을 들은 바도 있습니다.

하나님께서도 우리를 극진히 사랑하셔서 독생자 예수 그리스도를 보내주셨습니다. 성경에 나오는 아브라함, 이삭, 야곱 같은 믿음의 족장들이 위대한 이유는 자신들이 하나님을 잘 믿었을 뿐 아니라 그 믿음을 자손에게 착실히 잇게 하였다는 데 있습니다.

우리가 자식에게 줄 수 있는 가장 최고의 선물은 하나님을 경외하는 신앙입니다. 자식이 말귀를 알아들을 만한 때부터 하나님을 가르치고 훈련시켜 좋은 신앙인으로 자라게 한 후 만약 아들이라면 현숙하고 여호와를 경외하는 여인을 배우자로 짝을 지어줘(잠31:10, 30) 가정을 이루게 하고 또 그 자녀는 자기의 자녀들에게 이를 물려줌으로서 대대로 신앙의 가정을 이루게 하는 게 가장 큰 선물이요 유산입니다. 경쟁과 채찍만을 가르칠 일이 아닙니다. 뜻대로 안 되는 게 자식이라지만 그래도 자식은 아버지를 닮아갑니다. 피를 나눈 천륜(天倫)이요, 매일 듣고 보고 배우기 때문입니다.

하나님을 믿는 모습을 본 자식들은 자연히 하나님을 믿게 됩니다. 그게 신앙의 유산입니다. 자녀를 위해 새벽이면 새벽마다 밤이면 밤마다 밤늦도록 기도해주는 부모님을 만난 자식들은 너무도 감사해야 할 것입니다. 그런 부모님을 만났다는 건 하나님께 너무 큰 은혜를 받은 것입니다. 그렇지 못한 부모님 밑에서 자라난 사람들이 너무 많기 때문입니다.

우린 모두 죽습니다. 그러나 모든 인간은 반드시 다시 살아 부활합니다. 믿는 이든 안 믿는 이든 모두 부활한다고 성경은 누누이 말씀합니다.

> '의인과 악인의 부활이 있으리라(행24:15).'
> '이를 기이히 여기지 말라 무덤 속에 있는 자가 다 그의 음성을 들을 때가 오나니 선한 일을 행한 자는 생명의 부활로 악한 일을 행한 자는 심판의 부활로 나오리라(요5:28~29).'

성경은 하나님을 믿지 않는 사람을 악인이라고 말합니다. 이 땅에서 아무리 성공해도 하나님을 믿지 않는 사람은 악인이라고 말합니다. 모든 사람은 악하기 때문입니다.

사람은 다 거짓되다고 하셨고(롬3:4), 의인은 없나니 하나도 없다고 하셨습니다(롬3:10).

> '모든 사람이 죄를 범하였으매 하나님의 영광에 이르지 못하더니 그리스도 예수 안에 있는 구속으로 말미암아 하나님의 은혜로 값없이 의롭다 하심을 얻은 자 되었느니라(롬3:23~24).'

지구상에 태어났던 모든 사람은 부활합니다. 이미 무덤에 있는 사람은 잠시 잠을 자고 있는 상태일 뿐입니다. 회당장의 딸이 죽어 주위 사람들이 심히 통곡할 때도 예수님은 이 아이가 죽은 것이 아니라 잔다고 하셨습니다(막5:39). 죽은 나사로를 두고도 우리 친구 나사로가 잠들었도다 하셨습니다(요11:11). 예수님께서 죽은 자를 여럿 살리신 것은 사람이 죽으면 장차 모두 부활한다는 것을 예표하신 것입니다. 사람은 죽으면 잠시 자고 있을 뿐 마지막 날 모두 부활합니다.

악인이 부활하는 목적은 부활을 통해 뼈와 살을 가진 몸을 얻고 (눅24:39), 영원한 고통과 지옥으로 들어가기 위함입니다(마5:29, 막9:48). 그러나 믿는 사람이 부활하는 목적은 영원한 복락을 누리며 살기 위함입니다. 지극히 귀한 보석 같고 벽옥과 수정같이 맑은 새 예루살렘 성에서(계21:11) 다시는 사망이 없고 애통하는 것이나 곡하는 것이나 아픈 것이 없이(계21:4) 영원한 평강과 희락을 누리며 살게 됩니다(롬14:17). 그 기쁨을 묘사한 말씀이 성경에 있습니다.

'만군의 여호와께서 이 산에서 만민을 위하여 기름진 것과 오래 저장하였던 포도주로 연회를 베푸시리니 곧 골수가 가득한 기름진 것과 오래 저장하였던 맑은 포도주로 하실 것이며…(사25:6)'

그러니 자식에게 살아생전 믿음을 보여주고 자식을 위해 밤낮으로 기도해주며 자식이 말씀에 따라 올바로 하나님과 이웃을 섬기며 선하게 살아가도록 해주는 것이야말로 자식에게 주는 가장 큰 선물입니다. 그 자식도 그 선물을 받아 자기 육신이 죽은 이후엔 다시 부활하여 그때 역시 부활하신 부모님을 만나 서로 알아보고 함께 즐거워한다면 이처럼 큰 복이 어디 다시 있을까요.

누가복음 16장 19절 이하에는 부자와 거지 나사로의 이야기가 나옵니다. 부자는 호화로이 연락(宴樂)하다 죽었고 거지 나사로는 불쌍히 살다가 죽어 음부에서 만났습니다. 뜨거운 불로 고통을 겪는 부자는 아브라함에게 일러 나사로로 하여금 손가락 끝에 물을 찍어 자기 혀를 서늘하게 해달라고 간청하지만 너는 살아생전 호사스럽게 지냈고 또 그들 사이에는 큰 구렁이 끼어있어 건너가지 못한다는 대답을 듣습니다.

이에 부자는 지난날을 후회하며 그러면 나사로를 자기 아버지 집에 보내 이 고통하는 것을 말해주어서 자기 형제 다섯이라도 음부에 오지 않게 해달라고 부탁하지만 아브라함은 모세와 선지자들에게 듣지 아니하면 비록 죽은 자 가운데서 살아나는 자가 있더라도 그 말을 받지 않을 거라고 답변하는 이야기입니다.

무정하게 살았던 부자도 얼마나 후회하였던지 자기 형제들에게는 꼭 살아생전 인색하지 말고 가난한 자를 잘 도와주어 이 고통스런 음부에는 오지 말라고 말해주고 싶어 했습니다. 만약 그 부자에게 자식이 있었다면 더더욱 미치도록 말해주고 싶었을 것입니다. 자식에게 주는 최상의 선물은 신앙이요 자식에게 남기는 최상의 유산도 신앙입니다. 그건 자식이 잘되고 그 자식의 자식이 잘되는 길이자 하나님께서 원하시는 믿음의 가문을 세우는 일입니다.

사실 생활에 지치고 쫓기다 보니 모아놓은 재산도 없고 자식에게 물려줄 것도 없는 게 보통의 우리네 현실입니다. 그러나 이럴 때일수록 '은과 금은 내게 없어도 내게 있는 것으로 네게 주노니 곧 나사렛 예수 그리스도의 이름으로 걸으라'는(행3:6) 베드로의 신앙과 같은 담대한 신앙이 우리가 자식에게 줄 수 있는 최고의 선물입니다. 사람이 만일 온 천하를 얻고도 제 목숨을 잃으면 무엇이 유익하겠냐고 하셨습니다(마16:26). 영생의 목숨을 갖는 게 중요하다는 말씀입니다.

살아온 인생이 자랑스러워 애창곡으로 마이웨이(My way)를 뽐내며 부르는 분도 있지만 대부분은 인생 살아온 게 너무 아쉽고 후회스러워 만약 또 한 번의 인생이 주어진다면 정말 그땐 잘 살 거라고 말을 합니다. 그러나 그런 분들께 또 한 번의 인생이 아니라 지금 영원한 인생이 주어지는 기회가 바로 앞에 있다 말씀드려도 별 반응을 안 보이니 참으로 이해할 수 없는 현실입니다.

자기가 배부르고 먹기 싫다고 자식도 먹이지 않는 부모는 없습니다. 정말 최악의 경우 자기는 믿지 않더라도 자식에게만은 가르쳐 주어야 합니다. 일단 하나님을 믿는 것과 안 믿는 것의 차이를 소개해주고 자식이 믿겠다고 한다면 도와주는 게 부모의 도리요 부모의 지혜입니다. 그리하지 않고 훗날 함께 음부에서 만나기라도 한다면 그 민망함을 부모로서 어찌 다 감당할 수가 있겠습니까.

하나님은 믿으면 '내가 반드시 너를 복주고 복주며 너를 번성케 하고 번성케 하리라' 하셨습니다(히6:14). 건곤일척(乾坤一擲)의 승부라는 말이 있습니다. 하늘이냐 땅이냐를 한번 던져서 승부한다는 말입니다. 하나님께 모든 걸 다 거시면 미쁘고 신실하신 하나님께서는 절대로 실망시키지 않으실 것입니다(민23:19, 고전1:9).

자식의 흥망성쇠(興亡盛衰)가 달려 있으니 예금통장이나 집문서 따위의 문제가 아닙니다. 자녀를 사랑하신다면 자기는 믿기 어려우시더라도 한번쯤은 자녀에게 신앙을 권면하시면 어떨까요. 부모라면 자녀에게 신앙을 유산으로 남겨줘야 함을 성경은 강조하고 있습니다.

'너는 마음을 다하고 성품을 다하고 힘을 다하여 네 하나님 여호와를 사랑하라 오늘날 내가 네게 명하는 이 말씀을 너는 마음에 새기고 네 자녀에게 부지런히 가르치며 집에 앉았을 때에든지 길에 행할 때에든지 누웠을 때에든지 일어날 때에든지 이 말씀을 강론할 것이며…(신6:5~7)'

16.
연한 순의 예수님과 아바 아버지

예수님께선 인간으로 계셨을 때 연약하셨습니다. 쌀가마니를 번쩍 들 수 있을 정도의 우람한 체격에 건장하고 힘이 넘치는 분이 아니셨습니다. 물론 미남도 아니셨고요. 성경엔 그분을 묘사한 대목이 있습니다.

'그는 주 앞에서 자라나기를 연한 순 같고 마른 땅에서 나온 줄기 같아서 고운 모양도 없고 풍채도 없은즉 우리의 보기에 흠모할만한 아름다운 것이 없도다(사53:2).'

예수님을 묘사한 구약의 말씀들은 위의 '연한 순'외에 가지, 싹(사11:1, 슥6:12)도 있습니다. 물론 싹이 순(筍)입니다. 어느 모로 보나 연약한 느낌입니다. 목수 일이나 그에 따른 일들을 하다 보면 다소 체력이 있으셨을 것으로도 보이지만 마른 땅에서 나온 줄기 같다든가 풍채도 없다는 말씀을 보면 보통이거나 다소 연약한 편이라고 보는게 맞을 것 같습니다.

그분은 공생애로 다니실 때 행로(行路)에 곤하여 야곱의 우물가에
선 그냥 그대로 주저앉기도 하셨습니다(요4:6). 갈릴리 호수에서 사
역하실 때는 너무도 피곤하신 나머지 큰 광풍이 일어나는데도 배
의 뒷부분 고물에서 베개를 베고 주무시기도 했습니다(막4:38). 나사
로의 무덤 앞에선 가족들의 슬픔을 보시고 우셨을 만큼 눈물도 많
으시니 마음도 여리신 분입니다. 뭔가 우락부락 건장한 것과는 거
리가 있어 보입니다.

　　골고다 언덕에 이르러서는 너무 지치시고 목이 마른 나머지 옆에
서 주는 포도주를 맛보기도 하셨으니 인간 예수의 연약하심을 엿
볼 수 있습니다. 물론 그게 마취제 역할을 하는 쓸개(몰약)를 탄 포도
주인 줄 아시고(마27:34, 막15:23) 온전한 정신으로 십자가를 감당하시
고자 마시진 않으셨습니다.

　　골고다 언덕으로 자기의 십자가를 메시고 가실 때에도 여러 번 쓰
러지셨습니다. 십자가 나무가 전나무, 떡갈나무, 층층나무 어느 것
인지 밝혀지진 않았지만 180센티 정도의 길이에 그 무게가 40킬로
그램 내지 60킬로그램 정도였다고 하니 얼마나 무거웠을지 짐작이
가는 일이며 이미 채찍에 맞을 대로 맞아 생살이 너절히 찢기신 상
태였으니 더더욱 지치고 고통스러우셨을 것입니다. 제대로 지시지
를 못하니 로마 군병이 때마침 지나가던 구레네 시몬을 붙잡아다가
억지로 십자가를 지우게 할 정도였습니다.

그분은 연약하신 인간이기에 수난을 앞두고 내 마음이 괴롭다고 하셨고(요12:27) 겟세마네 동산에서 기도하실 땐 저 끔찍한 십자가를 할 수만 있다면 피하게 해달라고 기도하시기도 했습니다. 물론 거기엔 하나님의 진노의 잔을 온전히 받아야 하는 무거움도 있었습니다.

'말씀하시되 내 마음이 심히 고민하여 죽게 되었으니 너희는 여기 머물러 깨어 있으라 하시고 조금 나아가사 땅에 엎드리어 될 수 있는 대로 이때가 자기에게서 지나가기를 구하여 가라사대 아바 아버지여 아버지께는 모든 것이 가능하오니 이 잔을 내게서 옮기시옵소서 그러나 나의 원대로 마옵시고 아버지의 원대로 하옵소서(막14:34~36).'

창세 이래 벌어진 인간의 범죄로 인해 십자가 수난과 보혈이 인류 구속사에 필요한 것임을 잘 아시면서도 그 몰려오는 경외심과 진노로 받게 될 극단적인 고통을 피할 수만 있다면 피하고 싶으신 인간 예수의 처절한 고뇌를 느끼게 하는 대목입니다.

이때 예수님은 하나님을 '아바 아버지'라 부르셨습니다. 이 대목을 포함하여 성경엔 아바 아버지란 표현이 세 번 나옵니다. '너희는 다시 무서워하는 종의 영을 받지 아니하였고 양자(養子)의 영을 받았으므로 아바 아버지라 부르짖느니라'는 로마서 8장 15절의 말씀과 '너희가 아들인고로 하나님이 그 아들의 영을 우리 마음 가운데 보내사 아바 아버지라 부르게 하셨느니라'라는 갈라디아서 4장 6절의 말씀이 그것입니다. 아바 아버지란 한마디로 아빠! 란 말입니다. 가족으로서 친근하게 부르는 말이지요.

개역개정판의 위 로마서 8장 15절의 말씀은 쉬운 성경으로 읽으면 보다 뜻이 명확해집니다. 즉, '여러분이 받은 성령은 여러분을 다시 두려움에 이르게 하는, 노예로 만드는 영이 아니라 여러분을 하나님의 자녀가 되게 하는 영이십니다. 그래서 우리는 그 성령을 의지하여 아바 아버지라고 부를 수 있는 것입니다'로 되어 있습니다.

여기서 양자(養子)라고 하면 입양아들이란 말이어서 갸우뚱하실는지 모르나 당시 로마시대엔 양자가 되면 아버지의 이름을 따라 새 이름을 얻게 되고 합법적인 상속을 받는 등 모든 면에서 아들의 대우를 받으며 아들의 권한을 행사할 수 있었고 그때부터 '아버지'라고 부를 수 있었으므로 친아들과 다를 게 없었습니다. 중생이 새로운 생명을 받은 거라면 양자는 새로운 지위를 얻은 것이라 하겠습니다. 죄를 지은 아담의 자녀에서 하나님의 자녀로 호적이 이적되었다는 말과 같습니다. 그 이름이 하늘나라 호적 생명책에 기재되었기 때문입니다(계20:15).

이스라엘 백성들은 하나님과의 관계에서 아버지와 아들의 자녀 관계였습니다. 구약 곳곳에 이런 표현이 나옵니다. 출애굽 때 모세가 하나님의 말씀을 바로에게 전달하며 이르기를 '여호와의 말씀에 이스라엘은 내 아들 내 장자라' 하였고(출4:22) 또 백성에게는 '우매무지한 백성아 그는 너를 얻으신 너의 아버지가 아니시냐' 했으며(신32:6) 여호와께서도 '나는 이스라엘의 아비요 에브라임은 나의 장자니라' 하셨습니다(렘31:9). 그러나 어느 누구도 하나님을 감히 '아바 아버지'라 부르진 못했습니다. 성경에서 아바 아버지를 처음으로 부르신 분은 위의 말씀처럼 겟세마네 기도 때의 예수님입니다. 예수님은 아빠! 라고 부르시면서 십자가 고난을 피할 수 있다면 피하고 싶으셨던 것입니다.

그러나 하나님께선 아빠! 소리를 들으시고도 그 피하게 해달라는 기도만큼은 끝내 외면하셨고 예수님은 기꺼이 십자가를 지셨습니다. 예수님께서 사람의 아들 인자(人子)로서 그리고 마지막 아담으로서 인간의 죄를 온통 뒤집어쓰고 인간의 자격으로 십자가에 달리실 때는 죄에 대해 엄중하신 하나님께 대해 철저히 버림을 당해야 할, 그저 죗값 넘치는 인간이셨습니다.

'나의 하나님 나의 하나님 어찌하여 나를 버리셨나이까(마27:46).'

예수님은 십자가상에서 그렇게 참혹한 징벌을 받는 인간으로서 하나님을 부르셨던 것입니다. 하나님의 진노의 잔을 받는다는 건 그토록 끔찍한 일이었습니다. 그리고 제 삼시(오전9시경)부터 제 구시(오후3시경)까지 그 수난을 당하시는 최후의 마지막 과정에서는 '아버지'라고 부르셨습니다.

'아버지여 내 영혼을 아버지 손에 부탁하나이다(눅23:46).'

　　다 같은 것 같아도 아바 아버지란 호칭과 하나님이란 호칭과 아버지란 호칭은 이와 같이 조금은 다른 것이라 하겠습니다. 성령님께서 우리 몸 안에 내주하신 후 우린 아바 아버지라고 부를 자격을 얻게 되었습니다. 오늘도 기도하실 때 하나님 아버지도 좋지만 아바 아버지라고 부른다면 더 좋을 것입니다. 아빠! 라고 하면 모든 게 해결됩니다. 다 큰 자식이라도 '아버지'라고 부르는 것과 '아빠!'라고 부르는 것은 친근감이 다르기 때문입니다. 조금 과한 부탁을 해도 아빠! 라고 하면 해결되는 것과 같습니다. 그래서 딸들은 아버지라고 안하고 아빠! 라고 부르는 모양입니다. 연한 순의 예수님과 그분이 부르셨던 아바 아버지란 말을 다시 생각해 보게 됩니다.

17.
네가 어디 있느냐

'네가 어디 있느냐'는 아담이 범죄를 저지른 이후 하나님께서 아담을 불러내어 내리신 첫 질문입니다(창3:9). 아담은 하와와 함께 선악과를 따먹은 후 하나님의 낯을 피하여 동산 나무 사이에 숨었고, 그때 하나님께선 아담을 불러 이같이 물으셨던 것입니다. '네가 어디 있느냐.' 이 말씀은 있지 않아야 할 자리에 네가 서 있으니 너의 지금 서 있는 자리가 어딘지 네 스스로 자문해 보라는 말씀입니다. 생명의 자리에 서 있는지 사망의 자리에 서 있는지, 순종의 자리에 서 있는지 불순종의 자리에 서 있는지 살펴보라는 말씀입니다.

하나님께서는 흙으로 아담을 빚으시고 에덴동산을 만드신 후 아담을 그곳에 거하게 하셨습니다. 그리고는 그곳을 다스리며 지키게 하시면서 각종 나무의 실과는 임의로 먹되 선악과는 먹지 말라고 이르시고 그걸 먹는 날에는 '정녕 죽으리라' 하셨습니다. 그러신 후 사람이 독처하는 것이 좋지 못하다 하시며 아담을 깊이 잠들게 하신 후 그의 갈빗대 하나를 취하여 하와를 만드셨고 둘이서 한 몸을 이루라며 가정을 창설하셨습니다. 하와는 영어 성경에선 이브(Eve)

로 표기합니다.

평온히 있는 그들을 온통 혼란과 저주 속으로 빠뜨린 건 사탄, 곧 뱀이었습니다. 뱀은 하나님의 저주를 받고서야 배로 기어다니게 되었으니 이때는 걸어다녔든지 하여튼 다른 형태로 움직였음이 틀림없습니다. 뱀은 하와에게 '참으로 너희더러 동산의 모든 실과를 먹지 말라 하시더냐'며 유혹의 말을 던지기 시작합니다. 이때 아담은 하와와 함께 있었을 것으로 추측됩니다. 왜냐하면 뱀이 '너희'라고 거듭 물었고 하와도 '우리'라고 대답했으며 자기가 먹어 보고는 '함께한' 남편에게도 주었기 때문입니다. 그리고 '이에 그들의 눈이 밝아졌다'는 표현을 봐서도 함께한 것은 분명한 것 같습니다(창3:1~7). 뱀은 둘이 있는 걸 보고도 하와에게만 말을 걸었으니 이는 그녀가 돕는 이의 위치에 있어 더 잘 미혹될 것을 알고 있었기 때문일 것입니다(딤전2:14).

뱀이 하와에게 '너희가 결코 죽지 아니하리라 너희가 그것을 먹는 날에는 너희 눈이 밝아 하나님과 같이 되어 선악을 알 줄을 하나님이 아심이니라'며 미혹합니다(창3:4~5). 뱀의 그 말은 '너희 눈이 밝아져 하나님과 같이 될 수 있어, 하나님 없이도 잘 될 수 있어, 네 인생은 네 거야, 넌 할 수 있어'라며 독선의 자신감을 부추기는 말입니다. 하와가 그 말에 다시 쳐다보니 평소에는 그냥 지나쳤던 선악과가 갑자기 먹음직도 하고 보암직도 하고 지혜롭게 할 만큼 탐스러워 보여 결국 그 말에 넘어갑니다.

지혜롭게 할 만큼 탐스럽다는 말은 스스로 만족케 할 만큼 독립적인 자세로 자기만 노력하면 아주 선한 일과 좋은 결과도 얻을 수 있다는 욕심에서 비롯된 말입니다. 그 말은 먹음직도 하고 보암직도 하다는 말과 더불어 육신의 정욕과 안목의 정욕과 이생의 자랑을 네 힘으로 도모할 수 있다는 유혹이었던 것입니다(요일2:16). 그러나 그 유혹에 넘어간 결과는 생명을 잃고 사망이란 저주를 얻게 되었습니다. 원죄는 여기서 이뤄졌고 시원죄(始原罪)가 되어 상속죄가 되었으니 이는 죄의 심각성과 보편성과 유전성을 나타낸다 하겠습니다.

뱀이 너희가 결코 죽지 아니하리라 하는 말도 거짓이었습니다. 선악과를 먹은 아담과 하와는 '너희가 흙으로 돌아가리라'는 사망선고를 받았기 때문입니다. 그런 뱀을 두고 거짓의 아비요, 처음부터 살인한 자라고 하신 예수님의 말씀은 너무도 지당하신 것이었습니다(요8:44).

창세 이후 하와가 한 일은 맨 처음 입을 열어 대화를 나눈 상대가 하나님이 아니라 뱀이었다는 점, 그것도 '선악과를 먹으면 정녕 죽으리라' 하신 하나님의 말씀을 '먹지도 말고 만지지도 말라 너희가 죽을까 하노라'라고 하나님의 말씀을 변개한 점, 그리고 남편 아담에게 의견 한마디 물어보지 않고 선악과를 베어 먹고는 남편에게 주어 자기의 범죄에 동참케 한 일이었으니 인류의 첫 할머니치고는 참으로 안타까운 모습을 보여주었던 것 같습니다.

반면 아담은 뱀에 휘둘림으로서 동산을 다스리고 지키는 청지기로서의 사명도 다하지 못하였을 뿐 아니라 돕는 배필을 얻었음에도 배필과 함께 저주를 받아 배필에 대한 역할도 다하질 못하였으니 이는 가장으로서의 책무도 소홀히 한 셈이 되었습니다.

더구나 선악과를 따먹지 말라는 명령은 하와가 빚어지기 전 아담 혼자 있을 때 받은 명령이니 절대적 명령 순종의 책임은 자신에게 있음에도 불구하고 하나님이 주신 여자 때문에 내가 먹게 되었다는 식으로 변명하는 건 아직도 자기의 책임과 잘못이 뭔지를 깨닫지 못하고 있다는 뜻이라 하겠습니다. 그러니 하나님께서 '네가 어디 있느냐' 하시며 자성을 촉구하셨던 것입니다.

즉, 아담으로선 명령 위반의 책임, 청지기로서의 책임, 가장으로서의 책임을 추궁받은 것입니다. 아담은 하와와 함께 뱀의 미혹을 받았을 때 분연히 일어나 뱀을 꾸짖고 하나님의 명령을 지켜야 했습니다. 하나님의 창조 질서를 지키고 동산을 잘 관리하며 배필인 하와를 지켜야 했음에도 이것들을 망각한 책임은 실로 막중하여 변명할 수 없었으니 많은 권한을 가진 아담에게 책임을 물으시는 건 당연한 일이었습니다.

게다가 아담은 범죄하기 이전에 이미 하나님께로부터 엄청난 권리를 받아 사용하고 있었습니다. 지구상의 모든 육축과 공중의 새와 들의 짐승을 자기 앞으로 이끌어주셨기에 그걸 다 구경하고 그것들의 이름을 지어주었던 일이 있습니다(창2:20). 이는 하나님의 수많은 창작품들을 함께 감상하되 그 관리자로서의 지위를 인정해줌과 동시에 앞으로 그것들과 관계를 맺어가야 함을 일러주시는 뜻도 내재되어 있었다고 봐야 할 것입니다. 또 돕는 배필을 얻고는 내 뼈 중의 뼈요 살 중의 살이니 '여자'라 칭하리라는 명명(命名)의 권한도 행사했습니다(창2:23). 하나님께서도 그때 지켜보고 계셨을 것입니다. 물론 아담은 나중에 하와라는 이름을 지어줍니다(창3:20).

하나님의 이런 절대적 신임과 복을 받았음에도 불구하고 하와와 함께 꼬임에 넘어갔으니 큰 문책을 받은 건 당연한 일입니다. 네가 어디에 있느냐고 물으셨을 때는 스스로 범죄를 자백하고 용서를 청할 수 있는 기회를 주셨다고 봐야 합니다. 이미 모든 상황을 아시면서도 물으시는 건 기회를 주시겠다는 의미이기 때문입니다. 만약 그때 아담이 스스로 자복하였더라면 인류에 대한 결과는 달라졌을지 모릅니다(요일1:9).

하나님으로선 이 벌어진 일들을 마무리하셔야 할 무거운 숙제가 생겼습니다. 그대로 방치하고 내버려둔다는 건 뱀의 방자함을 용인하는 것일 뿐 아니라 창조질서의 주재자이신 하나님으로선 그 스스로의 명예와 하나님의 이름을 두고서는 있을 수 없는 일이었기 때문입니다. 사건을 일으킨 뱀을 저주하셨고 하와를 질책하셨으며 아담을 징계하셨습니다. 그리고 고민 끝에 내리신 결정은 고통스럽더라도 품안의 독생자 예수 그리스도를 내려 보내 죄의 문제를 일거에 청산하자는 것이었습니다. 장차 새 언약을 담당하실 예수 그리스도의 대속은 벌써 이때 태동되었다고 하겠습니다. 이를 원시복음이라고 합니다.

'내가 너로 여자와 원수가 되게 하고 너의 후손도 여자의 후손과 원수가 되게 하리니 여자의 후손은 네 머리를 상하게 할 것이요 너는 그의 발꿈치를 상하게 할 것이니라 하시고…(창3:15)'

여기서 '여자의 후손'은 예수님을 말합니다. 우리들은 '남자와 여자의 후손'입니다. 예수님은 동정녀에게서 태어나셨기 때문에 우리랑 다른 것입니다. 그리하여 하나님께선 첫 아담의 범죄를 마지막 아담인 예수님의 희생으로 대속하시고자 했던 것입니다(고전15:45).

우린 평생 죄를 짓습니다. 악한 세상을 살면서 죄와 과오를 거듭할 수밖에 없습니다. 그러니 내 현주소는 어디인지 내가 지금 어디에 있는지 늘 살펴야 합니다. 죄악에 물든 인생들에게 독생자를 아끼지 않으신 하나님께선 지금도 아담에게 하셨던 그 물음을 내게도 묻고 계십니다. '네가 어디 있느냐.' 이제는 우리가 그 물음에 답할 차례입니다.

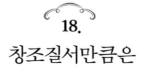

18.
창조질서만큼은

임계점(臨界點)이라는 게 있습니다. 참을 수 없는 한계점이란 표현을 할 때 흔히 사용되는 단어입니다. 세상을 창조하신 하나님은 인간의 배신에 이골이 나신 분입니다. 배은망덕도 분수가 있는 법인데 그토록 목이 곧은 백성을 끝까지 참고 기다리시는 걸 보면 하늘의 인내심은 저런 것인가 생각이 들 때도 있습니다. 그러나 그런 하나님께서도 절대 참을 수 없는 임계점이란 게 있으니 그건 바로 창조질서(創造秩序)에 대한 훼손 행위입니다. 하나님의 창조질서만큼은 절대로 건드려서는 아니 되는 임계점 선상에 와 있는 중차대한 것임에도 창세 이래 그 질서는 계속 훼손되어 왔습니다.

첫 번째 창조질서 훼손 사건은 이방신(異邦神)을 모시는 행위입니다. 이것은 하나님 유일존엄(唯一尊嚴)에 대한 도전입니다. 하나님께선 천지만물과 인간을 지으셨습니다. 그분은 태초부터 스스로 계신 자로서 홀로 하나이신 하나님입니다. 창조질서는 여기서부터 시작됩니다. 창조질서 훼손의 가장 으뜸 행위는 너도 나도 신(神)이라며 중구난방 주장하는 일입니다. 유일하신 주권자에 대한 참람한 도전은 도저히 용서할 수 없는 일입니다. 나뭇조각, 쇳덩어리 같은 것으로 뭔가를 만들어놓고 하나님과 견주니 모욕도 그런 모욕이 있을 수 없습니다. 그래서 십계명의 첫 번부터 네 번째까지의 계명은 다른 신을 두지 말라는 하나님 존엄에 대한 명령으로 이루어져 있습니다.

그만큼 우상숭배는 철저히 배격하십니다. 우리가 명절 때 조상신에 대하여 절을 올리고 제사를 지내지만 이 역시 성경은 금하는 일입니다. 부모님께는 살아생전 효도하라고 하셨습니다. 장례예배, 추모예배, 추도예배 및 죽은 이에 대한 헌화도 성경엔 전혀 없는 일입니다. 성경은 시체와 무덤을 부정한 것으로 여겼습니다. 예배는 오로지 하나님께만 드리는 것이기 때문입니다. 돌아가신 분의 유지를 기억하고 그리워하는 건 좋지만 그게 예배의 형식을 가져서는 아니 된다는 말씀입니다. 죽으면 오직 심판만이 있을 뿐이니 장례 때도 유가족 위로의 말로 충분하다고 하겠습니다. 하나님 외의 숭배와 추앙은 우상숭배니 절대 금하라는 게 성경의 가르침입니다.

나한테 아버지의 말을 안 듣고 속 썩히는 자식이 있습니다. 아비로서 그 불효하는 자식의 모든 건 용서해줄 수 있습니다. 그런데 어느 날 엉뚱한 남자를 데려와서 '지금부터는 이 분이 제 아버지입니다'라고 한다면 어느 누구도 그 자식을 더 이상 자식으로는 대하지 않을 것입니다. 그처럼 망극할 일이 또 어디 있겠습니까. 아무리 잘나도 그는 이미 자식으로 대할 수가 없는 겁니다. 다른 모든 죄는 용서받아도 성령님을 훼방하면 절대 사함 받지 못하는 이유도 유일하신 창조주 하나님을 욕보여 그 존엄을 해치는 창조질서 훼손에 해당되기 때문입니다.

두 번째 창조질서 훼손 사건은 네피림 사건입니다. 이것은 하나님의 창조세계의 질서와 구원섭리(救援攝理)에 대한 도전입니다. 영적세계와 인간세계를 구분해 창조하셨는데 이걸 다 뒤섞어 엉망으로 만든 사건입니다. 네피림은 타락천사가 낳은 자식들을 일컫는 말입니다. 이 사건은 아주 오래전 창세기 초에 있었던 일로서 신의 영역과 인간의 영역을 뒤죽박죽 엉망으로 헝클어 놓는 미증유(未曾有)의 사건이었습니다. 그에 대한 사건 경위가 창세기 6장에 나와 있습니다.

'사람이 땅 위에 번성하기 시작할 때에 그들에게서 딸들이 나니 하나님의 아들들이 사람의 딸들의 아름다움을 보고 자기들의 좋아하는 모든 자로 아내를 삼는지라 여호와께서 가라사대 나의 신이 영원히 사람과 함께하지 아니하리니 이는 그들이 육체가 됨이라 그러나 그들의 날은 일백이십 년이 되리라 하시니라 당시에 땅에 네피림이 있었고 그 후에도 하나님의 아들들이 사람의 딸들을 취하여 자식을 낳았으니 그들이 용사라 고대에 유명한 사람이었더라(창 6:1~4).'

여기서 하나님의 아들들이란 타락한 천사들을 말합니다. 하나님의 아들들이 타락천사임을 알려주는 대목은 욥기 1장 6절, 2장 1절에 있습니다. 그 타락천사와 인간의 딸들 사이에서 태어난 자들이 타락한 존재들이란 뜻의 '네피림'입니다(창6:4). 성경은 이들 타락천사가 인간 세상에 내려와 죄를 지었음을 말씀하고 있습니다.

> '또 자기 지위를 지키지 아니하고 자기 처소를 떠난 천사들을 큰 날의 심판까지 영원한 결박으로 흑암에 가두셨으며…(유1:6)'
> '하나님이 범죄한 천사들을 용서치 아니하시고 지옥에 던져…(벧후 2:4)'

구약시대에 천사들이 인간 세상에 젊은 남자로 나타나 하나님의 심부름 사역을 하는 건 성경 곳곳에서 찾아볼 수 있습니다. 천사는 우리 인간과 달리 시간과 공간을 뛰어넘는 상상 이상의 능력을 가진 영적 존재들입니다. 그런 하늘나라 천사들의 삼 분의 일이 마귀와 함께 타락하여 이 땅에 왔고 그자들이 젊은 남자가 되어 인간의 딸들과 관계를 가지며 자손을 만들어냈습니다.

이는 창조 질서를 뒤집고자 하는 마귀의 술책에 그 졸개인 타락천사들이 행동으로 옮긴 사건입니다. 하나님께선 인간을 창조하시고 남자가 부모를 떠나 그 아내와 연합하여 둘이 한 몸을 이루라고 명령하셨는데(창2:24) 이를 완전히 흐트러뜨리는 행동이었습니다. 이로 인해 인간 유전자는 괴상망측하게 변형되었고 하나님의 창조 질서는 뿌리채 흔들리게 되었습니다. 또 이것은 인간 구원을 위해선 예수님이 여자의 후손으로 오셔서 마귀를 상하게 해야 하는데(창

3:15) 인류의 유전자를 오염시켜 온전한 여자의 후손으로 오시지 못하도록 하는 구원역사 훼방 사건이었던 것입니다.

그뿐만이 아니라 네피림들은 동물과의 수간(獸姦)도 자행했던 것으로 보입니다. 왜냐하면 대홍수의 이유를 말씀하시면서 '모든 혈육 있는 자의 행위가 패괴함이었더라(창6:12)' 하셨으니 피와 살을 가진 동물들과도 성관계를 가져 해괴하게 한 것 같아 보입니다. 그들의 키가 4미터씩 된 것을 생각하면 큰 동물과의 관계도 가능한 일입니다. 마귀는 이처럼 영계와 인간계와 동물계를 오가며 종(種)의 타락을 가져왔던 것입니다. 정상이 아닌 하이브리드(hybrid)종이 출현하였던 것이니 하나님께서 동물과 인간을 창조하신 후 보기 좋았더라는 말씀은 모두 수포로 돌아가버리고 말았습니다.

그러니 하나님께선 다 엎어버리고 새로 시작할 수밖에 없는 상황이 되었습니다. 대홍수는 여기에서 비롯됩니다. 성경에는 '모든 혈육 있는 자의 강포가 땅에 가득하므로 그 끝 날이 내 앞에 이르렀으니 내가 그들을 땅과 함께 멸하리라(창6:13)' 하여 홍수가 시작된 것임을 기록하고 있지만 사실 그 이면에는 이토록 천상계와 지상계의 법칙을 어지럽히고 사람들을 철저히 타락하게 해서 범죄로 몰아넣은 마귀와 타락천사들의 흉계와 농간이 자리 잡고 있었습니다. 그들의 능력은 놀랍기 짝이 없었으니 하나님을 떠나 지혜를 잃어버려 아무것도 모르고 힘이 없는 사람들은 그들의 종노릇밖에는 할 일이 없었습니다.

마귀가 아담과 하와에게 범죄하게 한 것도 모자라 네피림 사건까지 일으키고 그 결과 사람의 죄악이 세상에 관영되고 그 마음의 생각이 모두 항상 악할 뿐임을 보시고는 하나님께서 땅 위에 사람 지으셨음을 한탄하사 마음에 근심하시었던 것입니다(창6:5~6). 이렇듯 범죄의 배후에는 대부분 마귀의 유혹과 장난이 있었습니다.

노아의 때 수십억의 인구 중 불과 여덟 명만 살리시고 다 멸절하신 일이나 노아 이후 소돔과 고모라 땅에 의인 열 명이 없어 멸망된 사실이나 그 이웃 도시들도 다 똑같은 형벌을 받았다는 것을 생각해 보면(유1:7) 멸절의 배후에는 마귀와 타락천사의 짓이 있음을 추정할 수 있습니다. 그렇지 않고서야 어찌 인간들의 순전한 잘못만으로 그토록 수십억이 넘는 인구가 다 멸절당할 범죄를 저지를 수 있는지 의문이 가기 때문입니다. 그래서 대홍수 원인인 인간의 타락을 만들어낸 진짜 원흉은 네피림 사건까지 일으킨 마귀와 타락천사라고 말씀드리는 것입니다.

대홍수 이후에도 네피림이 잔재하였습니다. 노아 홍수로 인해 네피림들이 다 죽었을 텐데 어떻게 그 후손들이 다시 나타났는지는 수수께끼입니다. 성경에 나와 있지 않기 때문입니다. 노아와 노아의 가족 총 여덟 명 중에 네피림의 형질(DNA)을 가진 사람이 있었을 리는 없을 것 같고 아마도 노아 홍수 이후에도 하늘의 영계에서 살아남아 있는 마귀와 그의 종 타락천사들이 또 끈질기게 농간을 부린 게 아닌지 추측됩니다.

네피림의 후손은 각처에 흩어져서 살았는데 성경에선 에밈, 아낙 족속, 르바임, 삼숨밈으로 나눠 불립니다(신2:10~11, 20). 이들은 거인족 (巨人族)으로 신장이 거의 4미터에 이를 정도로 컸습니다. 르바임 족 속의 남은 자가 바산 왕 옥이었는데 그의 침상은 철 침상이었고 그 길이가 아홉 규빗(4미터), 광이 네 규빗(1.8미터)이라고 하였으니(신3:11) 그 들이 얼마나 큰지 알 수 있습니다. 이들은 키가 크고 장대했을 뿐 아니라 성질이 포악하고 남을 습격해 괴롭히기를 즐겼으며 혹자는 이들이 훗날 이방신전의 신탁(神託)의 대상이 되었다고도 말합니다.

많은 분이 알고 있는 거인 골리앗이 네피림의 후손인 아낙 자손이 었습니다. 이스라엘과 블레셋 사이의 싸움이 엘라 골짜기에서 벌어 질 때 그가 293센티미터 정도의 큰 키에 57킬로그램 정도의 갑옷을 입고 베틀 채 같은 창으로 겁을 주었으니 사울 진영에서 아무도 대 적할 마음을 먹지 못했지만 소년 다윗이 나서서 돌팔매로 그를 넘 어뜨리고 목을 벤 일은 유명한 일입니다. 이는 단순한 전쟁터 사건 이 아니라 하나님의 종 다윗이 타락천사의 후손인 그를 멸하여 창 조질서를 훼손한 것에 대한 징벌을 했다고 봐도 좋을 것입니다.

네피림의 후손들은 키가 크고 장대하다는 것 말고도 특징이 있으 니 손가락 발가락이 6개씩 있는 현상입니다. 다지증(多指症) 증상입니 다. 이들이 손가락 발가락이 6개인 이유는 하나님은 5개씩만 지었 지만 마귀는 하나님보다 더 훌륭해 6개씩을 지었다는 것입니다.

'또 가드에서 전쟁할 때에 그곳에 키가 큰 자 하나는 손가락과 발가락이 각기 여섯 개씩 모두 스물 네 개가 있는데 그도 거인족의 소생이라(삼하21:20).'

네피림의 후손인 거인족들의 모습은 오늘날에도 지구 곳곳에 남아있는 거석문화와 유골과 미라, 암면조각 등을 통해 확인할 수 있습니다. 그리스 신화에 나오는 헤라클레스나 아틀라스 같은 티탄 신족(神族)은 반인반수(半人半獸)로도 많이 나오는데 네피림이 동물과 관계한 걸 이야깃거리로 만든 건 아닌지 모르겠습니다. 네피림 사건은 마귀와 타락천사들이 구원의 섭리를 훼방하고 천상계와 인간계를 뒤섞은 망극한 창조질서 훼손 사건이었습니다.

세 번째 창조질서 훼손 사건은 유전자 변형, 유전자 조작입니다. 이것은 하나님의 생명창조(生命創造)의 권한에 대한 도전입니다. 앞서 살핀 네피림 사건도 인간 유전자와 천사 유전자를 섞은 일로 보겠습니다만 하나님께선 종(種)의 확실성을 분명히 지키고자 하십니다. 남자와 여자를 만드시고 생육하고 번성하여 땅에 충만하라 하셨습니다(창1:27~28). 그게 하나님의 뜻입니다. 그러므로 이에 반하는 동성애는 엄히 금하셨고(레18:22, 20:13) 인간과 동물간의 수간(獸姦)도 금하셨습니다(레18:23). 이는 종의 확실성을 지키고자 하는 일입니다.

또한 여자는 남자의 의복을 입지 말고 남자는 여자의 옷을 입지 말라고 하시며 이는 하나님 앞에 가증한 것이라 하셨고(신22:5) 두 종자를 섞어 뿌리지 말라 하셨습니다(신22:9). 소와 나귀를 겨리하여 갈지 말고 양털과 베실로 섞어 짠 것을 입지 말라고도 하셨습니다(신22:10~11). 이는 모두 종(種)과 성(性)의 정체성을 보존하사 창조질서를 유지하시기 위함이었습니다. 만물을 그 '종류대로' 만드셨다고 여러 번 언급하셨는데(창1:12, 21, 25) 그 종류를 섞는 건 하나님께 도전하는 행위입니다. 그분이 만드신 대로 각각의 정체성을 지키는 게 그분의 뜻입니다. 레위기에도 같은 취지의 말씀이 기록되어 있습니다.

> '너희는 내 규례를 지킬지어다 네 가축을 다른 종류와 교미시키지 말며 네 밭에 두 종자를 섞어 뿌리지 말며 두 재료로 직조한 옷을 입지 말지며…(레19:19)'

그럼에도 불구하고 오늘날 코미디나 드라마에서 남자가 여자 흉내를 내고 여자가 남자 흉내를 내거나 서로 옷을 바꿔 입는 일을 자주 볼 수 있습니다. 또 1997년 영국에서 세계 최초의 복제양 돌리를 만들어낸 것을 비롯하여 전 세계에서 체세포복제를 통한 복제동물들을 만들어내는가 하면 인간배아복제(人間胚芽複製)까지도 실험하고 있고, 유전공학에서는 새로운 콩 품종이나 옥수수 등을 개발한다며 선택적 증식, 이종 교배, 성전환, 염색체 변형 등을 통해 유전자 변형 농수산물(GMO)을 만들어내고 있습니다. 이를 두고 난치병 치료, 수명연장, 식량난해소를 꾀하는 생명공학, 유전공학 기술의 발전이라며 찬사를 보내고 있으나 그게 하나님의 엄위하신 창조질서를 훼손하는 일임은 잊지 않아야 하겠습니다. 하나님만이 생명

창조(生命創造)의 권한을 가지신 유일하신 분이시기 때문입니다.

종(種)과 성(性)에 대한 혼란은 계속될 것입니다. 백인종과 유색인종과 같은 인종차별부터 동성애와 성소수자 같은 생물학적 성(性)과 사회문화적 젠더(Gender)문제도 앞으로 더 불거지고 시끄러워질 것입니다. 종(種)과 성(性)의 확고한 정체성 보전은 하나님의 기본 창조질서의 하나이니 생명창조에 대한 하나님의 준엄하신 의지를 기억해야하겠습니다.

네 번째 창조질서 훼손사건은 환경파괴입니다. 이것은 하나님의 창조작품(創造作品)에 대한 도전입니다. 마귀가 네피림 사건으로 하나님의 창작세계를 흩트리게 하여 훼손한 것같이 인간들이 하나님의 창조 작품인 자연환경을 크게 훼손한 사건입니다. 세계적인 조각가가 평생의 작품을 남기고는 잘 관리하라고 일렀는데 그 부탁받은 자가 망치로 부수고 있다면 조각가의 심정이 어떻겠습니까.

하나님께선 창세기에서 모든 만물을 지으시면서 '하나님 보시기 좋았더라'는 말씀을 여러 번 하실 만큼 만물을 아름답게 창조하시고 사람에게 복을 주시며 이를 맡아서 잘 다스리라고 하셨습니다(창 1:28). 그러나 인간들은 이에 괘념치 않고 수천 년간 멋대로 파괴해오고 있으니 이는 하나님의 신뢰를 크게 배신하는 일입니다.

환경은 우리와 우리 세대가 살아갈 터전이요 보금자리이자 하나님께서 맡겨주신 것입니다. 우리 것이 아닙니다. 우린 땅과 하늘과 바다와 나무와 숲을 이용하지만 태양과 달과 별과 바람과 비와 눈과 우박 같은 자연은 우리의 손이 미치지 못하는 것들이고 우리가 전혀 어찌할 수 없는 것들입니다. 손에 닿을 수 있는 것마다 우리는 함부로 대했고 갈수록 환경파괴가 이뤄졌습니다. 만약 태양과 달과 별과 바람을 우리 손으로 다룰 수 있게 하셨다면 인간의 욕망에 지구는 벌써 끝이 났을 겁니다.

가인이 아벨을 죽였을 때도 하나님께선 네 아우의 피 소리가 땅에서부터 내게 호소한다고 하실 만큼 땅을 포함한 모든 자연을 아끼셨습니다. 가인의 살인 대가는 땅이 저주를 받아 밭을 갈아도 효력이 없을 거라는 것이었습니다(창4:10~12). 땅이 효력이 없으면 인간은 죽을 수밖에 없는 법입니다. 가인의 살인 행위에 왜 갑자기 땅과 같은 자연이 등장하겠습니까. 피 흘림의 죄는 곧 자연 훼손이요, 자연훼손은 곧 피 흘림의 죄라는 걸 가르쳐주셨던 것입니다. 자연도 생명이기 때문입니다. 예수님께서 '만일 이 사람들이 침묵하면 돌들이 소리 지르리라(눅19:40)' 말씀하신 걸 기억하면 이해가 되실 것입니다.

환경파괴는 기후재난과 함께 각종 공해와 미세먼지, 쓰레기 대란과 생태계 파괴, 수많은 종(種)의 멸종과 변종(變種), 농약중독과 오염, 신종 전염병 창궐 등으로 인간들의 일상적인 삶에 막대한 지장을 불러일으키고 있습니다. 우리 어릴 적만 해도 밤하늘의 별은 그렇게 총총할 수 없었고 댓돌 아래 귀뚜라미 소리도 그렇게 정겨울 수가 없었습니다. 논에는 미꾸라지 붕어가 펄떡거렸고 잘 익은 벼 이삭 사이로는 메뚜기가 지천으로 날아다녔으며 풀숲과 논밭에서 뛰노는 개구리들은 이루 말할 수 없이 많았습니다. 지금은 그것들이 보기조차 어려우니 참으로 금석지감(今昔之感)을 느끼게 합니다. 망가진 지구는 회복할 수 없으니 창조질서를 훼손한 대가는 갈수록 분명하게 우리 앞에 드러날 것입니다.

농사를 지을 때 가라지가 나는 건 불가피하지만 가라지가 알곡보다 훨씬 더 많아져 더 이상 농사짓기가 어렵게 되면 땅 주인은 폐전폐답을 결행합니다. 창조질서 훼손에 대한 하나님의 참으심도 그때까지일 것입니다. 모든 연극(演劇)은 막을 내릴 때가 있고 참고 기다리시는 하나님께도 임계점이 있습니다.

오늘의 세대는 실로 누란지위(累卵之危)에 빠져 있습니다. 인생들이 속히 돌이키지 않는 한 창조질서가 훼손되어 이 세상은 끝 날을 맞을 수밖에 없습니다. 그러기에 성경은 처음 하늘과 처음 땅은 다 없어지고 바다도 다시 있지 아니하며 새롭게 만들어진 새 예루살렘이 하늘에서 내려온다고 말씀합니다(계21:1~2). 그 새날이 아주 멀지는 않은 것 같습니다. 아멘 주 예수여 오시옵소서(계22:20)!